「萌发的力量」

江滨幼儿园一三四开放性实践课程探索

李秋璇 编著

浙江教育出版社·杭州

图书在版编目（CIP）数据

萌发的力量：江滨幼儿园一三四开放性实践课程探索 / 李秋璇编著. — 杭州：浙江教育出版社，2023.10
ISBN 978-7-5722-6731-4

Ⅰ. ①萌… Ⅱ. ①李… Ⅲ. ①幼儿园－课程－教学研究 Ⅳ. ①G612

中国国家版本馆CIP数据核字(2023)第188522号

萌发的力量：江滨幼儿园一三四开放性实践课程探索

MENGFA DE LILIANG : JIANGBIN YOUERYUAN YISANSI KAIFANGXING SHIJIAN KECHENG TANSUO

李秋璇　编著

责任编辑：杨世森　周慧敏　　　　　责任校对：汤佳颖
美术编辑：韩　波　　　　　　　　　责任印务：曹雨辰
封面设计：万方图书

出版发行：浙江教育出版社
　　　　　（杭州市天目山路 40 号　电话：0571-85170300-80928）
图文制作：杭州万方图书有限公司
印　　刷：杭州恒力通印务有限公司

开　　本：787mm×1092mm　1/16　　　印　　张：19　字　　数：380 000
版　　次：2023 年 10 月第 1 版　　　印　　次：2023 年 10 月第 1 次印刷
标准书号：ISBN 978-7-5722-6731-4
定　　价：68.00 元

《萌发的力量：江滨幼儿园一三四开放性实践课程探索》编委会

序

人与人之间有一种奇怪的缘分。我与昆明市五华区江滨幼儿园的相知缘于《萌发的力量》的初稿，当时一看这个书名便有翻看下去的冲动。打开一看，果不其然，园长在前言中叙述的"种子"话题、书中一个又一个充满"儿童感"的探索性故事、老师们在案例中所做的智慧性反思，都深深地感染了我。后来，我有幸去了江滨幼儿园，看到了一群"活泼泼"的儿童和眼神中充满"热情与智慧"的老师。不得不说，这些"热辣辣"且"炯炯有神"的目光令人难以忘怀，也只有这样一群爱生活、爱幼教的老师才能创生出这样"活生生"的课程。在阅读这本书的过程中，我脑中不断蹦出来的便是"开放、萌发、自主"这三个自带光芒、能照出这所幼儿园孩子和老师群像的关键词。

开放活跃思维。开放是一三四开放性实践课程的主要特征，也是前提条件。开放，是对幼儿兴趣、需要和选择的尊重，是破除对幼儿的种种限制，充分给予幼儿自主性，实施开明开放的实践活动。在江滨幼儿园一三四开放性实践课程中，开放就是解开时间和空间上对幼儿的束缚，激发幼儿的思维潜能，拓宽幼儿的想象空间，鼓励幼儿进行自主探索，追求自己感兴趣的事物，在亲身体验中不断获得和积累经验，最终养成"会思考、懂合作、爱行动"的素养。在江滨幼儿园一三四开放性实践课程中，开放性主要体现在以下几点：开放的思维，即打开对幼儿思维的限制；开放的课程素材，即赋予幼儿充分的自主性，贴近幼儿的经验和生活，开放地提供实践活动；开放的时间，即打破课程时段限制；开放的空间，即建立开放的物质空间和心理空间；开放的角色，即转变传统的师幼角色。在江滨幼儿园的教育教学实践中我们可以看到，幼儿满怀激情，积极地思考，主动地探索和汲取。在自主开放的活动中，幼儿积累着丰富的经验和感悟，不断养成自主性的素养。

萌发化育潜能。泰戈尔曾说，"教育的目的是向人类传送生命的气息"，这是一种对教育目的诗意的表述，教育之"育"应该从尊重生命开始，教育之"育"即行教育之力以引导孩子生命之光在无限可能中萌发。《萌发的力量：江滨幼儿园一三四开放性实践课程探索》首先贯彻《3～6岁儿童学习与发展指南》之要求，根据学前阶段幼儿身心特点，设计满足幼儿身心健康和幸福需要的活动，尤其突出幼儿的身心健康和幸

1

福的需要。同时,《萌发的力量:江滨幼儿园一三四开放性实践课程探索》致力于萌发对终身学习和发展有益的教育,主张培养要具有种子效应,即发展性。一三四开放性实践课程主张教育应当超越知识和技能本身,让孩子对知识、智慧和志趣产生浓烈兴趣,是为引导孩子从看、听向认识、思考发展,是为引导孩子从传统的学知识、练技能向学方法、育素养发展。在实践课程中,"气温"这一话题引起了幼儿的关注,他们通过教师引导和同伴学习相结合的方式点数温度计上的刻度,尝试读数、计数。幼儿明白了温度可用数字来记录与描述,这是对数字在生活中的运用的感知。但更为重要的是,教师鼓励幼儿在感知温度的基础上,根据天气来判断穿着,从而提高幼儿应对天气变化和自我保护的能力。一三四开放性实践课程的教育教学实现了从教知识、练技能向树志趣、育素养的转变,这种从尊重生命开始的"育",在真正落实满足幼儿身心健康和幸福需要的同时,萌发出了对幼儿终身学习和发展有益的教育。

自主培育信心。自主性是幼儿个性发展的一部分,也是幼儿社会适应的关键,对其人格之健康成长具有极其重要作用。它与幼儿能否成长为一名积极主动、富有创造性的学习者密切相关。在《3～6岁儿童学习与发展指南》《幼儿园教育指导纲要》等文件中,"自主行为""独立""主动"等词汇层出叠见,足见其影响之深。江滨幼儿园深悉自主性对幼儿发展的意义,在教育教学中笃行开明的、包容的、开放自主的活动。《萌发的力量:江滨幼儿园一三四开放性实践课程探索》从养成孩子的自主性出发,落脚于"会思考、懂合作、爱行动"三个素养,激发孩子思维潜能,进而滋养孩子主动思考的习惯,激励孩子主动大胆的尝试,助力孩子养成乐于行动、敢于行动、不惧失败的品性。教师对幼儿自主性的尊重打开了孩子们的梦想之窗。当孩子在实践过程中遇到知识性难题,为更好支持幼儿自主探究,教师激励幼儿通过实验来探索答案。幼儿的亲身探索和实验验证,不仅让幼儿获得了实验经验,更重要的是培养了幼儿初步的探究性思维。通过自主实践,儿童在活动中更具主动性和独立性,自信心显著提高,拥有了更多表达自己内心的机会,也有了选择活动的权利,真正实现了独立思考、主动建构。

开放、萌发、自主是江滨幼儿园一三四开放性实践课程的重要关键词。本书通过一个个丰富生动的案例讲述了幼儿主动思考、自主探索、自由生长的过程;讲述了教师立足儿童、追随儿童,并根据江滨幼儿园一三四开放性实践课程教师指导原则和策略引导孩子们进行实践活动的教育智慧;讲述了一三四开放性实践课程在建设和探索中收获的丰硕果实。通过阅读本书,你会惊叹于孩子们丰富的想象力和创造力,你会感受到孩子们沉浸于探索、合作和行动的激情,你会看到孩子们在实践中乐于合作、大胆尝试、勇于失败、敢于成功的良好品质。你也会佩服教师在实践中善于观察、巧妙引导、勤于思考的专业能力。江滨幼儿园一三四开放性实践课程探索不仅充分满足孩子们的兴趣，帮助孩子们萌发自主性素养，同时也提升了教师的专业实践能力，其理念和实践都为幼儿园课程改革提供了极富借鉴意义的范本！

于南京师范大学

种下一颗金种子

经常有人说，上不上幼儿园无所谓。毕竟，三年的学前教育，无法解决一个孩子一辈子的问题，甚至大部分知识性问题都解决不了，还需要依靠小学、中学、大学，以及社会和家庭的培养和打造。但学前教育在孩子们心中种下什么样的种子，这颗种子的成色，将影响孩子们一生的征途。在幼儿园孩子的内心种下一颗金色的种子，萌发力量，从而激发出孩子们更大的发展潜能，成了我的职业理想，这也是我们做江滨幼儿园一三四开放性实践课程的初衷。

江滨幼儿园一三四开放性实践课程须满足以下需求和方向：首先，课程要贯彻《3～6 岁儿童学习与发展指南》的要求，要符合学前阶段幼儿身心特点的客观事实，要满足和适合幼儿身心健康和幸福的需要。我们从教育实践中体会到，课程要有实践性，在开明包容的、开放自主的实践活动中，在教师正确的理念引导下，孩子们更能以积极向上的心境和行动参与并收获更有效的经验和感悟。其次，要为幼儿提供终身受益的，至少是对终身学习有益的教育，也就是课程要有发展性。最后，课程呈现出的教育效果要超越知识和技能的学习，让孩子们对知识、智慧和志趣产生浓烈的兴趣，初步体悟到学习知识、掌握智慧、树立志趣的魔力。教师从传统的重教授转变为重引导、重探索；孩子们从传统的被动接受转变为主动探索和汲取。孩子们在课程中从传统的看、听向认识、思考发展，从传统的学知识、练技能向学方法、育素养发展，从传统的接受、服从向协商规则、履行约定、承担责任发展。总之，课程要有超越性。

基于这些需求和培养方向，我们确立了江滨幼儿园一三四开放性实践课程的基本架构。

"一"就是种下一颗金种子。这颗金种子的内核指的是孩子们"成长为面向未来的新时代接班人"。江滨幼儿园一三四开放性实践课程就是以在孩子们心中种下这颗金种子为核心进行构建和展开的教育教学活动。我们期望这颗金种子积蓄力量，破土而出，苗壮成长，助力孩子们成为德才兼备、思维活跃、积极探索、乐于助人、善于合作、勇于失败、敢于成功、面向未来的新时代接班人。

"三"就是课程种下的这颗金种子萌发出的"会思考、懂合作、爱行动"三种力量。江滨幼儿园一三四开放性实践课程从培养孩子们自主性出发，落脚在"会思考、懂合作、爱行动"三种素养的培育上。"会思考"主要是指从激发孩子们思维潜能出发，帮助孩子们养成主动、积极思考的习惯。在教学实践中根据孩子们身心发展阶段和特点，逐步培育孩子们的专注、观察、质疑和提问、联想和想象、计划、解决问题、实现目标等能力。"懂合作"主要是指从激励孩子们实现活动目标出发，进而培养孩子们会尊重、乐助人、愿担当、讲信誉、守规则、履行责任等习惯。"爱行动"主要是指激励孩子们大胆尝试，培养孩子们乐于行动、敢于行动、勇于失败、敢于成功等习惯。

"四"是指通过江滨幼儿园一三四开放性实践课程的课程构建和教育教学活动实践，实现四个转变。第一，思维模式转变，从较单一、较封闭型思维向复合、开放型思维转变。第二，学习方法转变，从较被动地看、听向自主认识、主动思考转变。第三，教学方法转变，从教知识、练技能向树志趣、育素养转变。第四，行为方式转变，从传统的接受、服从向协商制订规则、履约、承担责任转变。

"开放性"是江滨幼儿园一三四开放性实践课程的主要特征。所谓开放，就是打开思维和时空的限制，激发孩子们的思维潜能，激励孩子们探索更令自己有兴趣的事物并进行活动，让孩子们的经验积累更有效率，培养孩子们"会思考、懂合作、爱行动"的素养。开放性主要体现在以下几个方面：第一，开放的思维。开放的思维是江滨幼儿园一三四开放性实践课程得以实施和实现教育目的的基础。教师不仅要思维开放，而且要打开孩子们的思维限制，激发孩子们的思维潜能，激励孩子们探索更有兴趣的事物，鼓励孩子们通过有效的观察和思考，帮助制订与完善活动方案和计划。第二，开放的课程素材。课程素材包括半开放的配有材料的活动，全开放的社会热点和生活热点活动。教师要为幼儿选取教学活动素材或范围，并按照江滨幼儿园一三四开放性实践课程教师指导原则和策略选择符合幼儿发展阶段、贴近幼儿生活、激发幼儿兴趣的素材，开放地提供给幼儿进行活动。由幼儿自主思考和决定做什么、选择什么材料、和谁做、怎么做。第三，开放的时间。首先，幼儿园打破了常规的课程时段限制，设置了适于一三四开发性实践课程组织的时间段；其次，课程融入幼儿的一日生活的各个环节，不局限于课堂上。第四，开放的空间。首先是开放的物质空间，幼儿根据自主活动需要选择场地空间，且场地范围不局限于教室或某个区域；其次是开放的心理空间，幼儿在宽松愉悦的环境中进行活动，教师要为幼儿留出自己的思考空间。第五，开放的角色。角色开放是课堂改革和实践的重点，强调"把讲台更多地留给孩子们"。江滨幼儿园一三四开放性实践课程重新定位了教师和学生的角色。教师从传统的重教授转变为重引导、重探索；学生从传统的被动接受转变为主动探索和汲取。现在的教师更加注重课前研究、准备和呈现，弱化了课中的强制干预，也更加注重活动后引导孩子们分享、评估、反思、总结和提高。从教师角度来说是重课前、弱课中、重课后，主要目的就是激发和养成孩子们自主性素养。

"实践"是江滨幼儿园一三四开放性实践课程的主要活动方式。"实践"在这个课程中是指，幼儿作为从计划活动到反思、总结活动全过程的第一体验者，将从亲身体验和操作中直接获得经验积累和感悟。实践通常按五个步骤实施。第一步，探索活动元素，获得活动素材。孩子们通过对感兴趣的事物进行有效观察和思考，探索到活动元素，形成活动设想。教师通过整理孩子们探索得到的活动元素和形成的活动设想，结合教学实际提炼课程资源，并向孩子们提供开放课程资源。第二步，拟订活动计划。孩子们根据开放的课程资源、材料或主题，自主提出实践活动的想法、思路甚至是计划，并在教师的指导下完善计划。第三步，组建活动团队。孩子们根据计划自主组建团队，制订活动规则，修正实施计划和目标。第四步，实施活动。孩子们在教师的引导下根据计划自主实施活动。第五步，活动反思。孩子们在老师的引导下自主总结活动过程和成果，反思和分享活动体验，探索更多的可能性。在整个活动中，教师根据江滨幼儿园一三四开放性实践课程的教师指导原则和策略引导孩子们自主活动。

江滨幼儿园一三四开放性实践课程是以在孩子们心中种下"成长为面向未来的新时代接班人"这颗金种子为核心构建和展开的教育教学活动。"开放性"是课程的主要特征。"实践"是课程的主要活动方式。课程从养成孩子们自主性出发，落脚在"会思考、懂合作、爱行动"三种素养的培育上。通过课程构建和教学实践，力争实现思维模式转变、学习方法转变、教学方法转变和行为方式转变的目标，助力孩子们在成长成才的人生路上，身心幸福，走得更扎实，行得更远，让他们真正成为德才兼备、思维活跃、积极探索、乐于助人、善于合作、勇于失败、敢于成功，面向未来的新时代接班人。

几年来的课程建设让我们从理论到实践都积累了些经验和体会。今天我们把部分课程成果分享给关心学前教育发展的您，我们一起探讨学前教育的点点滴滴，努力为我们可爱的孩子们种下成色更好的种子，期望孩子们在未来的人生路上走得更扎实、行得更远，更快乐、更健康、更幸福……

于云南昆明

目录

第一章

小班主题活动案例

当我们有一天，能像孩子一样

思考、合作、探索，我们才能真正了解孩子。

奔跑吧，小乖乖

每一次玩具分享的时间，孩子们会把自己最喜欢的玩具带到幼儿园，今天早上，浩辰带了一只宠物小兔来到教室，说这是他最喜欢的"玩具"。

"兔兔太好看了。""它有白色的毛。""兔兔很可爱。""我喜欢它。""我也是。""我也喜欢。"……

课程 总览 ✤

```
┌─────────────────────────────────┐
│ 1. 喜欢小动物，愿意饲养小动物，      │
│    有初步观察动物的意识             │
│ 2. 积累建构经验                    │
└─────────────────────────────────┘
```

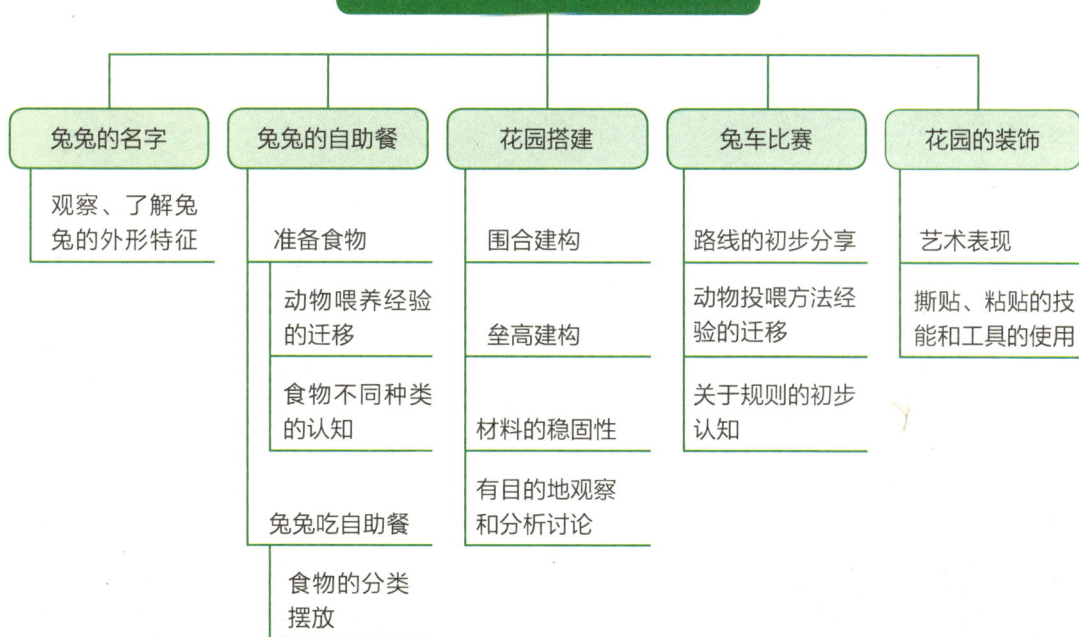

兔兔的名字	兔兔的自助餐	花园搭建	兔车比赛	花园的装饰
观察、了解兔兔的外形特征	准备食物	围合建构	路线的初步分享	艺术表现
	动物喂养经验的迁移	垒高建构	动物投喂方法经验的迁移	撕贴、粘贴的技能和工具的使用
	食物不同种类的认知	材料的稳固性	关于规则的初步认知	
	兔兔吃自助餐	有目的地观察和分析讨论		
	食物的分类摆放			

课程 实施

探索一　兔兔的名字

孩子们开心地围着宠物小兔看了又看。

"兔兔早!""兔兔好!"

承道:"浩辰,兔兔有名字吗?"

浩辰:"没有,昨天妈妈才带回来的。"

佳佳:"我们给它取个名字吧?"

浩辰:"好呀!"

孩子们激动地围拢过来,你一言我一语地讨论起来。①

亭羽:"叫小乖乖?"

纳菡:"盼盼,盼盼好听。"

靖程:"小卜? 可以吗?"

承道:"它的毛是白色的,叫大白吧?"

贝壳:"它胖乎乎的,叫小胖吧!"

浠衔:"浩辰,你喜欢哪个?"

浩辰:"小乖乖好听,叫小乖乖!"

"好啊,好啊,叫小乖乖!"

思考与支持

①孩子们喜欢兔兔、亲近兔兔,想到了兔兔也可以有一个和自己一样好听的名字,这是幼儿已有经验迁移的表现,教师支持孩子们一起讨论给兔兔取名字,从取名活动中,可以看到孩子们会将名字与兔子的外形特征相联系,也会运用生活中一些熟悉的名字给兔子命名。这是以兴趣为导向的,对事物外在特征观察能力的发展。

探索二　兔兔自助餐

兔兔喜欢吃什么呢？小朋友们开始了自己的讨论。

汶颖："小乖乖肯定喜欢吃胡萝卜！"

亭羽："不对！它喜欢吃草、吃白菜！"

宣谊："兔兔还喜欢吃青笋，我在书上看见过！"

吉吉："我喜欢吃苹果，小乖乖喜欢吃吗？"

峻硕："它喜欢吃南瓜吗？"

孩子们都觉得自己说的才是兔兔喜欢吃的。

翌柏："我家有胡萝卜！明天我带来喂它。"

佳莹："我家有白菜和苹果，我也带来。"

第二天，小朋友们从家里带来了一些食材，开心地去喂兔兔。

小雨："来，吃白菜。"

佳莹："吃胡萝卜。"

宣宜："给你吃苹果。"

只见兔兔吓得在笼子的角落里缩成一团。

博宇着急地说："它怎么不吃？"

教师看见了，走过去说："它是不是有些害怕？可以让小乖乖自己选吗？"

博宇："可以！"

教师："那，怎么让它自己选呢？"

佳莹："摆在这里，让它选来吃。"

纳菡："像分饼干一样，装在盘子里。"②

教师："这个想法不错，我们可以看一看兔兔喜欢吃哪一种食物。"

孩子们把食物进行加工以后，把不同的食物放到找来的盘子里。

孩子们在笼子外面把食物摆一排，又把笼子打开。

翊珂："来，吃白菜。"

王译："吃胡萝卜，吃胡萝卜。"

宣宜："吃苹果。"

> **思考与支持**
>
> ②自助餐的呈现方式主要来源于幼儿的数学学习经验，将食物分别摆放在不同的盘中，这是幼儿分类经验的迁移和运用。

小乖乖选择了胡萝卜，很快就把胡萝卜吃完了。③

煊煊："胡萝卜吃完了，它喜欢胡萝卜。"

孩子们开始讨论："明天再带一点来！"

思考与支持

③关于兔兔喜欢的食物，幼儿的经验基本是成熟的，幼儿在家庭和图书中获取的知识也很丰富。活动中，幼儿在这个环节的发现其实不一定具有科学性，兔子从笼子里出来，第一个就选择了"胡萝卜"，一直到把胡萝卜吃完，孩子们直观地看到了这样的结果，就认为兔子喜欢吃胡萝卜。对于这个关于兔子食物的问题，我们在讨论中认为关于兔子的食物，在后面的饲养活动中孩子们会慢慢发现，这里不需要反复实践，因此就把它略过了。

教师在此环节用提问有计划地推动幼儿有计划地观察，完成提问预设的观察任务。

探索三 搭建兔兔的花园

兔兔吃饱后，跑回到笼子里，趴在笼子里一动不动。

博宇："小乖乖为什么不动了？"

月月："它的肚子鼓鼓的。"

静静："它吃得太饱了。"

葭榆："我们吃饱了老师会带我们去散步，我们让它也去散步吧。"④

孩子们争先恐后地把兔兔从笼子里抱出来，兔兔抖抖脑袋，在教室里跑起来。

靖程："小乖乖别跑、别跑……"

一群孩子朝着兔兔追过去。

峻硕："不好了，它跑到钢琴下躲起来了。"

月月："我们吓到小乖乖了！"

一个孩子来向老师求助："老师！他们把小乖乖吓着了，它躲起来了，现在躲到钢琴下面去了。"

教师询问，原来孩子们是想带兔子散步。教师："平时你们是怎样散步的呢？"

赫赫："我们去操场散步，还有草地。"

葭榆："我们带它去花园吧！"

峻硕："不行，它藏起来我们就找不到了。"

葭榆："那去哪里散步？"

教师："可以在教室里散步吗？"

峻硕："万一它又跑到钢琴下躲起来怎么办？"

教师："教室里可以有花园吗？"

添添："可以，我们昨天还搭过呢！"

葭榆："我们搭一个花园把它围起来。"

大家一致同意！

1. 第一次尝试（搭建花园）

孩子们找来了纸盒，把纸盒一个接着一个地围在一起，变成一个圈。⑤

嘉泽："我们的花园搭好了，快把小乖乖抱来散步。"

"我也去！""我也要去！"

思考与支持

④孩子们每天都会有散步活动，时间通常是在午饭后，小兔子散步的想法就来源于此。每天散步时老师们都会和孩子们讨论，想去哪里，散步的过程中也会聊聊自己的所见所闻，关于散步这件事给孩子留下了愉快的情绪体验。

孩子们想把自己这种愉快也和小兔子分享，这样的活动就自然而然地生成了。

思考与支持

⑤幼儿选用纸盒材料，源自前期自主活动中幼儿一直选用相似的材料进行建构活动，盒子都是规则的长方体，因此幼儿能很快地实现围合，但其实幼儿开始围合的空间并不大，教师用自己进去站一站、走一走的方式引导幼儿不断地将围合区域扩大，最终实现让兔子散步。

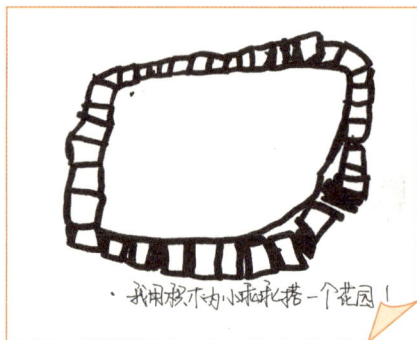

我用积木为小乖乖搭一个花园!

兔兔在孩子们搭好的花园里东跑跑、西绕绕,突然,把脚搭到了纸盒上。

王译着急地大叫起来:"不好了,小乖乖把纸盒弄倒了。"

翊珂:"小乖乖跑出来了。"

教师:"花园为什么会被扑倒?"

熙澄:"纸盒太轻了!"

教师:"哪些材料重一些?"⑥

峻硕:"大积木,那个很重。"

亭羽:"还有木板。"

孩子们在教室里寻找着自己需要的材料。

2. 第二次尝试(搭建花园)

孩子们找来重的大积木和一些木板,一起配合着把花园搭建起来,月月把兔兔抱到了花园里。孩子们开心地看着小乖乖在花园里散步。

> **思考与支持**
>
> ⑥教师就解决"兔兔散步"组织了一次集体讨论,幼儿能聚焦问题,结合自己的已有经验,发现重一点的材料才能放得稳,并寻找材料进行实践。两种材料重量不同,稳固性也不一样的秘密被幼儿感知和发现,在反复搭建中,幼儿的相关经验得到进一步的提升和稳固。

有一个孩子着急地大叫："快看！小乖乖又跑到花园外面了。"

贝壳："它是从那块积木上面跳出去的。"

月月："花园太矮了。"

葭榆："我们要把它再搭高一点。"

3. 第三次尝试（搭建花园）

孩子们找来更多的积木和木块，在教室里又一次搭建花园，一块积木一块积木接在一起围第一圈，又在上面搭第二层。在孩子们的努力下，又一次把兔兔散步的花园搭好了。

兔子有一次来到花园里散步。只见它这里跑一跑，那里跳一跳，突然，从一处不起眼的地方窜到了花园外。⑦

花园需重建搭一层，小兔跑了仍然跑到花园外面！

浠衔大叫："怎么又跑出来了？"

纳菡指着花园的一边，急切地说："是从那个洞里出来的。"

峻硕："老师！快来帮帮我们。"

4. 第四次尝试（搭建花园）

原来孩子们在下层围圈的时候用了一块梯形的积木。⑧

教师："那里有个洞，为什么会有个洞呢？"

小宇："是积木没有紧挨在一起。"

教师："怎样才能让积木挨在一起呢？"

思考与支持

⑦因为搭得太矮了，兔兔还是很容易就跳到了花园外，需要进一步进行搭高。每一次的尝试都是建立在解决前一次出现的问题的基础上，以改进前一次的搭建为基础而进行的延伸性学习。

思考与支持

⑧幼儿在选择材料时把梯形的积木放了进去，继续搭高时产生了一个很大的缝隙。他们又一次及时地发现问题并讨论解决问题的方法，表现出积极的态度。

教师引导幼儿更进一步认识和观察梯形，了解梯形的特点，分析改进的方法，并及时为幼儿提供解决问题的思路，支持和引导幼儿用同伴互助的方式学习，进一步激发幼儿学习的动机。

通过四次问题的解决，幼儿聚焦问题的能力、观察思考的能力、同伴之间的互助能力都在悄悄地发生着变化。

亭羽："要用这边平平的积木。"

小宇："边边和边边在一起。"

这时，欣欣急忙去找来两块正方形的积木把原来的积木替换了。

浠衔高兴地拍着手说："没洞了，小乖乖跑不出来了。"

嘉泽："现在可以散步了。"

探索四 **有趣的花园**

后面的几天，兔子在只有圈圈的花园里绕来绕去。

突然，添添在花园里放了一块绿色的东西，他和大家说："今天让它在草地上散步。"

这个想法引发了孩子们更多的思考。

"还有小树、小花，就像公园那样。""我去过公园，有高高的小亭子。""我还玩了滑梯和跷跷板。""公园里还有小桥。"……

大家你一言我一语地说着。

教师："我们也可以把这些好玩的、好看的搭进小乖乖的花园里。"

嘉泽："可以呀！"

孩子们找来积木块、木板、各种形状的纸板、彩色纸杯、乒乓球、羽毛球、彩色瓶盖、圆柱形木制积木等各种材料开始搭起来。⑨

欣欣用圆圆的乒乓球放到木块上当成花园的小灯；纳菡用木板和木块搭了花园里好玩的滑梯；葭榆用圆形纸板和彩色纸杯搭了高高的亭子。

靖程："葭榆的亭子要倒了。"

琳琳："搭高的时候纸板对齐了，亭子才不会倒。"

葭榆："我想搭尖尖的房顶，但是这样搭会倒。"

思考与支持

⑨美化小兔子散步的花园，这是幼儿对小动物感情的一种外显，运用了幼儿关于建构的原有经验。为实现自己的建构目的，幼儿从单一的材料建构逐渐发展到多种材料的组合建构，他们开始从辨别材料的外形特征、稳定性等方面筛选自己需要的材料，这是幼儿对材料进一步认知的表现。

纳菡：“我教你怎么搭，把大的积木放在下面，小的放在上面，看！这样就不会倒了。”

在孩子们的齐心协力下，一个漂亮、有趣的花园搭好了，孩子们期待着兔兔快点到搭好的花园里散步、玩耍。

靖程跑去打开兔笼，把兔兔抱到了花园里。

葭榆开心地说：“小乖乖，你喜欢我们为你搭的花园吗？”

纳菡大笑着说：“肯定喜欢，它在里面玩了很久了。”

探索五　兔车比赛

1. 小乖乖与汽车比赛（第一场）

迎新活动到了，小宇带来了一辆虎头小车，孩子们开心地围在一起摆弄着这辆会动的小车。

峻硕：“小车真漂亮，它跑得快吗？”

“跑得可快了！这里打开，就会跑起来。”

“我也想玩！”“我也想！”

自主游戏时间到了，孩子们开始了自己喜欢的游戏。

孩子们搭了兔兔散步的花园，迫不及待地把兔兔抱来自己搭的花园里散步。

这时，调皮的则道把手里打开开关的虎头小车放进兔兔散步的花园里，向着小乖乖散步的方向跑过去。

则道开心地说：“哈哈！我的小车比小乖乖跑得快。”

靖程急忙说：“不对，不对！小乖乖跑得快！”

“不对！小车跑得快！”“小乖乖跑得快！”“哼，我们比比？”……

孩子们把兔子和汽车放在一起，让它们同时出发，可小车向前开，兔兔转了个弯，向旁边跑开了。⑩

葭榆：“哈哈，兔兔不想比。”

> **思考与支持**
>
> ⑩幼儿喜欢呆萌的兔兔，也喜欢会跑的小车，让汽车与小兔子赛跑，这是纯真世界幼儿的想法，教师顺应幼儿的想法，支持幼儿开展活动，是想让孩子了解兔子和汽车是两种属性完全不同，没有任何联系的事物，有生命的小兔子是不会按照我们的意愿比赛的，而机械小汽车需要精准的控制。

2. 小乖乖与汽车比赛（第二场）

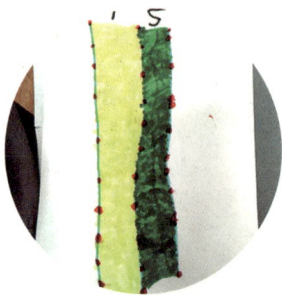

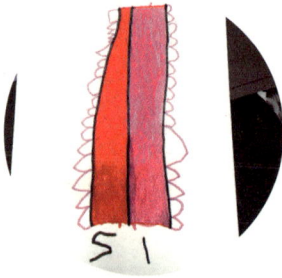

孩子们围拢在一起讨论起来。

"不是，是兔兔不知道往哪里走！"

欣欣："给它画线，像操场上跑道那样。"

教师："画线这主意很好，可是兔兔会看线吗？"

亭羽："不会，它从笼子里出来门都找不到（笼子是一条一条线围在一起的），我们还用这个搭条路吧（围花园的方法）！"

教师："那要怎么变成两条路呢？"

孩子们再一次到操场上参观了跑道，并尝试着在走道上用积木搭建了跑道。

而后，孩子们用积木在教室里搭了两条一样长的路。

他们把兔兔和小车放在路的一头，让它们开始比赛。只见小乖乖跑了两步就停了下来。

承道："小乖乖怎么不跑了？"

纳菡："给小乖乖吃它喜欢的胡萝卜吧！"

吉吉："小车也不动了？"

贝壳："小车被堵在那里了。"

汶颖："那里的积木是歪的，要对齐才行。"

3. 小乖乖与汽车比赛（第三场）

孩子们拿来材料，再一次进行搭建。

他们在小乖乖跑道的另一边放上了兔子爱吃的胡萝卜，还反复检查小车赛道的积木是否平整。[11]

比赛终于要开始了，多数幼儿觉得小乖乖会赢，小宇依然认为自己的小汽车跑得快。比赛开始了，大家都在欢呼，给小乖乖和汽车加油，最终小汽车胜出了比赛，可孩子们依然觉得，如果再来一次的话兔兔会赢。

思考与支持

⑪教师通过谈话，引导幼儿联系已有经验来解决问题，让幼儿萌发了更多的想法，在搭建过程中，遇到困难和问题时，教师及时进行了引导，给予更多材料上的支持，让幼儿能够更加聚焦问题。搭建的跑道侧壁不够平整，导致了小车没有顺利通过，兔兔没有很配合地参与到其中，教师引导幼儿去思考和解决方法。用给兔子投食的方法，让兔兔顺利地加入比赛。

幼儿的发现和思考

教师 反思+

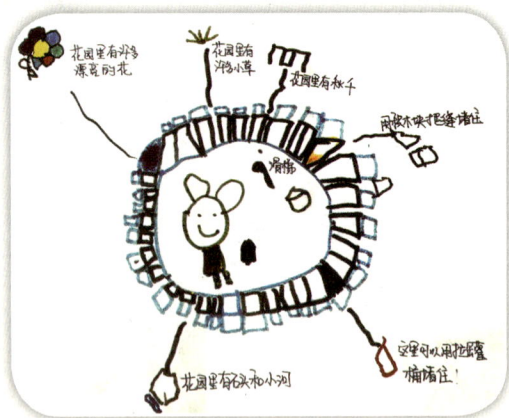

    "我想回家!""我要妈妈!"孩子们开学时伴随着各种情绪和焦虑,浩宇的"好朋友"的到来,吸引了班里的一群同伴,兔兔呆萌可爱的样子逗得孩子们哈哈大笑。这样一个偶然机会,幼儿开启了关于兔兔的探索之旅,在兴趣的驱使下,幼儿积极地参与讨论、调查和探究。

    搭建兔兔餐后散步的花园时,教师鼓励每一位幼儿用看一看、想一想、说一说、试一试等多感官结合的方式探究并收集信息得出答案,充分发挥幼儿在活动中的主观能动性。

    随着课程推进,幼儿语言表述进一步连贯,在表征自己的发现时学会了用符号和简单的图画来进行记录,同时幼儿之间的交流与互动多了,感情也在进一步增进,因此幼儿入园的焦虑情绪得到了进一步地缓解,幼儿发自内心地喜欢上了幼儿园,喜欢一起朝夕相处的兔兔,照顾兔兔、和兔兔一起游戏成了幼儿到幼儿园以后的情感寄托。

我要搭建，
我的梦想。

乘凉小棚

课程 缘起✤

　　由于幼儿园占地面积有限，为了让每个班的孩子都有充足的户外活动机会，每个班级都有较为固定的户外活动时间和场地安排，小班就被分配在教学楼顶。因为场地结构的原因，楼顶的场地有的区域安装了凉棚，有的区域则安装不了，三个小班轮换到有凉棚的区域游戏，而这周没有轮到我们。

　　夏天的一个下午，孩子们来到指定的户外场地进行户外活动，一名孩子委屈地问我："老师，为什么他们（小一班）有遮凉，我们没有？""我们上一周不是也有凉棚吗？""今天好热，我要来墙边休息一下"，他抬起一块纸板顶在头上，说："我用这个。"旁边的小朋友看见了，也纷纷找东西顶在自己头上遮凉，其中一个孩子说"我要搭一个凉棚"。就这样，乘凉小棚活动开始了……

　　课程来自幼儿生活中真真切切的问题，并且这个问题是由幼儿自己发现并提出的，教师倾听了幼儿的真实需求，分析了解决此问题过程中幼儿可获得的经验后决定尝试开展此课程。

课程 总览✤

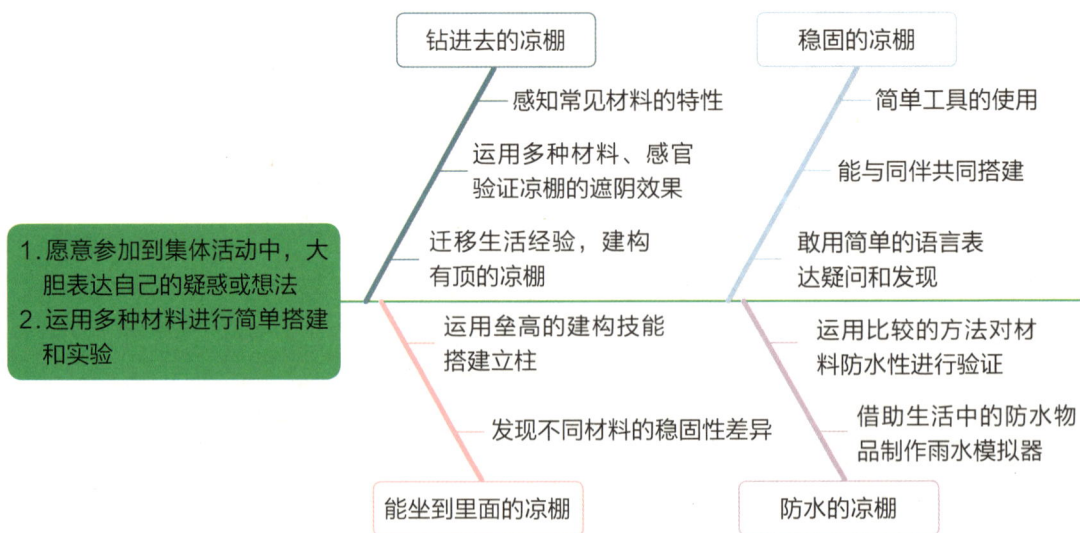

钻进去的凉棚
　感知常见材料的特性
　运用多种材料、感官验证凉棚的遮阴效果
　迁移生活经验，建构有顶的凉棚

稳固的凉棚
　简单工具的使用
　能与同伴共同搭建
　敢用简单的语言表达疑问和发现

1.愿意参加到集体活动中，大胆表达自己的疑惑或想法
2.运用多种材料进行简单搭建和实验

　运用垒高的建构技能搭建立柱
　发现不同材料的稳固性差异

　运用比较的方法对材料防水性进行验证
　借助生活中的防水物品制作雨水模拟器

能坐到里面的凉棚

防水的凉棚

课程 实施

探索一 钻进去的凉棚①

教师:"你们想用什么搭凉棚?"

希希:"用小帐篷。"

然然:"用纸箱。"

涵涵:"用积木。"

教师:"我们一起去找一找你们想要的材料,明天来试一试。"

第二天教室门口堆满了小小的鞋盒,扁扁的和立体的纸箱,不同大小的纸板、奶粉罐⋯⋯教师与家长沟通了开展课程的想法,在家长的帮助下我们收集到了丰富的材料。

户外活动时间,大家开始了第一次小棚搭建。

然然拿了一个大纸箱,蹲到了纸箱里,笑嘻嘻地和周围的小朋友分享:"你看,这是我的小棚。"

卓卓:"没有顶,会被晒的。"

然然进行了思考,往旁边拿起了一块扁扁的纸板,用小手撑在头顶上,激动地说:"我的顶!"

涵涵则是把上、下两面打开,趴在纸箱中间躺下,说:"我的小棚可以睡觉。"

乐乐和思思用大小不一的立体纸箱进行垒高,用扁扁的三角形纸板做顶棚,说道:"高高的,可以乘凉了。"

荣荣看到了旁边平时活动用的攀爬架,笑嘻嘻地询问:"老师,我们可以使用攀爬架当小棚吗?"

教师:"可以啊,你们试一试。"

思考与支持

① 当小班幼儿尝试使用多种材料进行搭建时,往往不知道如何组合搭建,他们虽然学习了一些初步的建构技能,但对于实际的使用和组合还存在一些困难,常常会通过试错的方法来不断丰富经验。不同材料的组合成了本次幼儿尝试建构的难点。单一纸箱和纸板搭建,混合纸箱和奶粉罐搭建,攀爬架尝试搭建,积木、奶粉罐、纸箱混合搭建,哪种方法能够成功建构?幼儿在开始尝试时并没有太多的认知和计划,也不清楚如何让材料之间紧密连接,更不知道小棚的高度该如何控制。

教师通过记录幼儿搭建中出现的问题,现场进行引导,将待解决的问题进行记录和保存。对于单一纸箱和纸板搭建,幼儿发现以下问题:

为什么一坐进去就会塌?棚顶不能固定,需要一直用小手举着棚顶。小棚体积太小,只能容纳一个人。

于是大家一起把攀爬架抬到了他们想要摆放的位置，好几个小朋友都躲进了攀爬架小棚，不一会儿，豆豆说："好热啊，我被太阳晒着啦！"

只看见卓卓往旁边跑去，拖着一块纸板回来说："用这个放在攀爬架上遮挡阳光，就没有那么晒了。"

教师将幼儿搭建凉棚的照片在活动后进行了分享，幼儿看着自己搭建凉棚的照片，可高兴了，都积极地来介绍自己搭建的凉棚。[2]

涵涵："我的箱子凉棚，可以睡觉。"

思思用手比一比："我们的凉棚有那么高。"

教师："这是我的小凉棚，请你们看一看。"

乐乐："你的凉棚顶大大的。"

豆豆："有柱子。"

教师："我的凉棚可以坐到里面，你们看看里面都坐了谁？"

思思："小弟弟、小狗。"

涵涵："还有好多吃的东西。"

教师："嗯，我的小棚可以坐在里面做自己喜欢的事情。"

思考与支持

[2] 从孩子们第一次搭建凉棚情况来看，基本上都是运用材料的原型进行简单变化，对凉棚的认知是需要搭个顶遮住太阳，对于凉棚的构成和形态没有太多的认知经验。教师选择给幼儿展示大量各式各样的小凉棚图片，让幼儿观察后说一说自己的小凉棚和图片上的小凉棚有什么不一样的地方，我们的小凉棚怎么才能变成图片上的小凉棚。用问题引导幼儿进一步思考。

探索二　能坐到里面的凉棚

又到了户外活动的时间，幼儿开始了第二次尝试搭建。今天又新增了一些材料，大家把所有的材料搬上了户外活动场地，开始了自己的搭建。

开始，可可和小伙伴们将两个立体的纸箱分开摆放，再用一个纸板当作小棚的顶。

翊翊看到后说："太小啦，要大一点。"

旁边的思思、乐乐把纸箱和奶粉罐拿到了一起，他们用奶粉罐往高处垒高，制作出了两根"柱子"，涵涵马上搬来了一块大大的纸板放在了两根柱子的上面，于是他们便迫不及待地想要坐到下面，可是柱子不稳定，支撑不住重重的纸板，涵涵刚刚进去，奶粉罐做的柱子就倒了，连着整个小棚也倒了。

孩子们又重新垒柱子，垒到一半，奶粉罐又倒了。

程程着急地说："老师，这个奶粉罐会倒！"

教师："我们是不是可以尝试把奶粉罐和其他的一些材料组合一下，再试一试。"

程程看到了盒子里的大积木，他们把方形的积木搬过来，把奶粉罐和大积木叠加在一起，竖起了两根和他们一般高的柱状体，然后把一块大纸板放在上面。看到小凉棚初显外形，孩子们高兴地钻了进去说："老师，你看我们的小棚……"

突然一阵风吹来，把凉棚顶吹走了，柱子也哗啦啦地跟着倒了下来，孩子们自言自语说"还是不行"，接下来，孩子们一连搭了好几次，都是同样的问题。

教师和思思一起把奶粉罐叠加到积木上，放上去后，教师故意晃动了一下罐子说"奶粉罐好像站不稳，轻轻一碰就倒了"。

程程看着我说"要摆好"，我又做了一个好好摆放的动作说："摆好了，可是一碰它还是摇晃。"

思思想了想说："要粘起来。"

教师："可是我们该用什么材料把它们粘起来呢？"

乐乐："用胶水。"

涵涵:"胶布。"

教师:"我们试试看怎么把它粘牢,固定起来。"

探索三 稳固的凉棚

为了帮助涵涵寻找合适的固定材料,教师和幼儿分头去教室、木工房、材料室寻找。胶枪、胶带、双面胶、胶水、固体胶等各种用来粘贴的工具和材料被带到了教室。这些材料该怎么用呢?

教师简单介绍了工具和材料的名字和使用方法后,幼儿纷纷选择了自己觉得可行的方法固定小棚的链接部分。颖颖组选择了透明胶带,她拉开胶带的一端,予予扶住柱子,他们用胶带在奶粉罐的中间一圈一圈地绕着。

小勋和他的小伙伴选择了胶枪,他说见过老师用这个修玩具,教师建议他戴上了小手套,并从旁协助他制作小棚。③

旁边程程组小朋友发现了吸管积木可以进行架空和架高的搭建,而且很牢固。

在熟悉了材料后,程程便询问:"老师,我想用吸管积木搭建乘凉小棚,可是要怎么做呢?"

教师:"我们一起来试一试吧。"

思考与支持

③小班幼儿对于材料和工具的使用大部分依靠具体感知和实际行动进行学习,在了解更多的工具之后才能真正地运用到实际的活动中。一开始,他们对于工具的性质及使用方法并不是太了解,大部分幼儿面对不会使用的工具时都手足无措,而有少部分幼儿会通过询问老师、自己尝试来获得学习方法。教师在注重投放材料的同时,还应注重材料和工具的介绍和示范,特别是一些不常用的工具,即使投放在工具区,因为没有先前经验也不常用还是会被幼儿忽略该工具的真正用途。课程中三种材料搭建的小棚,因为材料的不同,所以在选择固定方式的时候肯定是不同的,当孩子在尝试后仍然不能找到最佳办法时,教师的指导并不是直接帮助他们完成,而是通过提醒或者引导帮助幼儿找出最佳方法。

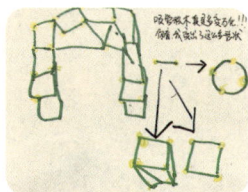

于是教师和幼儿进行了简单正方形到正方体的搭建，我们一起用吸管积木架起了乘凉小棚。

孩子们十分激动，每当细细长长不成型的吸管积木变成了一个小小的正方形，他们总是开心地说："你看，是不是这个？""老师，你看，正方形。"

舟舟组的幼儿用纸杯垒高的方式搭建小棚，他们用纸杯正反交替组合成一根一根的柱子，再将柱子整齐地排成一排，变成小棚的墙壁，可是当小燚想再往上叠高一个纸杯，"哗"的一声，先前摆放的纸杯倒塌了。

舟舟叫了起来："你看，都怪你。"

小燚不好意思地低下头说："那怎么固定才能让它们稳固呢？"

教师抓住机会和他们聊起了稳固的问题，幼儿开始寻找工具进行粘接。

经过一段时间的搭建，奶粉罐和大积木组用小胶枪做了基本的固定，吸管积木组则运用它本身的黄色连接点完成小棚的基本样子，纸杯组运用了胶带对纸杯进行了基本的固定。

各种小棚的基本架构都搭建好了，我问孩子们："我们用什么来给小棚搭顶呢？"

晨晨："就用我们带来的纸板吧。"

各小组取了不同样式的纸板完成了最后的封顶工作。完成以后，大家看着三个不一样的小棚，都高兴地拍手叫好。

探索四 防水的凉棚

1. 制作洒水壶

下了一个星期的雨，今天终于出太阳了，孩子们迫不及待地来到楼顶，想看一看自己的小棚，可是刚走到楼顶，小朋友们就发现情况不对了。④

舟舟："老师，小棚漏湿了，纸板烂了（塌陷了下来）。"

乐乐："小棚没有了。"

就在大家一筹莫展的时候，我说："我们小棚要是

> **思考与支持**
>
> ④当孩子们在探究过程中遇到了知识性的难题，比如哪种材料才是防水材料？教师本可以直接给到幼儿，但这样很难让幼儿内化并理解，在这里教师鼓励幼儿通过实验的办法来得出结论，实验过程中需要准备实验的材料，验证假设，幼儿自己的主动学习不仅让幼儿获得了知识和经验，更重要的是还让幼儿有了初步的探究性思维。

不怕水就好了。"

舟舟眼睛咕噜一转说道："用雨衣或雨伞也可以，小棚不能穿雨衣。"

另一个孩子指着小一班区域的顶说："那种布可以。"

教师："你们的想法都不错，我们可以回去再找一找，还有什么材料是不怕水的。"

第二天早晨，班里又多了许多材料，孩子们从家里带来了雨衣、伞和不同种类的布料，分享的时候，每个孩子都说自己的材料不怕水。孩子们把自己认为防水的材料盖在了自己的小棚上，豆豆组的小朋友首先选择了雨伞，可是弄了半天发现固定不了放弃了，媛媛和小伙伴们选择了雨衣，可是横着、竖着发现都盖不住顶，也放弃了，最后，他们都选择了形状规则的各种布。

教师："我们制作的小棚到底防不防水呢？"

可可："下雨就知道了，什么时候才下雨呀！"

乐乐："浇水，可是没有水壶呀！"

舟舟："我可以做一个。"

教师："这个要怎么做呢？"

舟舟："用瓶子，我在家里和爸爸做过。"

第二天，舟舟把制作的喷水壶带来了，大家都好奇地围过来边看边说："是瓶子，上面有洞。"

舟舟："装水，水就会从这里（他指着洞）出来。"

舟舟把瓶子装满水，给大家做演示，大家看到神奇的洒水壶，都激动地欢呼起来，都想来试着做一个。

第三天入园的时候，每个孩子手里都拿着一个矿泉水瓶，他们要做一个洒水壶。活动开始了，孩子们选择了自己适合的工具在瓶子上戳孔，然后装水，可孩子们发现有的瓶子不能洒水，有的瓶子的水很小很细，而有的瓶子能把水喷洒出来。

孩子们纷纷来找我求助，我把一个能洒水和一个不能洒水的小水壶放在一起，让孩子们观察。

可可指着上面的洞洞说："这个洞高。"

乐乐："这个洞大。"

舟舟："洞洞要在这（他指着瓶子底部），才能出水。"

教师："为什么洒出来的水有的多，有的少？"

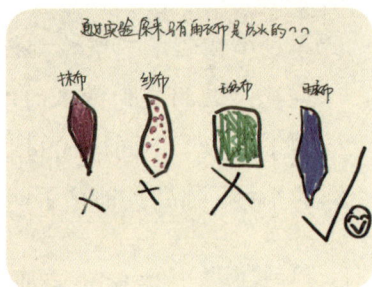

舟舟接着说:"用大钉子戳洞,水流大。"

舟舟解释后大家似乎都明白了,幼儿再次制作洒水壶,大多数孩子都成功了。

2. 防水实验

自制洒水壶制作好后,他们用洒水壶对着三个小棚开始测试了。

程程拿着装满水的洒水壶为奶粉罐和积木做的小棚测试防水。奶粉罐的小棚太高了,够不到,小伙伴为他滚来了轮胎。

程程站到轮胎上边洒水边说:"哇噻,下雨了。"

舟舟用自己的洒水壶为混合材料小棚测试防水。

舟舟:"这个可以防水。"

小勋给纸杯小棚洒水时发现,棚顶不一会儿就湿了。

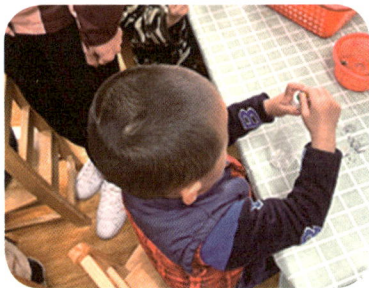

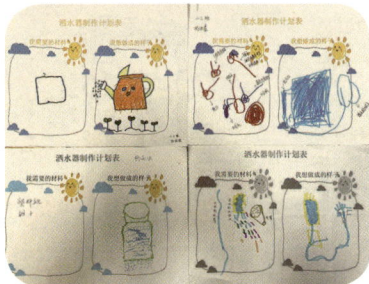

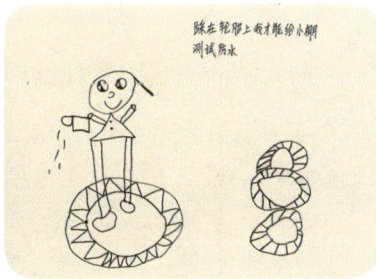

教师用照片再次记录下了幼儿的防水实验,在分析中,孩子们通过比较,知道了哪些材料是防水的,哪些材料不防水。

最后,幼儿给小棚换上了防水的材料,并进行了简单的装饰。当孩子们坐在自己制作的防水、遮阳的乘凉小棚里,开心地说:"嘻嘻!喜欢我的小棚。"

幼儿的发现和思考

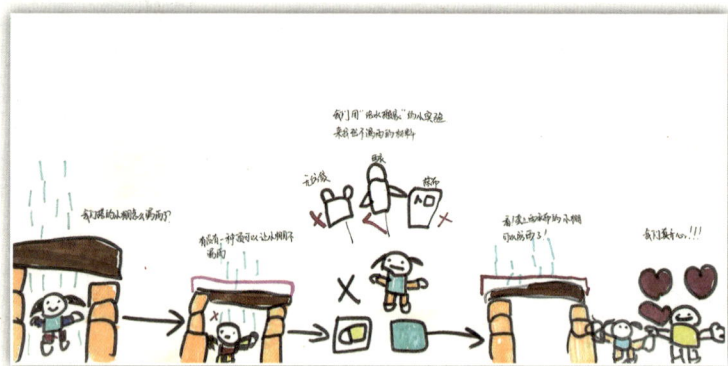

教师 反思 +

课程理念

- **核心—操作**：运用多种材料进行搭建

- **开放性**：开放的空间：幼儿园的屋顶、教室的走廊、活动室的地面都成为幼儿活动的场地，教师支持幼儿以开放的、自主的、游戏的状态参与课程、享受课程，获得成长

- **实践性**：遇到新问题时幼儿会主动选择自己的方式去实践与调整，通过从平面到立体的搭建，由单一到形式多元材料的组合使用，从徒手操作到工具辅助，从个体操作到同伴互助，最终搭建出自己心目中的、计划里的乘凉小棚

- **经验的迁移与拓展**：幼儿依据已有经验选择搭建小棚屋顶的防水材料，在不断地行动中检测、调整与改善，最终归纳整理出可防水材料并进行运用，使经验得到进一步拓展

　　"乘凉小棚"系列活动充分尊重幼儿的主体地位。问题来源于幼儿的实际生活，在户外活动中幼儿自己发现问题，提出问题。教师对于幼儿面临的问题，基于其已有经验，做幼儿探究的引路人和支持者，幼儿在活动过程中逐步建立"发现问题—分析问题—提出猜想和假设—制订计划—寻找工具和材料—实施计划（验证猜想和假设）—小结"循环上升的探究性思维。

　　课程的起点来自幼儿，幼儿在户外活动中发现自己的活动场地没有可以乘凉的地方，基于幼儿所面对的切实需解决的问题开始的主题活动，让幼儿在活动中积极性大大增加，选择这样的主题也基于小班幼儿的年龄特点，动手操作的空间较大，也会大大提升幼儿的参与感。本课程采用开放式的材料、直接来到户外的场地，最大限度地做到了开放时间和空间，开放式的师幼关系让刚入园的幼儿不再拘泥于在教室里学习，通过这样开放式的学习方法和课程内容的结合，培养幼儿初步的逻辑思维习惯。搭什么样的小棚？怎么搭？切切实实地落实在幼儿每一次的实践中。

在课程进程中幼儿不断遇到新问题、发现新问题，和同伴、家长、教师学习、分享、讨论、交流中建构知识、掌握技能、丰富经验，选择自己的方式方法解决问题，最终搭建出自己喜欢的乘凉小棚，会思考、懂合作、爱行动，初步形成了创造性、主动性、坚持性学习品质。小棚搭建完成，幼儿获得自主探究、自我服务、自我"劳动"带来的快乐，体验了成功感、自豪感、幸福感。

带着好奇的目光，
探寻属于你的天马行空。

滚出来的路

课程 缘起✢

　　教室里的架子上有很多建构类材料，孩子们对于这些形状各异的木块很感兴趣，都忍不住看来看去。老师请小朋友们选一些自己喜欢的木块尝试进行搭建。

课程 总览✢

1. 在实践中，逐渐熟悉不同的材料，并进行简单的组合
2. 与同伴一起参与活动，并有自己的想法和简单的思考

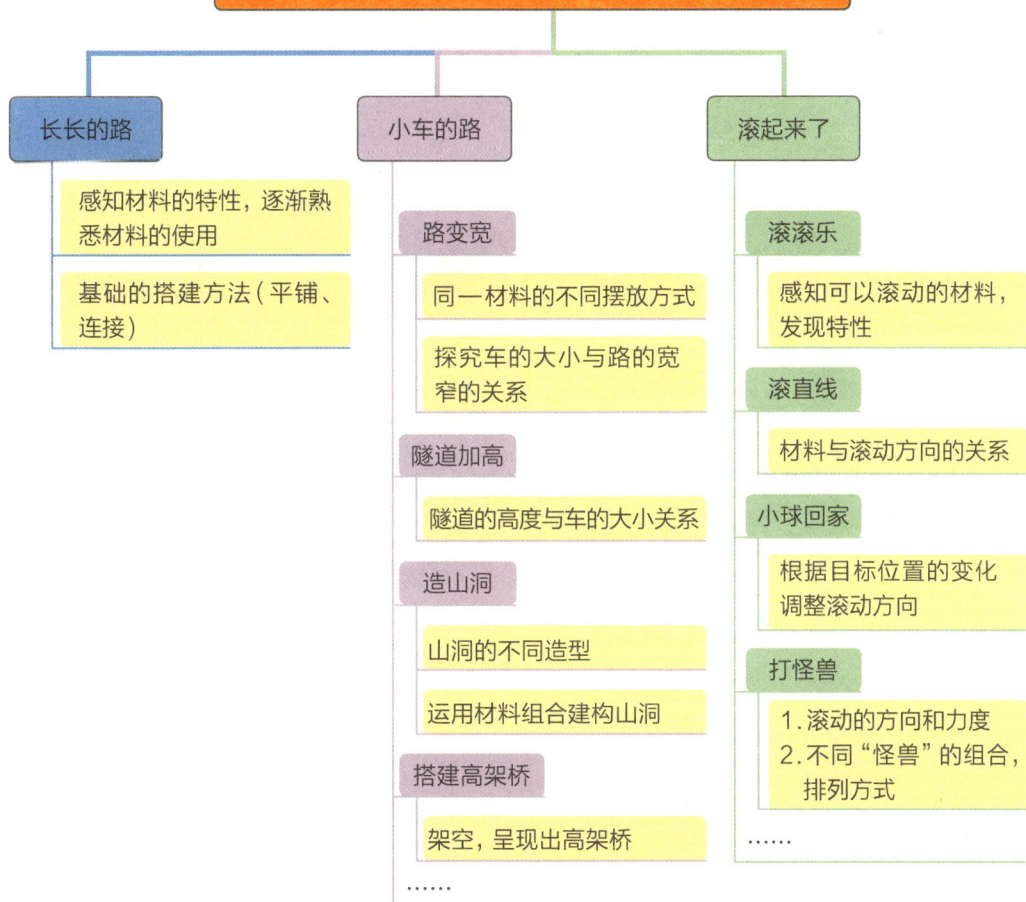

长长的路

感知材料的特性，逐渐熟悉材料的使用

基础的搭建方法（平铺、连接）

小车的路

路变宽

同一材料的不同摆放方式

探究车的大小与路的宽窄的关系

隧道加高

隧道的高度与车的大小关系

造山洞

山洞的不同造型

运用材料组合建构山洞

搭建高架桥

架空，呈现出高架桥

……

滚起来了

滚滚乐

感知可以滚动的材料，发现特性

滚直线

材料与滚动方向的关系

小球回家

根据目标位置的变化调整滚动方向

打怪兽

1. 滚动的方向和力度
2. 不同"怪兽"的组合，排列方式

……

课程 实施

探索一 长长的路

玩建构游戏时，幼儿摆弄着积木，想要搭一条长长的路，在尝试的时候，他们能进行简单的平铺和基本的连接，但是数量很少。①

轩轩："老师，我搭了一条长长的路。"

米可："对啊，还是直直的。"

老师："除了直直的路，还有什么样的路呢？"

石头："还有弯弯的。"

昊昊："对，就像公园里的那种小路。"

之后，小朋友们在此基础上，选择了不同的材料，连出了一条条弯弯的路，并且，有的路还一直延伸到了教室的外面。

馨馨："我的路是连接他们的。"

蓉蓉："我的是纸盘路。"

可可："我的是一条圆圆的路。"

然然："我的路很长，还不停地转弯。"

思考与支持

①孩子们初入小班，生活经验不足，对于"路"的形状、"路"上的事物缺乏目的性观察，建构经验仅局限于简单的平铺和基本的连接。

几次搭建后，幼儿对生活中的道路观察更加仔细，材料的使用也不只局限于积木一种，还加入了其他的材料，如：纸盒、光盘、纸杯、木片等，尝试进行简单的组合搭建。

岳岳："我搭的是火车轨道，可以开到教室的外面。"

探索二 **小车的路**

小朋友们带了各种车来试一试他们搭的路，他们边玩边开始讨论。[②]

小杰："我的车要走高速公路。"

石头："我还要搭一个隧道，让小车从里面过去。"

小葫芦："路上还要有减速带，爸爸说，那个可以给小车减速，就安全了。"

米米："我要弄一个大坡，小车爬上去，又下来，还要转弯。"

……

说着，他们就开始动手了。

1. 尝试一：路变宽

有的小朋友用三角形的积木连接起来呈现坡度，但是，小车走的时候会翻下来。

大凯说："这个路太窄了。"

之后，他们找来了几块木片，摆放在"坡上"，这样，路就加宽啦！[③]

有的小朋友用纸盒搭高速公路，在试的时候，消防车翻下来了。

米可："我的车太大了。"

轩轩："我们的路不够它走了。"

怎么办呢？他们想了想，米可调整了纸盒的方向，把每一个纸箱横着放，再拼在一起，这样，路就变宽了，消防车可以通过。

> **思考与支持**
>
> [②]根据已有的生活经验，幼儿大致知道汽车走的路是什么样子的，知道生活中路的不同种类，如高速公路、隧道、减速带、大坡等。
>
> 教师引导幼儿自己尝试，通过简单的计划，逐步实现他们自己的想法，提升他们的经验。

> **思考与支持**
>
> [③]在此阶段幼儿能够选择新材料（木片）加宽斜坡，也能够转换思路：将同一物体旋转不同角度从而解决问题。幼儿的思维方式更加丰富，能够尝试独立地解决一些简单的问题。

2. 尝试二：隧道加高

有的小朋友选择拱形的积木，摆放成一排，就成了长长的隧道，但是小车无法钻进去。④

小珂："车太大（高）了，钻不过去。"

面包："我们换一辆小的车。"

浩浩："没有其他车了，都被大家拿完了。"

面包："我们要改一下隧道。"

说着，她找来了两块积木，分别垫于拱形积木的两侧，这样，隧道就变高了。其他小朋友也用这样的方法把整条隧道都加高，小车可以进隧道了。

几次游戏后，小朋友们的搭建越来越丰富，有：大门、红绿灯、十字路口，有的路呈现出了两条道，还在路上增加了一些障碍物以及减速带。

3. 尝试三：造山洞

户外活动时，几个小朋友把轮胎放到一起，并玩起了钻山洞的游戏。一会儿，他们开心的笑声引起了大家的注意，都纷纷围过来，想知道他们在玩什么。⑤

思考与支持

④幼儿可以根据隧道的形状选择合适形状的积木。初次搭建后发现无法让小车通过，又在已经连接好的积木下垒高，同伴互助式学习也在此阶段出现了。幼儿渐渐搭出了完整的道路，能够有目的地进行较长时间的观察，对于道路形状及路上的事物记忆也更加深刻。

思考与支持

⑤幼儿搭出山洞只是偶然，且倒了一次之后无法复原。幼儿并不是真正地完全掌握这种搭建经验。

根据上一次出现的问题，教师引导幼儿尝试搭出自己能钻的山洞。从自身出发，幼儿的体验感会更强，更容易发现问题进行调整，他们呈现出的山洞空间更大，同时，还选择了不同的材料，如轮胎、垫子、攀爬架等，并能够组合使用。

乐乐："我们在玩钻山洞的游戏。"

说着，还跳到轮胎里，向大家展示。

石头："这不是山洞。"

琳琳："这个是洞洞呀。"

馨馨："但是这个不是山洞，又钻不进去。"

教师："那你们来试一试，用这些轮胎搭出山洞的样子。"

说完，石头和馨馨就把轮胎竖起来，然后一个接一个地连在一起。

石头："山洞是这样的，像火车过的隧道。"

馨馨："对，这样我们才可以钻。"

其他小朋友也加入到了钻山洞的游戏中，并学习他们的方法，用轮胎组合出长长的山洞。

第二天，幼儿依然兴高采烈地玩着火车钻山洞的游戏。

突然，芸芸兴奋地喊道："老师，你看，垫子这样放，也可以钻的。"

幼儿把体操垫折成一座小山的样子，中间就变成了可以钻的山洞，其他小朋友一看，原来这样也可以，就用轮胎和垫子一起尝试组合，拼搭出山洞的样子，在之后的活动中，他们还找到了攀爬架，打开垫子组合在一起变成不同大小的山洞。

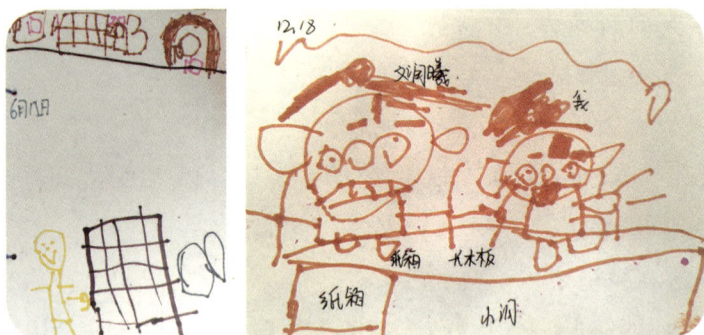

4.尝试四：建高架桥

自主游戏的时候，有小朋友要搭长长的高架桥，他们拿起笔画出了自己的计划。⑥

思考与支持

⑥这是幼儿对于之前搭建经验的巩固和延伸运用。幼儿有了初步的合作，能够好几个小朋友一起合作搭出长长的高架桥。

从中我们不难发现幼儿已经能够自然地进行多种材料的组合使用，已经出现了"路"的组合，而且"路"也有了不同的呈现方式。

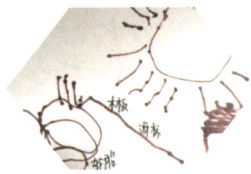

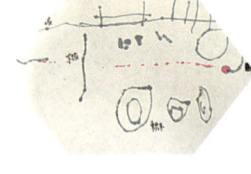

由于教室内的空间不够,幼儿就来到了四楼的草坪。

昕昕:"高架桥有高高的柱子。"

小伊:"柱子是一排一排的。"

小清:"我们要先搭柱子。"

说完,幼儿就找来材料搭了起来,有的小朋友用纸盒叠在一起,有的把轮胎搭在一起,搭出高架桥的柱子。之后,他们找来了长木条,一根一根地拼接在一起,搭在柱子上。这样,高架桥就搭建完成了。有的小朋友还调整了柱子的位置,让高架桥可以转弯,方便小车可以开到每一个地方,在道路尽头的位置,斜放一根木条,连接到地上呈现出斜坡的样子,让小车可以上下高架桥。

探索三　滚起来了

高架桥完成后,幼儿就拿着小车进行尝试,但是,鸣鸣拿的是一个海洋球,到斜坡处的时候,小球一下就滚到了地上。

鸣鸣开心地说:"小球滚得好快呀。"[7]

其他幼儿也试了试他们找到的东西,发现水壶也可以从斜坡上滚下来,有的小朋友还发现,可以直接在草坪上滚,不用放到高架桥上。

小朋友们又开始玩起了滚一滚的游戏,回到教室后,他们发现了很多可以滚的材料,例如颜料瓶子、纸卷芯、纸筒、吸管、车轮、毛球、彩笔等。

1. 尝试一:滚滚乐

吃完点心后,小朋友们迫不及待地选择各种材料进行尝试。

米米:"老师,我的笔可以横着滚出去!"[8]

蓉蓉:"纸卷芯也可以,但是要用点力,才能滚出去!"

馨馨:"我的纸杯会转弯。"

小伊:"我的瓶盖就像轮子一样,滚得很快。"

轩轩:"我的这个颜料盘滚不起来。"

> **思考与支持**
>
> [7]通过尝试,幼儿发现:能滚动的材料、滚动的路线以及能滚动的方法。那接下来应该怎样支持孩子继续探索呢?首先,在选择会滚动的材料方面,他们是没有问题的,但是,大多是类似于圆柱体形状的材料。其次,幼儿在尝试的过程中明显地看到了滚出去的路线,会在前方转弯,这是滚动的方向问题。基于此,我们确定了下一步深入的点:关于滚动方向的探索。
>
> [8]幼儿因为偶然的发现开始了新的探索,研究的方向有了很大的改变,从最初将材料拿在手里的摆弄到将材料滚动起来,用新的"滚动"的方式探索材料,孩子们探索的方式丰富了起来。

石头:"你要竖起来才行。"

小伊:"对啊,我的瓶盖也是立起来才能滚。"

尝试之后,小朋友们发现,在滚动的时候,有的材料容易滚动,有的材料不容易滚动。

昊昊:"我的纸卷芯只能滚一点点。"

石头:"我的积木很好滚,可以滚很远。"

乐乐:"水彩笔也不好滚,颜料瓶好滚。"

教师:"这是为什么呢?"

米米:"因为纸卷芯很轻。"

馨馨:"纸杯也很轻,还会转弯。"

石头:"积木重,还是滑滑的,所以可以滚很远。"

小朋友们根据自己的尝试和讨论,选出了几种容易滚动的材料。

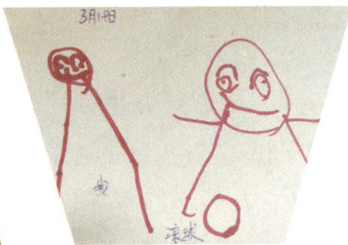

2. 尝试二:滚直线

小葫芦:"我要滚到前面的桌子那里。"

说着,就进行了尝试。但是滚偏了。其他小朋友也纷纷进行挑战,只有轩轩直直地滚到了指定的地方。

轩轩:"你们要这样,两只手一起,用点力气,它就滚到前面了,还要瞄准前面。"

接下来,孩子们开始按照轩轩的方法进行探索,将物品直直地滚到前方。⑨

思考与支持

⑨幼儿经历了从无方向滚动到有方向滚动的过程,了解到让物品沿着直线滚动是有一定难度的,在有要求的情况下,幼儿逐渐感知手对于材料的控制和以前是不一样的,但是,他们并不能明确地表达。同时,通过这样的尝试以及和同伴的对比,他们发现有的材料更容易滚直线。

过了一会儿，两个小朋友产生了争执。他们争论不下，并找到老师来评理。

石头："我的更远。"

岳岳："我的更远，你的都偏了。"

教师："你们再比一比，我们大家都来看一看。"

他们试了之后，小朋友们犯难了。

蓉蓉："我觉得差不多啊。"

小璇："应该是石头的更远。"

小杰："不对，应该是岳岳的，石头的从那里就歪了。"

教师："我们可以用什么办法知道他们滚得直不直呢？"

小伊："一个人站在前面看着。"

琳琳："这样站着的人就玩不了了呀。"

教师："我们可以在地上贴一条直直的线，沿着线滚出去，就是直直的啦。"

于是小朋友用纸胶带在地上贴出一条条直线进行挑战，成功后，还增加了线的长度。

3. 尝试三：小球回家

活动中有小朋友自发地进行了两两组合的游戏，一个滚，一个接，然后交换角色继续游戏。[10]

乐乐："我的脚是小房子，要滚到里面。"说着，脚尖打开，做出"小房子"的样子。

岳岳："看我瞄准！发射！"

> **思考与支持**
>
> [10]幼儿的学习经历这样的过程：短距离直线——位置移动——根据位置变化方向。随着游戏难度的增加，幼儿对方向的感知和体验也随之加深，材料滚出的方向也随着小房子位置的移动而变化。

大家也纷纷开始了这个游戏，接球的小朋友会不断移动位置，滚球的小朋友就要改变滚动的方向。

有的小朋友没有和同伴合作，而是自己用积木围出小房子，然后把小球滚到房子里。玩着玩着，他们还设置了不同的难度，有大小不同的门可以挑战。

4.尝试四：打怪兽

随着游戏的推进，有的小朋友不再用积木搭房子了，而是把小积木块竖在前方，然后尝试把手里的东西滚出去，把小积木块打倒。

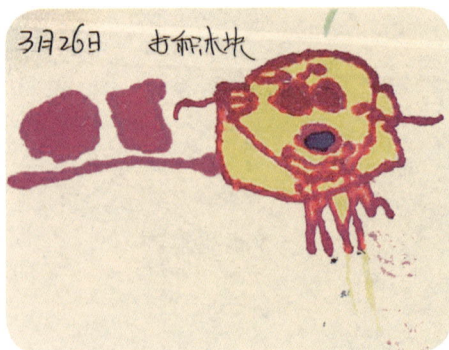

蓉蓉:"我们玩的是打怪兽的游戏。"

可可:"对啊,老师,你看,我可以打倒5块。"

"打怪兽"的游戏得到了小朋友们的喜爱,大家纷纷选择用不同的材料来当怪兽,有纸杯、纸卷芯、积木块、矿泉水瓶等。⑪

在尝试的过程中,他们不断挑战打倒更多数量的"怪兽"。

小璇:"我可以搭四层,把它们全部打倒。"

昕昕:"我的有好几排。"

浩浩:"滚的时候,要用很大的力气,不然,只能打倒一部分。"

石头:"隔太近就不算,没有难度,要远一点,才算成功。"

大凯:"要选重的材料,太轻的话,也不行。"

芸芸:"不能打偏。"

⑪"打怪兽"的游戏需要幼儿同时考虑滚动的方向和滚动的力度,根据游戏的需要,他们再次对材料进行选择,又增加一条标准:材料本身的大小和轻重。幼儿都在原来滚动路线的基础上增加了挑战的距离,他们在多次尝试后发现:距离木块越远,难度越大,方向控制越难。

在尝试的过程中，幼儿发现：滚动的时候，要用足够的力气才能把"小怪兽"打倒，并且要选重一点的材料，同时，还要瞄准方向，不能滚偏。

在挑战的过程中，幼儿想一次打倒更多的"小怪兽"。所以，他们尝试了"小怪兽"的不同摆放方式：有的是一排一排地进行排列，并且尝试每一排的数量依次增加。有的进行垒高，不断地增加层数来进行挑战。每个孩子都在积极地进行尝试和挑战，专注于自己的游戏中。

幼儿的发现和思考

（一）长长的小路

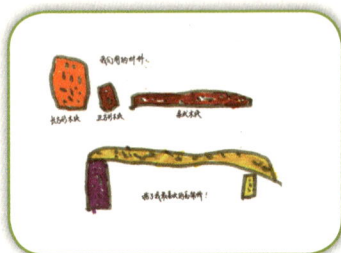
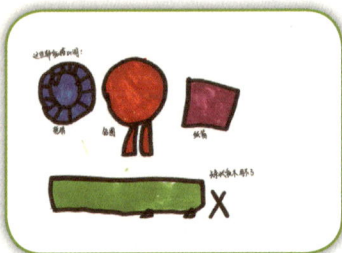
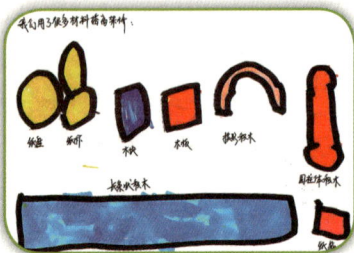

（二）滚起来了

教师 反思

	核心—操作	不同路的呈现
	开放性	开放的材料使用方式：教师鼓励幼儿自由探索不同材料的组合使用、同一材料的不同使用方法
课程理念	实践性	鼓励幼儿用搭建、滚动等多种操作方式探索材料，在实践中通过不断地平铺、连接，逐渐过渡到多种方式垒高、简单的架空
	经验的迁移与拓展	运用生活中各种"路"的原有经验搭建"长长的路"，在实践中深化自己的原有经验，尝试将路变宽、加高，丰富了幼儿的搭建经验，幼儿逐步学会了利用不同的材料组合搭建长长的高架桥、圆圆的山洞等多种多样的道路，初步感知生活中的空间大小，为后续自主活动打下基础

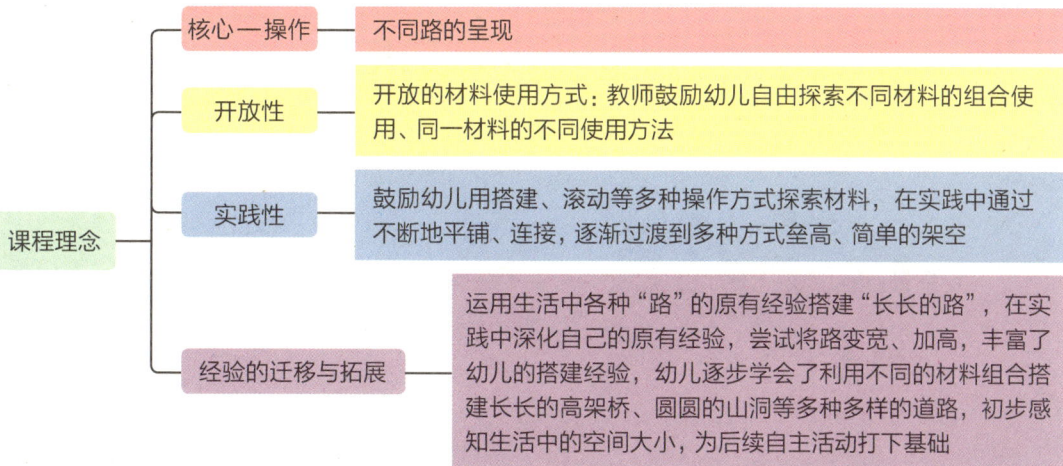

　　熟悉材料与熟练使用材料，对于小班幼儿来说需要一定的时间以及实践经验的积累。幼儿的经验增长是螺旋式的，需要给予他们充分的时间和机会进行尝试，提供适宜的材料，陪伴他们一起探索。在此次活动中，教师支持幼儿与材料进行互动，鼓励幼儿通过完成不同的搭建任务慢慢地熟悉各种材料的特性和使用方法，并判断材料的适宜性，尝试组合或替换使用材料。通过不断的操作，幼儿对于班级的材料更为熟悉，对工具的使用开始大胆与熟练。整个过程中，幼儿的动手意识有了明显改善。我们也看到了幼儿天生具有的解决问题、与同伴合作的能力。在出现问题和困难时，幼儿能够积极地想办法，努力向着自己的目标迈进，从未轻易放弃。在"建高架桥"环节，幼儿能够和同伴共同开展活动，虽然没有明显的分工，但是在小组中都愿意做一些力所能及的事情。

　　对于小班的幼儿来说，影响最直接的是老师，而不是同伴。因此作为教师，要善于观察幼儿，在活动中时刻追随幼儿的兴趣和发现，支持幼儿的探究行为；同时，在每一次活动结束后，要对幼儿的已有经验进行梳理，找出活动的生长点以及教师的支持点应该是什么，在这样的基础上，才能更好地支持他们下一步的探索与发展。

　　在整个活动过程中，教师是和幼儿共同进步和成长的。在课程的探索中，我们要不断地去发现孩子们的发现，感受孩子们的感受，才能够更好地了解他们在当下的需求，提供适宜的、有针对性的支持和指导。

教育是一万种尝试，我们始终坚持！

哇哦！怪兽

最近，总能听到孩子们在谈论"小怪兽"的话题。

米米："我是大恐龙。"

皮皮："嗷呜，我生气了，变成了一只红色的怪兽。"

希希："开心的时候，就变成一只黄色的怪兽。"

……

图书角中一本叫做《我的情绪小怪兽》的绘本特别受小朋友的欢迎，大家总是争抢着要看，喜欢扮演怪兽的形象，还学着怪兽的语气说话。

课程 总览

1.运用熟悉的材料制作自己观察或想象的事物
2.愿意在集体面前讲述自己熟悉或喜欢的事情

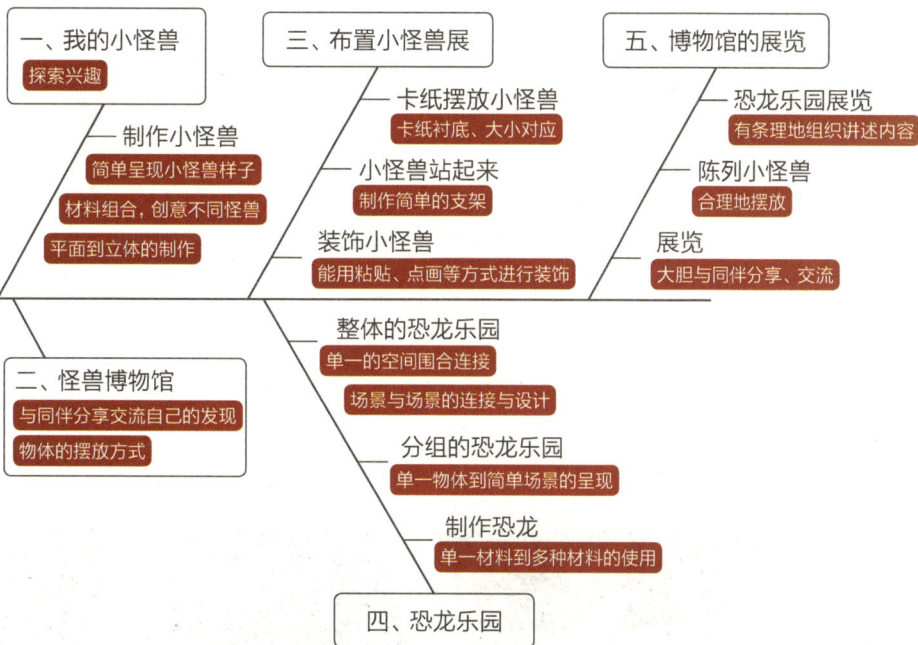

一、我的小怪兽
探索兴趣

制作小怪兽
简单呈现小怪兽样子
材料组合，创意不同怪兽
平面到立体的制作

二、怪兽博物馆
与同伴分享交流自己的发现
物体的摆放方式

三、布置小怪兽展
卡纸摆放小怪兽
卡纸衬底、大小对应
小怪兽站起来
制作简单的支架
装饰小怪兽
能用粘贴、点画等方式进行装饰

整体的恐龙乐园
单一的空间围合连接
场景与场景的连接与设计
分组的恐龙乐园
单一物体到简单场景的呈现
制作恐龙
单一材料到多种材料的使用

四、恐龙乐园

五、博物馆的展览
恐龙乐园展览
有条理地组织讲述内容
陈列小怪兽
合理地摆放
展览
大胆与同伴分享、交流

课程 实施

自主游戏时，乐乐拿了一块彩泥来找我，说："老师，我想做一个小怪兽，你能帮帮我吗？"

教师："你想做一个什么样的小怪兽呢？"

乐乐想了一下，说："不知道。"

探索一 我们的"小怪兽"

怪兽长什么样？我和孩子们一起交流了这个话题，孩子们用简单的语言描述着自己脑海中想象的小怪兽是什么样子的。

朵朵："是很可爱的。"

米米："是可怕的猛兽呀！"

曦曦："是很搞笑的形象。"

部分孩子选择用彩泥进行"小怪兽"制作。

乐乐："我用了好多颜色的彩泥混在一起做了彩色的怪兽。"

萍萍："我还给我的怪兽穿上了衣服。"

教师："你用什么做的衣服呀？"

萍萍："是彩色的纸。"

妞妞："我的怪兽眼睛是用的小眼睛贴上去的。"

涵涵："这个眼睛好像一个真的怪兽呀。"

然然："我也要用小眼睛。"

……

有部分幼儿已经不局限于单单使用彩泥创作小怪兽了，于是，我提供了多种材料引导幼儿进行组合创作，比如：纸盒、毛根、松果、纽扣、彩纸等，鼓励幼儿制作出特别的"小怪兽"。①

> **思考与支持**
>
> ①一开始的时候，幼儿的创作仅限于用彩泥，后来，幼儿尝试了简单的材料组合，教师给予了多种材料的支持，实现了从单一材料到不同材料组合使用的目标。
>
> 同时，多种材料组合后的"小怪兽"逐渐变得更立体，不再是"睡着"（平面）的。
>
> 了解并熟悉材料，对于小朋友来说很重要，也是影响活动开展的重要因素，通过手工制作，幼儿逐渐了解并使用不同的材料，并在组合的过程中进行独具创意的尝试。

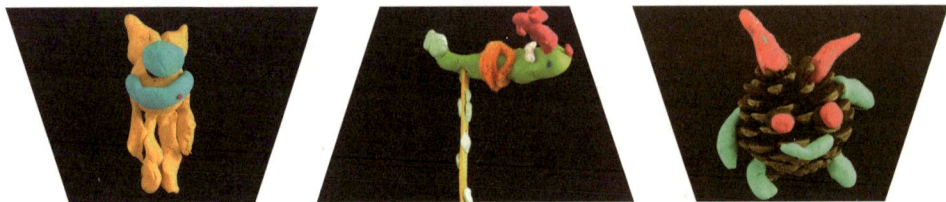

浩浩："我用了松果作怪兽的头，用彩泥搓出两条腿。"

然然："纸盒就是它的身体。"

豆豆："我用了松果做怪兽的头发。"

每个小朋友都有自己的想法，有不同的创意，于是出现了各种各样的小怪兽。教室里的小怪兽越来越多了，柜子上已经放不下了，而且非常杂乱。

教师："柜子放不下了，该怎么办？"

可可："摆整齐，就像商店里一样。"

乐乐马上反驳道："不对，像博物馆。"

教师："到底像商店还是博物馆？"

乐乐："博物馆，我们可以像博物馆里放东西一样，把小怪兽摆出来。"②

石头："对，这样可以像去博物馆那样参观。"

大家都纷纷赞同，都觉得这个主意不错，可以像博物馆那样把小怪兽展示出来，大家可以参观，于是决定把大家做的小怪兽像博物馆那样展示出来。

思考与支持

②幼儿有游览博物馆的经验，但是，对于物品应该怎么呈列，他们是不知道的，并且没有这样的记忆和经验。

于是，教师鼓励幼儿利用周末和家人一同参观博物馆，看一看博物馆里有什么，怎么陈列的。

让教师没想到的是，幼儿在参观后都对恐龙乐园产生了浓厚的兴趣，由此，班级的展览就变成了两种，并自己命名了他们的活动是"小小博物馆"。能够自己命名，说明幼儿对这样的活动很感兴趣，并且清楚自己要做什么。

探索二 怪兽博物馆

教师:"博物馆是什么样子的?博物馆中有哪些东西?这些东西都是如何陈列的?"

孩子们支支吾吾说不清楚。这些问题都需要他们进一步地调查和了解,所以在周末的时候,小朋友们和自己的爸爸妈妈一起去参观了博物馆,并进行了调查。

教师:"博物馆里都有什么?是怎么进行展示的呢?"

豆豆:"有许多动物,有的放在柜子里,有的放在桌子上。"

浩浩:"像排队一样,一个跟着一个。"

乐乐:"有围栏,把它们围在里面。"

可可:"是的,好大好大的恐龙都在围栏里。"

幼儿们一听都争先恐后,抢着说自己在恐龙乐园里看到了哪些恐龙。

西西:"我也看见恐龙了,我喜欢恐龙。"

可可:"我也喜欢恐龙,我还看见很多恐龙和恐龙化石。"

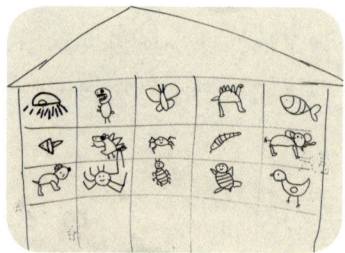

教师:"我们的博物馆可是展示小怪兽的哦!"

可可:"老师,我们好喜欢恐龙,我们也可以展示恐龙呀!"

于是,大家一致决定了小小博物馆里除了展示我们的小怪兽,还要展示大家都喜欢的恐龙和恐龙化石,还自己取名为"小小博物馆"。

探索三 布置"小怪兽"展示

1. 用卡纸摆放小怪兽

教师:"小怪兽要怎么展示呢?"

豆豆:"找一个柜子放我们的怪兽。"

乐乐:"不行呀,会粘在柜子上,拿不下来了。"

涵涵:"可以把小怪兽放在卡纸上。"

幼儿纷纷同意这个说法,找到卡纸来衬底。③

思考与支持

③幼儿能想到用卡纸衬底的办法,可能来源于对班级环创的印象,因为,在布置环境的时候,教师都会先用不同颜色卡纸给小朋友的表征衬底,再贴到墙上或柜子上;也可能是因为在平常的活动中,他们用彩泥制作的作品都会放在一张卡纸上。

但是,一些幼儿在衬底时出现了大小对应的问题,教师引导他们进行对比观察,发现区别,从而改变卡纸的大小后进行衬底。

昊昊："我的怪兽有一半粘在柜子上了，卡纸太小了。"

慧慧："我的卡纸也小了。"

教师："有的小朋友的卡纸小，小怪兽大了，那怎么办呢？"

教师通过对比观察的方法，让幼儿明白，小怪兽下面的卡纸应该大一点，让小怪兽能舒服地"睡"在上面。但是卡纸的大小和小怪兽的大小要怎么对应呢？

乐乐："可以先把小怪兽放在卡纸上，再剪下来。"

然然："而且卡纸要比小怪兽大一点。"

幼儿制作好之后，把自己的小怪兽放在了柜子上。

2. 让小怪兽站起来

米米："老师，我看不见我的小怪兽了。"

豆豆："老师，我的小怪兽躺着，我要踮起脚才能看见。"

教师："是的，我们的小怪兽躺在柜子上，小朋友看不见怎么办呢？"

赫赫："可以让小怪兽站起来。"

小朋友试着让自己的小怪兽站起来，但没有成功。④

然然："卡纸太软了，立不起来。"

教师："我们需要有个东西支撑它。"

经过尝试后，小朋友们想的办法是：用一块积木把小怪兽支撑在卡纸后面，让小怪兽能"站"起来。这个方法果然成功了！

思考与支持

④有了卡纸衬底，幼儿将作品平放于柜子上，虽然不像之前那么拥挤了，但是并没有层次性，依然稍显杂乱，所以，幼儿发现他们很难找到自己的作品，想要对作品进行立体呈现。

这样的尝试和探究是他们的已有经验，并不难，幼儿会遇到的问题是支架材料的选择。刚开始的时候，有些幼儿直接把底部的卡纸当做支架，但是卡纸很软，后来他们选用了小积木，因为积木是硬的。

3. 装饰小怪兽

在展示出来的幼儿作品中，馨馨的陈列方式和其他人的都不一样，她并没有把卡纸剪了，而是留有整张的卡纸，然后在四边进行装饰，让她的小怪兽变得更加漂亮。其他幼儿看了之后，都觉得这样的方法很不错，纷纷进行模仿，并表现出了各种各样的装饰。装饰好之后，教室里到处都是他们制作的小怪兽，但没有一个很好的地方可以展示。⑤

米米："小怪兽放在桌子上了，我们怎么吃饭呢？"

豆豆："还有柜子上也是，我们的万菊兰都没有地方放。"

婷婷："我们需要换个地方。"

妞妞："我记得我去的博物馆里，有些东西是展示在墙上的，我们可以贴在墙上吗？"

这时候，教师拿出了三张大纸板，提议幼儿可以把小怪兽粘在纸板上，于是幼儿将他们的小怪兽组合呈现在立体的硬纸板上，进行展览。

一切都准备好了，他们迫不及待地想要邀请其他小朋友来参观，在展示的时候，他们拉着同伴的手高兴地介绍着大家的小怪兽，相互交流，乐此不疲。

思考与支持

⑤装饰，是每个孩子都喜欢的，但是他们都只关注自己的作品，还无法考虑到整体。所以，当幼儿提出想把大家的作品都展示出来时，就发现没有合适的地方进行展示，教师适时提供了新的材料：大纸板，并竖起来摆放；同时，幼儿把小怪兽组合粘贴在纸板上，教师做了进一步的装饰和美化。

对于小班幼儿来说，既考虑陈列方式又考虑美观性，是相对较难的，所以，教师给他们提供了纸板，在他们粘贴过自己的作品后，教师让展览变得更丰富多彩。

从装饰自己的小怪兽到最终的展览，幼儿在原有经验的基础上运用更多的材料去探索美、展示美。

探索四　布置恐龙乐园

1. 制作恐龙

随着活动的开展，幼儿还要进行恐龙和恐龙化石的展示，开始的时候，大多数幼儿选择的材料都是彩泥，一个孩子在捏恐龙，捏好恐龙后，他兴奋地叫起来。

伟杰："你们看，像不像鸭嘴龙？"

乐乐："真的很像，就是脖子有点短了。"

伟杰："那我再加点，让它的脖子变长！"

志远看到伟杰捏的恐龙很有趣，也有捏恐龙的想法了，他说要捏个剑龙。接着，其他幼儿也捏起了恐龙。不一会儿，桌子上的彩泥恐龙又多了几只。但是全是趴着的、平面的恐龙，只有一只小剑龙是站着的。

思怡："我的恐龙为什么站不起来？"

昊昊："对呀，只有小剑龙站得起来，我们的大恐龙都站不起来。"

教师："那你们想一想为什么呢？为什么小的站得起来，大的站不稳呢？"

豆豆："太重了呗！身体那么大，腿那么细，怎么站得住？"

教师："那你们想想办法吧。"

小朋友在我的提示下，把恐龙的腿加粗了。这样几只"躺"着休息的恐龙站起来了。

豆豆："我们恐龙都是恐龙小宝宝。"

昊昊："哈哈，我的是剑龙宝宝。"

豆豆："我的是三角龙宝宝。"

思怡："我们还需要再做一些很大很大的恐龙，做爸爸和妈妈。"

幼儿选择的彩泥无法塑造出大恐龙，我建议孩子们选择一些大的材料，如卷纸芯、纸杯等，但在拼接、塑形方面幼儿还是遇到了困难。⑥

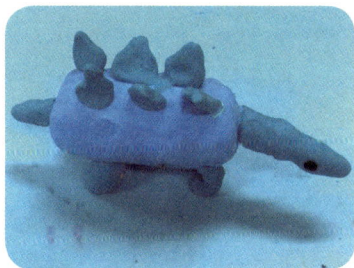

思考与支持

⑥当有幼儿制作出了恐龙后，其他人纷纷进行模仿，在模仿的同时，也有了自己的想法，制作出不同的恐龙。

幼儿首选的材料依然是彩泥，是因为他们很喜欢，同时，相比较而言，彩泥很容易塑形。但是，要让恐龙站起来，除了材料本身很软的原因之外，更多是受幼儿制作经验不足的影响。

所以，在他们发现彩泥无法做出大大的恐龙时，老师及时给予材料的支持，提供多种材料，帮助他们组合创意拼搭。

周末时，小朋友们回家和爸爸妈妈一起进行了创意恐龙的制作，有了爸爸妈妈的参与，小朋友们对废旧材料进行了充分利用，拼搭制作出了各种各样的特色作品。

小小："我用乐高积木玩具拼出了恐龙的样子。"

昊昊："我用纸杯做恐龙的身体，用彩泥捏出了脚和头。"

杰杰："我用小棍子拼出了恐龙的样子。"

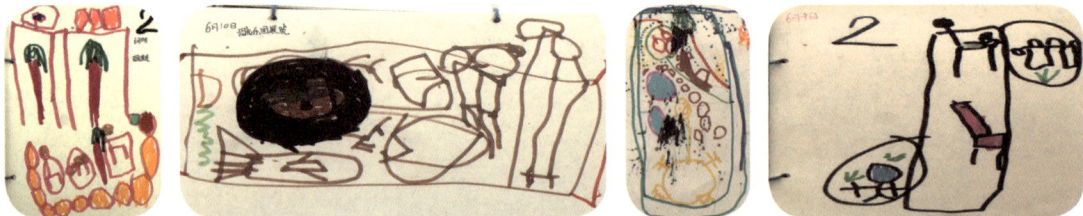

2. 恐龙乐园

恐龙已经制作好了，要怎么展示呢？小朋友们开始了讨论，要把这些恐龙都放在一起，制作成一个恐龙乐园，就像博物馆里看到的那样。

恐龙乐园应该怎么来制作呢？

接下来，小朋友们进行分组，每一组完成一个小小的恐龙乐园，最后再进行大的恐龙乐园的制作。在制作的过程中，每一组小朋友都成功呈现出了小小的恐龙乐园的模型。⑦

小组作品完成之后，大大的恐龙乐园要怎么制作呢？

然然："我们把每个组的拼在一起就可以了。"

> **思考与支持**
>
> ⑦对于小班阶段的幼儿来说，要完成恐龙乐园很难，主要难度就在于整个恐龙乐园的空间布局上。
>
> 所以，幼儿先以小组的形式完成一个小小的恐龙乐园，在这个过程中，既能丰富他们关于材料组合呈现的经验，又能让他们尝试简单的小组合作。
>
> 完成后，再进行各个小模型之间的连接，他们就可以搭建不同的路、建筑等，不断丰富恐龙乐园。
>
> 就这样，教师把任务分解，幼儿一步一步地完成，最终搭建出了大大的恐龙乐园。

教师："你们的恐龙乐园和博物馆里的恐龙乐园有什么不一样?"

豆豆："我们的东西很少。"

米米："我们的恐龙很小,我们也不知道该怎么放了。"

于是,我们回顾了博物馆恐龙展示区的照片。孩子们调整了恐龙摆放,有的放在桌子上,有的放在地下,有的还用绿萝来装饰,这样就有了高低错落的样子。

探索五　博物馆的展览

博物馆的两个展示区完成了,小朋友扮作游客参观,可一会儿他们又叽叽喳喳地在一起讨论了。

小小："我们不能从里面进行参观,只能围在四周转一圈。"

昊昊："我看不到恐龙和我做的小怪兽。"

豆豆："博物馆要变大一些。"

于是他们进行了二次改进,有了上一次的经验,他们借助桌子呈现出了很多高低错落的展台,并把教室的椅子、大积木也用上了,搭建出围栏,并在一边留有开口,作为出入口,同时,一条条"小路"把各区分开,可以走进去参观。

孩子们对于第二次的改进觉得很满意,我提议邀请隔壁班的小朋友来参观。

小小："我们的教室太拥挤了。"

可可："需要有人介绍。"

昊昊："要有休息的地方。"

接下来,孩子们把恐龙乐园搬到了空间更大的地方,分为两个组,各组自己选定位置,然后互相讨论,用一条条的路连接各个区域,与此同时,在空旷的地方,小朋友们自由发挥,搭建出不同的建筑。其他班的孩子来参观的当天,孩子们像是长大了,一个个站得笔直,主动向同伴们介绍着自己的小怪兽和恐龙乐园。⑧

思考与支持

⑧经过不断改进,幼儿对整个恐龙乐园的布局有了大致的了解,还能进行高低错落地摆放。同时,空间的扩大更有利于幼儿的操作。

在展览的过程中,他们能够自信地介绍自己的作品,例如它叫什么名字,是怎么做出来的,恐龙乐园都有什么,等等。

可见,幼儿在这样的活动中很开心,也很有成就感。

幼儿的发现和思考

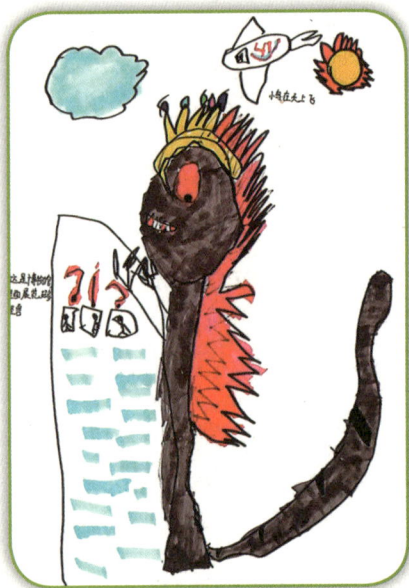

教师 反思

```
                    核心—操作 ——— 有序的排列和组合

                                  开放的创意展示方式：支持孩子用多种方法创意展示自己的作品，
                                  鼓励幼儿大胆表达与介绍
                    开放性
                                  开放的材料组合方式：在活动中提供多种材料，鼓励幼儿能混合使
                                  用多种材料进行搭建
   课程理念
                    实践性        从制作小怪兽到布置班级博物馆到实现怪兽展，幼儿不断地进行实
                                  践与探索，整个过程实现了幼儿从单一到整体的思维方式的飞跃

                                  通过亲子参观博物馆、游览博物馆，幼儿将生活经验迁移
                                  到物品陈列和美化之中，从单一彩泥到多种材料的组合使
                    经验的迁移与拓展 用，从平面到简单的立体呈现的过程，让孩子们能够运用
                                  更多的东西去发现美、表现美、创造美
```

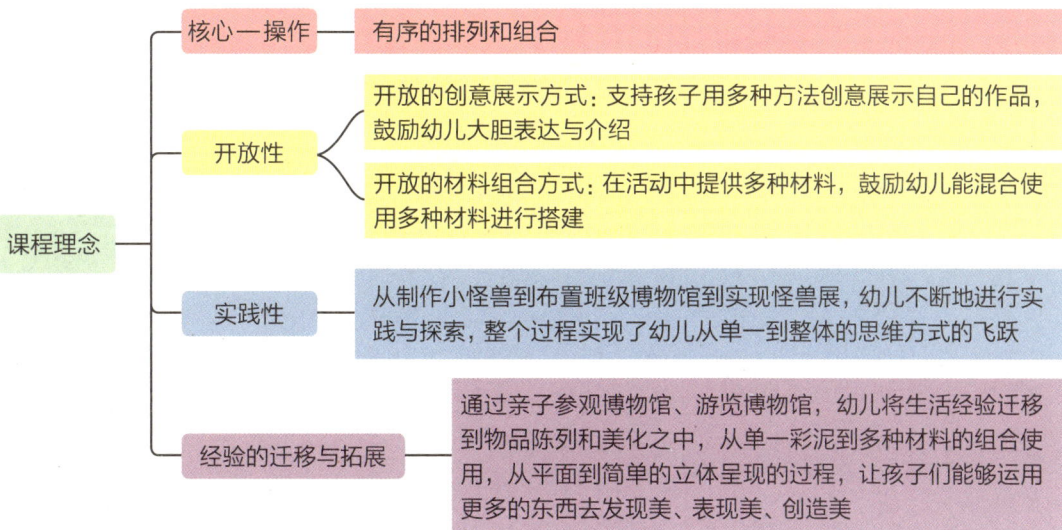

在"小小博物馆"课程活动的开展中，教师基于幼儿兴趣，以幼儿最感兴趣的"小怪兽"为课程缘起，鼓励幼儿通过直接的操作和多种材料的组合实现广泛感知，尊重幼儿的学习主体地位，以幼儿兴趣发展为导向，关注幼儿的发展和学习状况，引发幼儿的深入探究，并且在后续发展中教师给予了充分的策略支持，帮助幼儿逐步实现了以下两方面的能力飞跃。

其一，幼儿的"博物意识"得到了初步萌发。南京师范大学虞永平教授曾说："设计幼儿园的课程，应重视博物馆资源的价值，充分利用博物馆资源的优势。"在活动进入瓶颈期时，教师把家长带入到活动中，让"博物馆"不再是单纯的展览室，而是一个可以满足幼儿需要、支持幼儿学习、鼓励幼儿创造新事物的活动天地。幼儿持续高涨的探索兴趣，支持他们全身心投身于活动之中。幼儿自发地命名了本活动的名称，承担起了主人翁的角色，由此也萌发了他们初步的任务意识，激发了他们的探究欲望。

其二，幼儿的语言表达能力持续提升。活动从始至终，同伴间的协商与讨论始终伴随：为了达成一致意见，必须倾听与思考；为了说服别人，必须表达合适的理由；为了寻求帮助，必须使用礼貌的语言……活动最后，幼儿变成了"小小博物馆"的讲解员，向其他班的孩子介绍并宣传自己的作品，他们的语言表达更加完整与流畅，他们也变得更加从容与自信。

第二章

中班主题活动案例

教育的温度是用爱与温暖守护成长。

28℃很冷

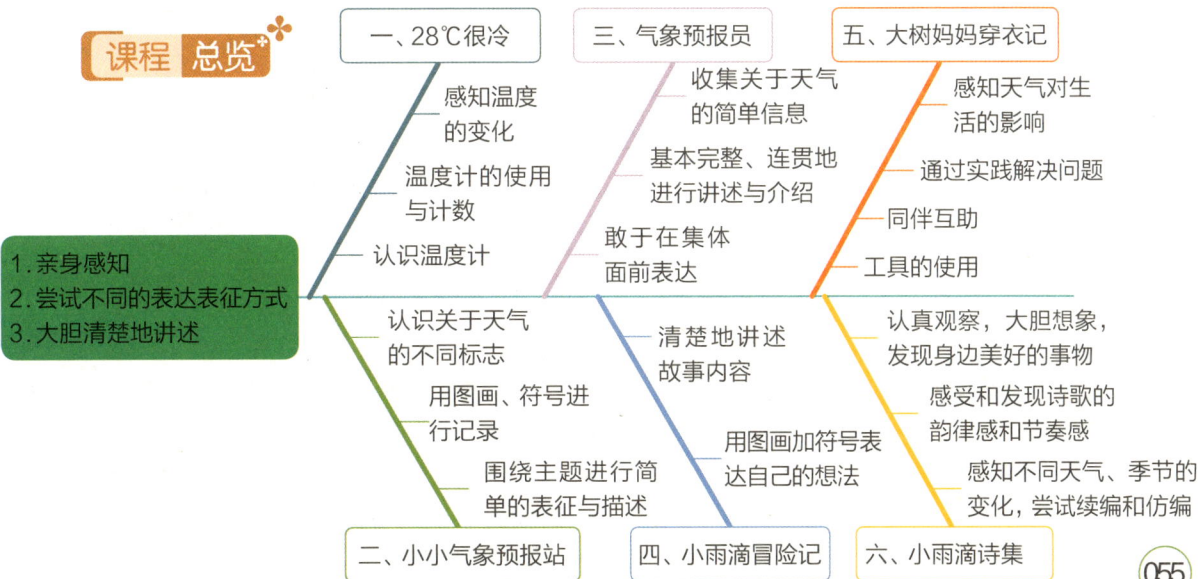

课程 缘起

晓雪和叮叮是一对好朋友，因为生病的晓雪已经好几天没来幼儿园了，今天一早叮叮来找我询问好朋友的情况。

叮叮："老师，晓雪今天又没来幼儿园吗？"

教师："晓雪生病了。"

叮叮："怎么会生病了呢？"

教师："她妈妈说是着凉发烧了。"

叮叮："为什么会着凉？"

教师："没看天气预报，衣服穿少了吧！"

叮叮："以后我帮她看，让她多穿一些。"

于是，探索"天气预报"的小种子悄悄地埋下并且萌芽了……

幼儿关注到了集体中的他人，并表示关心，在追问同伴感冒原因的过程中，他们开始关注到了天气这一现象，并感知到天气对人的身体和生活的影响。基于此，幼儿对天气产生了兴趣，并基于这样的"关怀"开展"天气预报"的探索，让小朋友们从不同的角度进一步感知天气的变化。

课程 总览

一、28℃很冷
- 感知温度的变化
- 温度计的使用与计数
- 认识温度计

1. 亲身感知
2. 尝试不同的表达表征方式
3. 大胆清楚地讲述

二、小小气象预报站
- 认识关于天气的不同标志
- 用图画、符号进行记录
- 围绕主题进行简单的表征与描述

三、气象预报员
- 收集关于天气的简单信息
- 基本完整、连贯地进行讲述与介绍
- 敢于在集体面前表达

四、小雨滴冒险记
- 清楚地讲述故事内容
- 用图画加符号表达自己的想法

五、大树妈妈穿衣记
- 感知天气对生活的影响
- 通过实践解决问题
- 同伴互助
- 工具的使用

六、小雨滴诗集
- 认真观察，大胆想象，发现身边美好的事物
- 感受和发现诗歌的韵律感和节奏感
- 感知不同天气、季节的变化，尝试续编和仿编

课程 实施 ✤

探索一　28℃, 很冷

晓雪终于来幼儿园了。

叮叮一看见她就激动地说:"晓雪, 我帮你看天气预报了, 今天28℃, 很冷, 你要多穿点。"

叮叮看见晓雪穿了一条裙子, 又把自己装在书包里的外衣给她穿上了, 结果, 户外活动时, 晓雪刚一出教室就热得把外衣脱了。

晓雪:"太热了。"

叮叮说:"我看天气预报28℃很冷呀。"

晓雪说:"不对, 是很热。"①

教师把晓雪和叮叮的疑惑与班上的小朋友们共同分享。

教师:"天气预报说的28℃到底是热还是冷呢?"

轩轩:"28℃是热, 要0℃才冷, 下雪的时候妈妈和我说是0℃。"

心妍:"28℃是冷, 今天早上我出门, 可冷了。"

教师:"那我们今天晚上回去再看一看天气预报, 明天来感受一下吧。"

第二天早上, 小朋友们自信地对我说:"老师, 今天是26℃。""我也看了, 是26℃。""不是, 是12~26℃。"

这时, 心妍手里拿了一个圆滚滚的像钟表一样的东西递给我:"给你这个, 可以测温度。"

教师:"这个要怎么用?"

心妍:"放在外面, 看上面的数字。"

教师:"看哪个数字?"

心妍:"看指针的数字。"

教师:"指到数字几了?"

思考与支持

①"温度"这一内容引起了全班幼儿的关注。不过, 对于现阶段的幼儿来说, 虽然能看懂天气预报中的数字, 知道温度是多少度, 但是他们并不能将冷热和温度数字大小进行对应关联。

幼儿要在具体的生活中通过自己的感受或者衣服的增减才能亲身感知温度的变化。

心妍开始一格一格地数数："1、2、3······12，现在是12摄氏度。"

看到这么有意思的事，大家都把脑袋凑过来看，我请心妍把读数的方法告诉大家，只见一群小朋友跟着心妍的手指头点数起数字来。

到了户外活动时间，心妍把温度计挂在了小树上，游戏结束准备回教室的时候，几个小脑袋又凑过来数温度计上的温度。

教师："现在是几度？"②

小朋友们回答："26℃。"

教师："是热还是冷？"

小朋友们一起回答："很热！"

教师："还记得早上的读数吗？是冷还是热？"

轩轩："12℃，有点冷。"

教师："温度计可真好，可以告诉我们温度，要是再知道下不下雨就更好了。"③

橙橙："看大气预报呀，它说温度，也说下不下雨。"

晓雪："我也知道天气预报。"

心妍："我在电视上看过，有时多云，有时下雨。"说着就在纸上画了起来。

探索二　小小气象预报站

第二天，小朋友们拿着自己画的天气预报来到了幼儿园，开心地和同伴分享。

晓北："天气预报说有雨，我就画了乌云和雨。"④

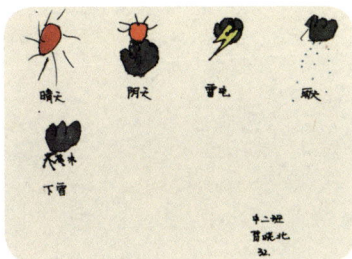

思考与支持

②"圆盘温度计"可以让幼儿实时、直接地看到度数，并且结合自身的冷热感受，对应理解温度计上的数字，知道数字越大，温度就越高、越热；数字越小，温度就越低、越冷。

在这个过程中，幼儿通过教师引导和同伴学习相结合的方式点数温度计上的刻度，尝试读数，进一步感知和体会到数学在生活中的运用，比如温度可以用数字来记录和描述。

③教师创设问题情境，鼓励幼儿在感知温度的基础上，通过不同的方式去感知天气的变化，并结合自身的已有经验继续探究不同的天气。

思考与支持

④从幼儿表征的内容来看，他们在生活中能够感知到天气对自己身体和生活的影响，能根据天气来判断适宜的穿着。

同时，要完成这样的表征，幼儿需要进行关于天气预报的调查，并且要认真观察天气预报应该包括哪些内容，然后用图画、符号进行记录。这也是幼儿经验内化的过程。

橙橙："我写了 18，温度是 18℃。"

小诺："这是一件长袖，今天要穿长袖的衣服。"

小泽："我也是，要穿长袖还要带雨伞。"

通过分享，他们发现每个小朋友画的都不一样，但是好像都很有趣，什么也不能少。⑤

教师："小朋友们收集到了这么多信息，哪些信息是对我们有帮助的呢？"

幼儿："下雨、温度、穿衣服、多喝水……"

于是，在大家共同讨论后，小朋友们都把"天气、温度、穿衣指南"等内容都画了进去。

教室里从此多了一个角落——小小天气预报站。小朋友们把所有关于天气的符号都画出来，放到角落里，每天值日的小朋友都会根据前一天的天气预报情况贴出来，提醒大家今天的天气如何。

思考与支持

⑤幼儿在活动中发现同伴与自己收集的信息不同，但是愿意接受同伴的意见和建议，进而丰富天气预报的内容。

探索三 气象预报员

下午，我准备带孩子们到大操场进行户外活动。

晓雪："老师，我们不能去大操场了，你看有乌云。"

轩轩走到小小天气预报站的角落："是啊！天气预报说今天要下雨呢。"

我看了窗外，半信半疑地改变了活动地点，和孩子们进入多功能厅。

晓北："下雨啦！下雨啦！"

轩轩："看吧！我可是很厉害的天气播报员哦！"

这时多功能厅的大门被中一班的小朋友推开了。

小杰："下雨了，我们能进来一起玩吗？"

米米："你们怎么知道会下雨呢？"

两个班的孩子们在多功能厅一边玩一边聊起了天气预报。

诺诺："明天也要下雨，我们还来这里玩。"

米可："你们怎么都知道啊，是孙悟空告诉你们的吗？"

米可的话惹得我们班的孩子哈哈大笑，他们开心地说："是看天气预报。"

小杰："那是什么？"

默默想了一会儿，也不知道怎么和同伴解释："明天我来中一班告诉你。"

于是默默第一次走出教室，去给更多的小朋友预报天气的行动开始了。

早餐后，默默手舞足蹈地走进中一班的教室。嘴里还不停地念叨着："22℃……小雨、小雨……穿衣服。"

当中一班小朋友都安静下来看着默默，期待着他的天气预报时。⑥

默默开始有些不知所措，很小声地说着："22℃，小雨？阵雨？穿衣服穿裤子。"

默默的话逗得中一班的小朋友们笑了起来。

时乐："到底是小雨还是什么雨？"

晓宇："我们每天都要穿衣服和裤子啊！"

面对其他小朋友的发问，默默有些着急了："我忘了，等我回去看看班上的天气预报板。"说着就急急忙忙地走出了中一班的教室。

默默一进教室就跑到"小小气象站"那里，看着板子上今天粘贴的天气符号和温度："我知道了，我能拿着它去吗？这样就不会忘了。"说着转身就跑回了中一班。这一次默默的预报很完整："今天气温20℃，有小雨，小朋友们像我一样加一件外衣，下午还会有雨，我们再一起去多功能厅玩。"

话音刚落，下面响起了小朋友们的鼓掌声。默默拿着预报板既开心又骄傲。

下午两个班一起玩时，默默就像一个小明星被中一班的小朋友们围住，都在询问着："明天天气怎么样？还要下雨吗？"

班里的孩子看到默默出名了，大家也开始踊跃地

思考与支持

⑥隔壁班级是一个相对陌生的环境，幼儿敢于挑战在陌生环境中表达。第一次尝试失败也不气馁，而是提出带着天气展板讲解的解决方法，进而再次尝试，经历过失败后的成功来之不易，甜蜜的收获也激励了更多小朋友参与到这样的活动中。

推荐起自己来："我是轩轩，我是心妍，我是橙橙，我们都会讲解天气预报。"

随着与中一班互动次数的增加，孩子们的播报内容越来越丰富，甚至还加入了自我介绍和日期。

这天下午，唐唐妈妈找到我提交了唐唐的请假条，因为家中有事唐唐要和妈妈回四川老家。

唐唐妈妈："唐唐是后天的小小预报员，她很想参加活动。"⑦

教师："可以让唐唐以视频录制的方式呈现吗？到时我给小朋友们播放。"

唐唐妈妈对我的提议表示赞同。唐唐和妈妈都很激动，提前一天就把视频发送给我。在第二天播放时，孩子们可新奇了，唐唐就像主持人一样说着手里绘制的天气预报表征。

——"哇，唐唐居然上电视了。"

——"唐唐说今天只有11℃，可是我们这里是晴天。"

——"她还说下雨了呢，也没有啊。"

孩子的话让我也开始思考：难道是唐唐和唐唐妈妈看错了？可转念一想，才明白：唐唐说的是四川今天的天气吧！于是我向孩子们解释了原因。

——"原来不是所有地方天气都一样？"

——"难怪爸爸昨晚给奶奶打视频，都说老家下雪了。"

这一系列的问题为孩子们今后对"地图"的探究埋下了一粒"小种子"。

探索四　小雨滴冒险记

今天午睡前的绘本分享，我给孩子们讲述了绘本故事《天上100层的房子》。孩子们听得很认真，尤其是听到小雨滴、云朵、雪花的时候特别的兴奋。故事结束时，孩子们的脑袋里出现了无数个问题，他们不停地对我发问，睡意全无。⑧

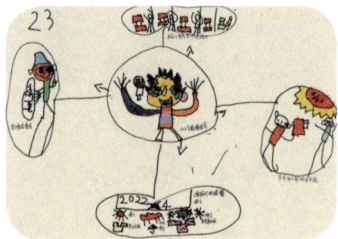

思考与支持

⑦气象预报员的活动给予幼儿充分展现自我的机会。

在活动中，他们清楚自己的小任务，并且能够想办法努力完成，同时，在集体面前大胆表达，体验成功的喜悦。

气象预报的方式在家长和教师的交流融合中逐渐丰富，既满足了幼儿想要参与活动的热情和愿望，也为课程活动内容开拓了资源和路径。

思考与支持

⑧教育的契机无处不在，绘本中的故事引发幼儿的思考和探索，对于小雨滴的形成持续讨论着，接下来，教师围绕幼儿的兴趣，支持他们继续探索"小雨滴"。

小宇："小雨滴的家真的在天上吗？"

俊贤："它们真的是住在大洗澡盆里？"

心妍："小雪花也是雨滴变的？"

苏苏："小雨滴掉下来，就见不到它的朋友了。"

第二天，关于"小雨滴"的话题还在持续。

宸宸："妈妈说小雨滴会流进大海，又飞回去。"

小宇："我看绘本了，它还会到草地上、下水道。"

轩轩："小雨滴居然是云朵变的。"

小诺："太阳出来了，它才会飞起来。"

教师："那小雨滴的家究竟在哪里？"

孩子们回答："天空？地上？大海？"

教师："我们一起画一画吧！把小雨滴去过的地方都画下来。"

最后我将孩子们的表征用箭头连接了起来。

心妍："原来小雨滴冒险就是在绕圈圈呀。"

教师："小雨滴的冒险就是这样一次又一次循环的。"⑨

小雨滴冒险记大地图绘制完成后被粘贴到了小小气象站，每次下雨的时候孩子们就会说："小雨滴又出来冒险啦！"

探索五 大树妈妈穿衣记

进入秋冬季节，幼儿园的银杏树下就成了孩子们的季节游乐场。在树下，幼儿可以捡树叶，可以玩游戏，还可以捉迷藏。一阵冷风吹过，树叶纷纷飘落。

轩轩："你看，树叶在'发抖'。"

宸宸："它是不是也觉得冷？"

默默："你看这里的树皮都翘起来了。"

晓北："树皮都冻掉了。"

诺诺："老师，银杏树会不会和我一样冷得感冒呀？"

思考与支持

⑨教师及时给予幼儿建议，让他们在讨论后进行绘画表征，这能帮助幼儿记录他们讨论的过程，也能具象他们的思考内容。

教师巧妙地运用箭头将他们的表征连接了起来，幼儿就能够清楚、直接地观察小雨滴形成的过程，也达到了帮助他们总结经验的目的。

"小雨滴冒险记"更符合幼儿的表达习惯，更贴合幼儿经验，也更突显出他们热情、好动、奇趣探索的特点。

这个问题吸引了周围正在捡树叶的小朋友，他们七嘴八舌地开始讨论。

宸宸："太冷了就要多穿衣服！"

教师："大树妈妈的衣服从哪里来？"

小朋友们决定给大树妈妈穿衣服，开始寻找材料……

家长们得知小朋友们要给大树妈妈穿衣服，纷纷参与进来。小朋友们从家里带来了碎花布、废旧衣物、毛线团给大树妈妈做冬衣。

小朋友们用材料开始尝试给大树妈妈穿衣服，在穿衣过程中也遇到了各种问题。⑩

1. 问题一：套不进去怎么办

宸宸："老师，我们要怎么给大树妈妈穿衣服呀？她没有手，也没有脚。"

唐唐："但是她有身体呀！我们可以给她的身体穿衣服！"

教师："套不进去怎么办？"

默默："可以用胶水粘起来。"

小诺："那用胶布也可以。"

苏苏："还有纽扣，把衣服扣起来。"

2. 问题二：一个人太难了

小箔："大树妈妈身体可太粗了，我一个人抱不住。"

唐唐："你可以来找我帮忙。"

小泽："我们都有好朋友，可以合作！"⑪

3. 问题三：胶和纽扣不好用

默默："老师，快来帮帮我，胶布粘在大树妈妈身上，风一吹就掉了……"

小诺："白乳胶把我的衣服弄脏了。"

> **思考与支持**
>
> ⑩教师通过问题引导和材料的支持，鼓励幼儿大胆尝试自己的想法。
>
> 第一次尝试，幼儿选择了不同类型的胶和纽扣，开始给大树妈妈穿冬衣。在操作中感受不同材料的特性，实践后发现：胶类材料并不是最适合的固定材料，因为无法粘牢。之后，教师一步步引导他们进行思考，寻找新的材料和方法。
>
> ⑪教师支持幼儿的学习过程是这样的：观察—猜想—验证—寻找材料—讨论并初次尝试—总结、反思、计划—寻找新的材料和工具—再次尝试。失败并不会降低幼儿的探究兴趣，教师只需要适时引导，幼儿总能在失败中反思与成长。

欣妍："胶干了会捂住大树妈妈的嘴巴和鼻子，喘不过气来。"

艺诺："纽扣也不好用，大树妈妈的衣服都没有洞洞，扣不进去怎么办？"

胶和纽扣不好用，小朋友们开始讨论。

心妍："我们可以用线绑起来！"

小诺："像我们给公主穿衣服一样，绕两圈再打结，系上蝴蝶结。"

小诺和默默给大家展示了用线绕圈和打结的方法。⑫

小朋友们总结和反思，选择了新的材料之后，再次尝试给大树妈妈穿衣服。⑬

小诺和默默变成了绕圈打结小能手，哪里有小朋友需要帮忙，哪里就会出现她们的身影。而其他小朋友也学着用绕圈之后把线头塞进线圈里的方法，成功地给大树妈妈穿上了衣服。⑭

思考与支持

⑫在一次又一次的尝试中，幼儿对材料的认知与使用由原来的胶、粘，变成了更高难度更适合的用线绕圈打结。针对"给大树妈妈穿衣"这一问题，幼儿思维更加灵活，手部肌肉和精细动作得到发展。

⑬打结对于中班幼儿来说是技能难点。教师并没有要求每个幼儿都能掌握，而是鼓励不会的幼儿努力尝试自己绕圈和打结，如果没有成功，也可以向会打结的幼儿寻求帮助，这样的互帮互助，可以促进幼儿的同伴交往。

⑭幼儿总会有他自己的解决办法。不会打结也没关系，用线在树上绕圈，再把线头塞进线圈，也是一样的结果。一个问题，有无数种解决方法，想出新方法，也是创造性思维的体现。

4. 问题四：纸杯也可以做衣服吗

小箔："无花果树光秃秃的，我要给它都穿上衣服！"[15]

苏苏："用纸杯，用纸杯。"

他们一开始把纸杯串成一串再挂到无花果树上，结果发现，大树妈妈的身体还露在外面，苏苏一边把纸杯拿下来一边说："这不是衣服，都没有把身体包起来！"

小箔想了想说："那用纸杯把身体包起来就行了呀！"

怎么包起来呢？他们连忙去拿了剪刀和胶布，两个人合作着开始再次尝试。

他们先用剪刀把纸杯从中间剪开，然后用纸杯把无花果树围起来，最后用胶带把纸杯粘起来，一个接着一个，就做出了长长的纸杯冬衣。[16]

每个小朋友都围绕在不同的大树妈妈身边，亲手给大树妈妈穿上了各色漂亮冬衣，开心地绕着大树哈哈大笑。还有的小女生用蕾丝做了漂亮蝴蝶结，用围巾给大树妈妈做了飘逸的冬裙。最后，还和大树妈妈一起拍了一张大合影。

探索六　小雨滴诗集

幼儿看着自己亲手给大树妈妈制作的漂亮冬衣，开心极了。

默默："风儿吹吹吹，大树妈妈的衣服像蝴蝶在飞呀飞！"

俊贤："树叶掉了还会再长，冬天过了春天就来了……"

教师觉得小朋友们说的话非常的有趣，记录了下来，就成了一首小诗歌。[17]

同样,小朋友们在整个活动过程中有很多的童言童趣,汇集成了这样一首首的诗歌。

彩虹色的雨　小博

天空变颜色了,

雨就会掉下来。

雨从乌云里掉下来,

掉到了马路上和山上,

一直掉不停。

雨点像彩虹一样,

是彩虹色的。

云　唐唐

潜艇,

大坦克。

蘑菇,

狙击枪。

还有一朵棉花糖,

哎、哎!

回来呀,

怎么跑远了?

多变的天　轩轩

晴天,

太阳戴上"拉风"的墨镜和帽子,

喝着冰冰的饮料解暑。

阴天,

太阳躲在云屋里呼呼大睡。

雨天,

乌云心情不好,

一直哭泣，

滴答滴答……

小雨滴冒险记　心妍

太阳出来了，

把水晒成了水蒸气。

水蒸气很轻很轻，

像风筝一样飞到高高的天空里。

这时候，

一阵风吹来，

水蒸气宝宝冷得缩在一起，

变成一片云。

白云变成了乌云，

小雨滴从乌云里跑出来，

落到我们的脸上、手上、树叶上，

操场上、草丛里跳起小水花，

还有的，

流进下水道里、河里，

流到大海里面去。

最后，它还会回来。

大树　奕豪

下雨了，

树叶上的雨水会滴下来。

风吹树会弯。

太阳升起，

树会挺直。

打雷了，

大树害怕地缩起来。

漂亮衣服 艺诺

一起来呀，

用我们的旧衣服、碎花布。

还有毛线团，

红色、蓝色、绿色，

我最喜欢粉红色，

我帮你绕圈，

你帮我打结，

要美丽的蝴蝶结。

你看，

老师的围巾也很美。

一起来呀，

给大树妈妈做漂亮衣服。

春天 俊贤

不用担心，

树叶掉了还会长。

冬天过去，

春天就来了。

幼儿的发现和思考

教师 反思+

核心—感知	关注天气，初步感知天气与生活的关系

课程理念

开放性	开放的家园共育：家长每天按时录制幼儿天气预报视频，上传至班级群，既促进了幼儿同伴之间的互相观察和学习，也增进了家长间的互相了解；"大树妈妈穿衣记"中，家长为幼儿园课程提供了丰富多样的材料支持，利于幼儿感知和比较不同材料的异同，也为幼儿的动手操作提供了材料基础
实践性	教师支持幼儿通过观察—猜想—验证—寻找材料—讨论并初次尝试—总结、反思、计划—寻找新的材料和工具—再次尝试进行学习，从而进行经验的积累，小朋友能在失败中试错、反思与成长
经验的迁移与拓展	在生活中能够感知和体验到天气对自己身体和生活的影响，根据天气来判断穿着
	以诗歌的形式表达出对不同天气的感受

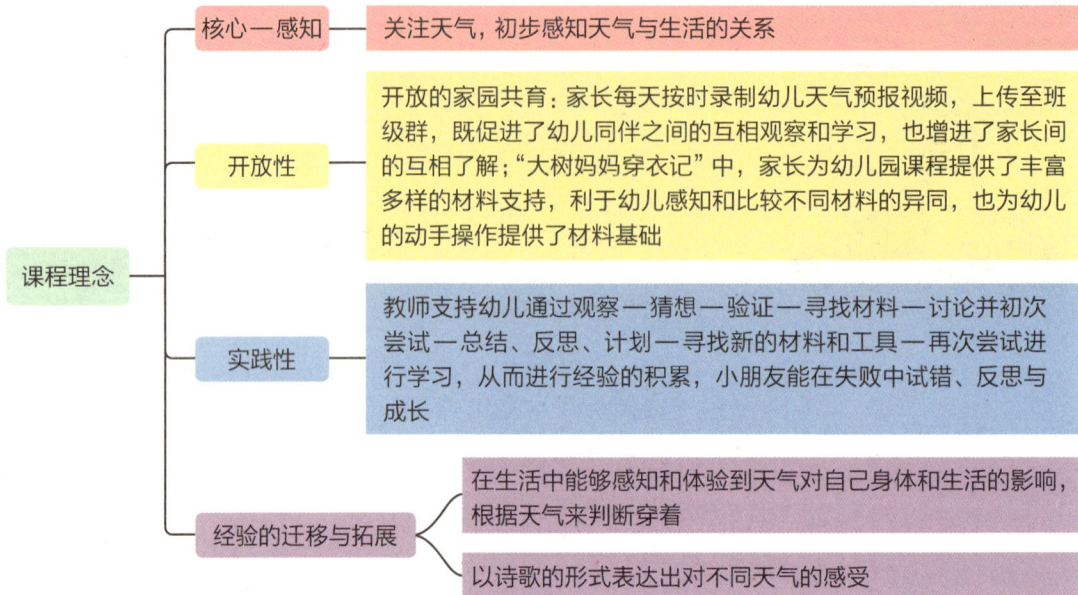

　　在不同的板块活动中幼儿均出现了不同程度的社会性合作行为，他们能明确分工，有职责意识、任务意识，并且与同伴合作，互帮互助，共同完成任务。社会性的进一步发展和完善让幼儿由"我"过渡到了"我们"。

　　本课程能有序高效地进行，离不开家长的理解和支持。线上视频气象预报员，家长每天按时录制幼儿天气预报视频，上传至班级群，既促进了幼儿同伴之间的互相观察和学习，也增进了家长间的互相了解；"大树妈妈穿衣记"活动中，家长对幼儿园课程提供了丰富多样的材料支持，利于幼儿感知和比较不同材料的异同，也为幼儿的动手操作提供了较好的基础。

你梦想的"世界"，
在你灵巧的双手下，终将变成现实。

绕啊绕

　　迷宫太好玩了！一天早上入园，幼儿像往常一样自主选择桌面玩具进行游戏，几名幼儿围着桌子叽叽喳喳地说个不停。我走过去一看，原来是两个男生在玩迷宫比赛：比一比谁能最快把颜色相同的珠子送回到迷宫的指定区域。游戏引来了越来越多的小朋友围观。班上的幼儿对迷宫玩具爱不释手，迅速掀起了一股"迷宫热"，幼儿会谈论自己玩过的不同类型的迷宫，收集分享不同主题的迷宫图书。

　　迷宫是孩子们生活中常见的游戏，也是幼儿非常喜欢的一种探索类游戏。迷宫种类丰富，有迷宫图书、迷宫玩具、情景迷宫游戏，在迷宫游戏中每个孩子都能沉浸式体验，迷宫游戏需要幼儿仔细观察迷宫的整体和局部，来判断通往出口的正确路径，培养了幼儿的观察力和专注力；同时，迷宫游戏是一个二维或三维的空间结构，能促进幼儿空间辨别能力。幼儿在玩迷宫的过程中，会主动去寻找出口，在通过自己的多次尝试找到出口的同时，能收获满满的成就感。

　　通过对幼儿玩迷宫游戏的活动分析，教师对幼儿已有经验进行梳理归纳。该主题具备多个领域整合的学习价值，如：科学领域中幼儿的空间方位学习，社会领域中幼儿关于迷宫游戏的规则制定、与同伴的沟通协商、合作探究，以及艺术、语言、健康领域都可以获得发展，因此，此内容具有开展主题研究的价值。

课程 总览

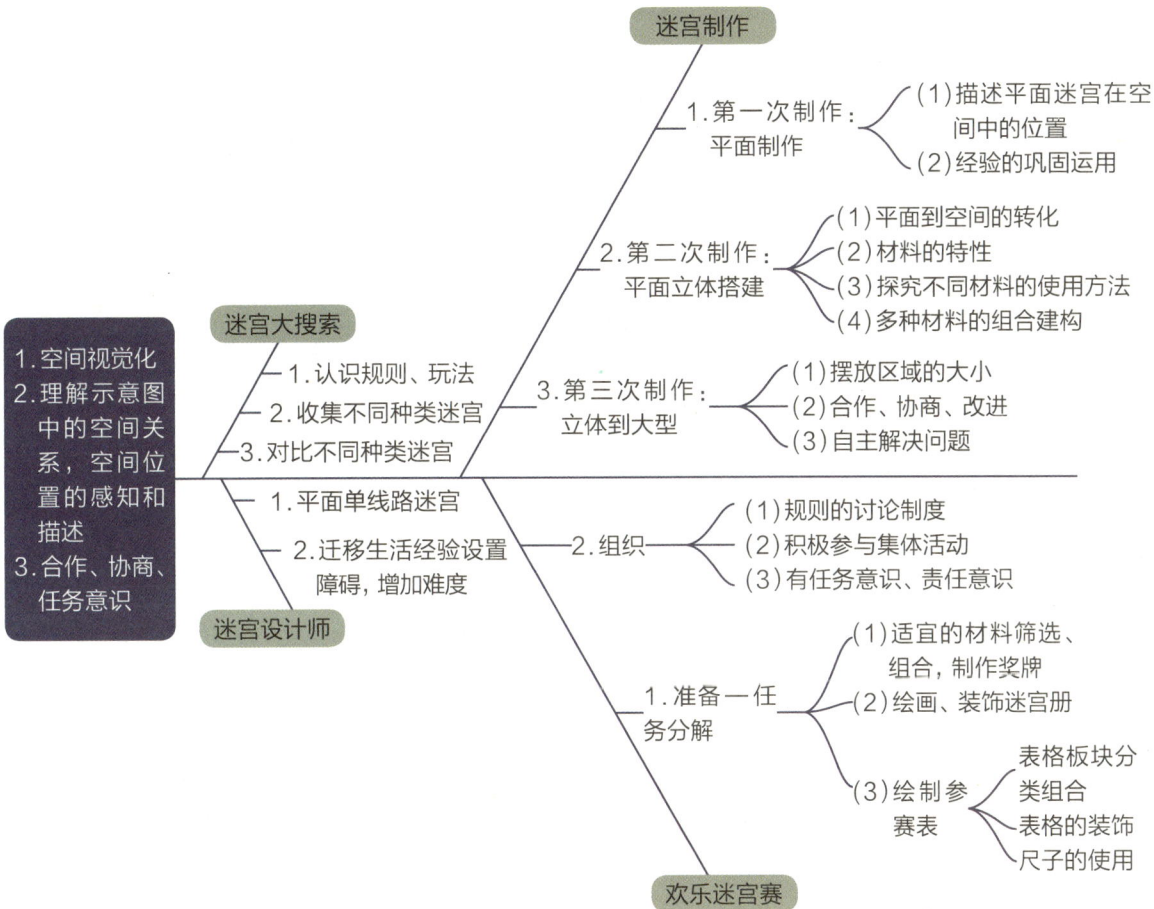

迷宫制作

1. 第一次制作：平面制作
  - （1）描述平面迷宫在空间中的位置
  - （2）经验的巩固运用

2. 第二次制作：平面立体搭建
  - （1）平面到空间的转化
  - （2）材料的特性
  - （3）探究不同材料的使用方法
  - （4）多种材料的组合建构

3. 第三次制作：立体到大型
  - （1）摆放区域的大小
  - （2）合作、协商、改进
  - （3）自主解决问题

迷宫大搜索
  - 1. 认识规则、玩法
  - 2. 收集不同种类迷宫
  - 3. 对比不同种类迷宫

1. 空间视觉化
2. 理解示意图中的空间关系，空间位置的感知和描述
3. 合作、协商、任务意识

迷宫设计师
  - 1. 平面单线路迷宫
  - 2. 迁移生活经验设置障碍，增加难度

2. 组织
  - （1）规则的讨论制度
  - （2）积极参与集体活动
  - （3）有任务意识、责任意识

1. 准备—任务分解
  - （1）适宜的材料筛选、组合，制作奖牌
  - （2）绘画、装饰迷宫册
  - （3）绘制参赛表
    - 表格板块分类组合
    - 表格的装饰
    - 尺子的使用

欢乐迷宫赛

课程 实施

探索一 玩转迷宫

1. 迷宫大搜索

随着主题活动的开始，幼儿将收集的各种各样的迷宫玩具、图书带到幼儿园，感知不同种类的迷宫游戏。①

教师："迷宫是什么样子的呢？"

幼儿A："迷宫是绕来绕去的。"

幼儿B："有很多弯弯曲曲的路。"

思考与支持

①教师提供不同种类的迷宫图书、玩具。幼儿通过亲身体验，实际操作知道了迷宫游戏的玩法，迷宫游戏有不同的规则和任务。幼儿在与同伴游戏过程中获得关于迷宫游戏的经验，了解了快速找到迷宫出口的方法。

幼儿C："迷宫还有很多任务,要去挑战。"

教师："那你们玩的迷宫有什么不同呢?"

幼儿A："我知道!迷宫有很多的形状,而且每个迷宫要挑战的任务也不同。"

幼儿B："迷宫里有'死路'、障碍物,有出入口。"

幼儿C："有的迷宫的路线太多了,要多挑战几次才能成功。"

幼儿D："走迷宫时还会走到'死路'。"

教师："那你们玩迷宫的时候有没有什么方法能快速找到出口?"

幼儿："有啊!"

于是,大家一起讨论了玩迷宫的办法,并用图画或符号的方式记录下来。

佑佑："迷宫的出入口都会在迷宫图的最外边。"

浩然："先找到小缺口,找到缺口就能找到出口或者是入口。"

涵涵："可是有的迷宫太难了,有时候还会遇到障碍,都被绕晕了。"

馨宝："我用笔边画边走,这样就不会被绕晕了。"

2. 迷宫设计师

幼儿从玩迷宫玩具、看迷宫图书到提出想自己设计迷宫,他们对迷宫的感知认识、游戏经验在不断地积累,对迷宫游戏的探索兴趣持续高涨。"我设计的迷宫最难"、"我要继续改进我的设计图"。幼儿每天都给自己提出新的任务和计划。

在第一次的迷宫设计中,幼儿把自己对迷宫的理解简单画下来,在和小伙伴分享时,他们发现了自己设计中存在的问题。②

段落："这不是迷宫吧!看上去就是一些绕来绕去的线条,而且为什么迷宫会在线上走?"

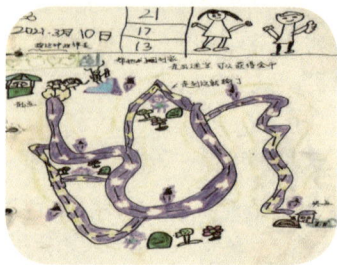

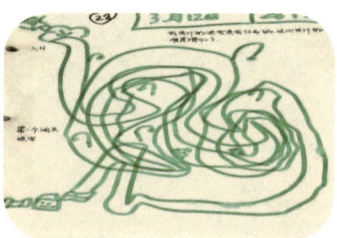

思考与支持

②设计迷宫是充满挑战性的任务。幼儿前期的设计出现了问题:迷宫是一条线,太简单;设计的迷宫路线乱糟糟;线条重叠,根本走不通。怎么办呢?教师引导幼儿自主讨论后总结出:迷宫应该像一条条弯弯曲曲的小路。幼儿对于迷宫的认识从单一线条到对于迷宫线路的空间意识初步形成。于是,幼儿又尝试了第二次设计。

小田："多多的迷宫设计只有一条线，我一下子就挑战成功了。"

伊伊："三七设计的迷宫线条都撞在一起了，走不通呀！"

小婕："而且线条绕在一起，也不知道从哪里出去。"

浩然："我可不喜欢这样的迷宫游戏。"

雨凡："迷宫不是一条线，应该像一条条小路一样，可以在中间穿来穿去。"

基于第一次迷宫设计时出现的问题，幼儿进行了改进，忍不住与自己的同伴挑战，看一看谁设计的迷宫最难，同时幼儿也展开了激烈的讨论。③

杨杨："这个迷宫一下子就找到出口了，一点都不难。"

佑佑："我的最难，我还设计了岔路口和障碍物。"

杨杨："可是你这个障碍都把路全部堵死啦！"

浩然："我的迷宫有任务和陷阱，一不小心你们就会掉到陷阱里，挑战失败。"

俊毅："我的迷宫里加入找钥匙打开宝箱的任务挑战。"

关于"谁设计的迷宫最难"的问题，幼儿争执不休，很多幼儿不服输，开始了第二次的迷宫设计。在第二次设计中，幼儿学会了在迷宫中标记出口和入口，增加出口、陷阱、障碍和情境任务，迷宫线路更清晰。

> **思考与支持**
>
> ③解决了"迷宫是弯弯曲曲的小路"这个问题，怎样设计更难挑战的迷宫？这成为幼儿关注的新问题。幼儿在和同伴的激烈讨论中，关于迷宫设计又有了新发现：迷宫的线路、弯道、岔路、情节等都要变得复杂才能让它富有挑战性。
>
> 幼儿设计的迷宫路线逐渐丰富，弯路、岔道也变得更多，设计迷宫成了幼儿生活中的小乐趣。

探索二 自制迷宫初体验：设计—制作—改进

周一早上，教师在活动区投放了一个自制的简易迷宫，被来得早的乐乐发现了，随后吸引了更多的小朋友，大家都争着想玩一玩，"我第二个玩"，"我是第二，是我先来的！"两个孩子争吵起来。④

> **思考与支持**
>
> ④在区域游戏中，幼儿接触到立体迷宫。在这一过程中，幼儿不仅了解了诸如吸管、纸盒、黏土等材料的特性，还会尝试将多种材料组合制作，探索材料新玩法；有了多次游戏的经历，材料不断地增加，促进了幼儿关于自制迷宫的新讨论和新思考。

教师："大家都想玩，但是只有一个，怎么办呢？"

乐乐："我自己做一个比这个更好玩的！"

成成："我也会做。"

做迷宫的想法在班级里传开了。

伊伊："我想用纸盒做一个迷宫。"

谷雨："我们还可以用积木做一个很大的迷宫。"

1. 我们的第一次制作

（1）边玩边制作，获得新经验

伊伊："剪一些小纸板摆在鞋盒盖上就可以摆出一个迷宫。"

佑佑："你可以在小纸板的中间捏一个太阳花当成一个障碍物，当我经过这条路线时我就会被太阳花吞掉，就像植物大战僵尸里面的太阳花。"

浩然："那你的迷宫里有没有宝箱呢？"

佑佑："有的呀！我把钥匙藏在一条迷宫线路里，只有先拿到钥匙，才能开启宝箱。"

幼儿一边制作，一边在迷宫制作中加入了游戏情境和游戏任务。

（2）交换游戏，发现问题

第一次制作迷宫结束后，幼儿都很满意自己做的迷宫。"谁的迷宫好玩又有趣，难度星级还很高呢？"每个孩子都把手举得高高的，谁也不服谁。幼儿忍不住和同伴分享自己制作的迷宫，在分享游戏中发现了迷宫存在的问题。⑤

言言："你的迷宫都没有入口和出口的标志，我都不知道从哪里进去。"

浩然："为什么你要在这里加太阳花，这个迷宫看上去乱糟糟的。"

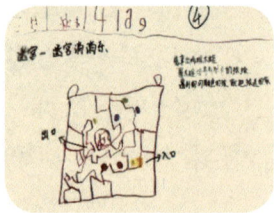

思考与支持

⑤幼儿通过每一次的设计、制作、实践游戏，对自己的迷宫设计有了越来越高的要求，都想把自己的迷宫设计成最难挑战的迷宫。但是幼儿有限的认知水平导致他们设计出来的迷宫看上去乱糟糟的。教师通过引导幼儿交换角色进行迷宫游戏，让幼儿尝试发现迷宫设计中的问题。

佑佑："不是乱糟糟的。你看，我的迷宫是要寻找钥匙然后打开宝箱。"

浩然："可是你又没告诉我迷宫任务是什么，我都不知道。"

俊毅："橡皮泥做的迷宫路太窄了，全都挤成一团。"

幼儿在制作中为了提升迷宫难度星级，加入了复杂的任务情节，结果交换游戏时同伴对迷宫任务不清楚，看不懂迷宫设计。

2. 我们的第二次制作：小组合作——改进计划再制作

雨凡："纸盒太小了，我们设计的迷宫摆不下，所以看上去乱糟糟。"

伊伊："我们要不要换一个大纸盒呢？"

馨宝："万一还是摆不下呢？我们直接在地上摆吧！这个区域比纸盒还要大，我们就不用担心摆不下了。"

伊伊："这是个好办法，那我们用奶粉罐来摆，可以摆成一个爱心形迷宫。"

讨论设计后，幼儿更换了制作材料，选择了奶粉罐和更大的制作区域，经过合作、分工，其中一组幼儿很快完成了他们的小组设计：爱心迷宫。其他小组的幼儿忍不住都想玩一玩。可是，场地很小，路线很简单，小朋友很多，搭建好的迷宫很快被玩坏了。⑥

制作小组幼儿又进行了新一轮的讨论，那就是迷宫游戏规则的制订。

雨凡："我们在迷宫周围做个标志牌，提醒小朋友们不能进入游戏。"

伊伊："好主意！我觉得还是可以先邀请小朋友玩一玩，因为他们太喜欢我们的爱心迷宫了，但是每次只能进一个小朋友。"

豆豆："这是一个好办法，我同意！"

迷宫制作小组的几位小朋友设立了标志牌，把讨论的规则要求画下来摆在迷宫入口处，幼儿一边游戏尝试一边改进调整迷宫路线。在搭建中，幼儿还遇到了材料不足的问题。

多多："老师，我们的奶粉罐太少了。"

伊伊："我们还需要收集更多的奶粉罐。"

多多："我们家有很多，我可以带到幼儿园。"

豆豆："我们家也有。我们把家里空的奶粉罐都带来吧！"

> **思考与支持**
>
> ⑥幼儿摆放材料的过程中更好地体现了与同伴有目的、有计划地主动探索解决问题，沟通协商、合作探究、有序游戏的意识，并体现出自由、自主、自发的游戏特性。同时，教师为幼儿提供了丰富的材料支持，如奶粉罐、大纸箱；为幼儿提供了场地支持，如幼儿园的绘本馆。教师的支持让幼儿能深度学习和探索，材料的空间摆放更清晰，幼儿在游戏中的空间思维能力得到了提升。

佑佑:"不行,这个迷宫越来越大啦! 如果加入更多的奶粉罐,教室都快摆不下了。"

伊伊:"那就找个更大的地方吧!"

3. 我们的第三次制作

基于第二次制作中发现的问题,幼儿主动提出,他们还需要更多的奶粉罐。通过分组讨论,第一组幼儿回家后收集了很多的奶粉罐;第二组幼儿在幼儿园里选择了合适的、更大空间的搭建区域——教室旁边的绘本馆。确定了场地后,第二组幼儿自主讨论,进行任务分工,如:迷宫路线设计员、迷宫材料摆放员、迷宫检验员。按照小组计划,新一轮的迷宫搭建开始了,在摆迷宫的过程中,班上的其他幼儿都想去尝试挑战。

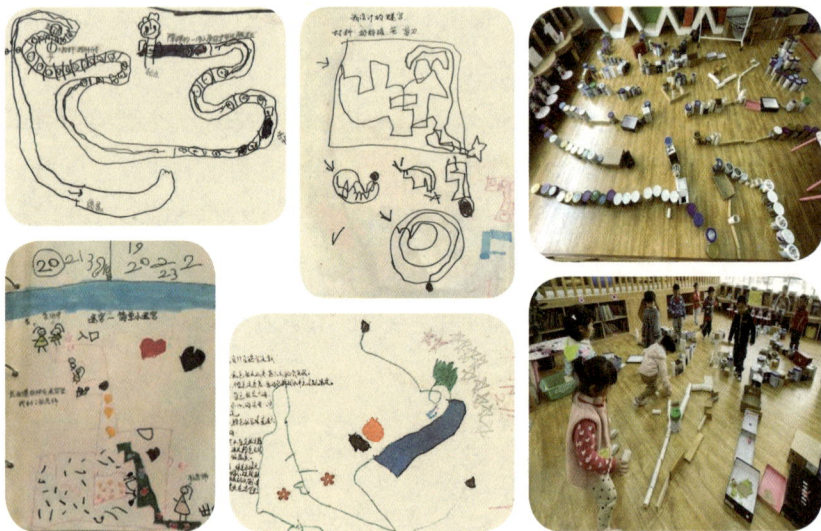

伊伊:"我们可以邀请小朋友挑战迷宫啦! 但是游戏前需要提醒小朋友遵守我们的迷宫规则。"

雨凡:"如果故意搞破坏,我们就取消他参加迷宫游戏的机会。"

段落:"可以,那我们需要有小裁判来做监督。"

于是,幼儿在班级自主开展了小型迷宫赛,在迷宫赛中,尽管很多幼儿在走迷宫时都很小心,但还是会碰倒奶粉罐。⑦

涵涵:"这样的迷宫是不能走进去玩的,奶粉罐、积木一下就被踢翻了! 我们想要搭建真正地可以在里面玩的迷宫。"

> **思考与支持**
>
> ⑦幼儿多次搭建尝试,实践体验后,发现由于摆放线路较窄,摆放的材料太轻,在尝试挑战时,迷宫总是会被碰倒。教师支持幼儿团体讨论后发现这一问题,并引导幼儿寻找解决办法,寻找不容易倒的材料——纸箱。纸箱的使用解决了迷宫线路会被破坏的问题,但是因为幼儿从站着玩时看得见迷宫线路,到钻进去玩时看不见迷宫线路,材料的调整同时也增加了迷宫游戏的难度。

浩然："我在游乐场玩过真正的迷宫，是在一个长长的隧道里，然后钻来钻去的，我都要被绕晕了。"

段落："那我们可以做一个隧道迷宫呀！"

涵涵："哪有这么大的教室呢？"

段落："不用啊！我们可以像玩钻山洞游戏一样，做一个可以钻着玩的迷宫。"

馨宝："就像我们家的小猫一样，在桌子下面钻来钻去。"

涵涵："那我们用什么材料来制作呢？"

三七："我想到了，我们家装家具的大纸箱，之前我钻进去过。"

段落："我们家也有大纸箱，我明天带来。"

浩然："那我们需要收集很多的大纸箱。"

在家长们的帮助下，幼儿很快收集到了很多的大纸箱。幼儿七手八脚地搭建起来，可是很快他们就发现：折叠后的纸箱撑不起来。

涵涵："我们的纸箱总是倒，得想个办法把纸箱撑起来。"

段落："我们可以试试把纸箱靠在墙上，然后用胶带固定！"

幼儿尝试用胶带把纸箱的四块接口缝隙粘在一起，结果因为没有支撑点，尝试失败。随后，他们又把纸箱推到了墙边再进行固定，结果纸箱被粘在了墙面上，不能移动到迷宫路线中，纸箱还是立不起来。⑧

涵涵："这个办法还是不行，纸箱都不能移动了，还怎么搭迷宫呀！"

三七："我知道怎么办！我们要给纸箱一个支架。"

三七发现可以把纸箱上方封口的四块纸板反向折叠进纸箱里面。其他幼儿看到这个方法后，开始合作探究，尝试起新方法来。幼儿找到解决问题的方法后，继续完成他们的立体迷宫搭建。

思考与支持

⑧怎样才能把纸箱撑起来？幼儿在尝试中最开始想到的都是依靠外力撑住，纸箱靠墙时虽然固定住了，但是却没办法移动。经过多次尝试，幼儿终于发现了需要给纸箱一个支撑点。在这一过程中，幼儿主动思考、实际操作，在多次尝试后，找到了纸箱的支撑点，并通过同伴学习，将获得的经验相互分享，解决了纸箱撑不住的问题。

探索三　欢乐迷宫赛

　　经过不断的设计改进，班上的幼儿有了很多可以玩的自制迷宫，这也吸引了隔壁班的小朋友。幼儿提出：我们可以把做好的迷宫给全园的小朋友们挑战一下。⑨

　　教师："举办一场比赛，我们需要准备什么呢？"

　　小田："和小朋友分享我们制作的迷宫，比赛看看谁玩迷宫更厉害。"

　　浩然："需要一张报名表，统计参加迷宫比赛的人数。"

　　段落："如果挑战成功的小朋友还可以获得奖牌或者是奖杯。"

　　教师："奖牌和奖杯是什么样的呢？"

　　段落："我们可以自己制作呀！"

　　菘菘："还需要提前告诉全园小朋友比赛的时间，告诉他们比赛的地点。"

　　教师："那应该怎么把这个比赛告诉全园小朋友呢？"

　　雨凡："那就派小组长去每个班通知小朋友，或者是告诉他们的老师，让老师提醒他们参加比赛。"

　　伊伊："不行！要是老师忘记了怎么办。我觉得可以在幼儿园门口那里贴一张通知。"

　　雨凡："可以用广播！就像老师们每次广播通知事情那样。"

　　于是，孩子们分成了不同的任务小组，开始为迷宫赛忙活起来。有设计比赛记录表格小组、广播通知小组、制作迷宫手册小组、奖牌制作小组……

1. 奖牌制作组

　　瑞瑞："奖牌的绳子需要多长呢？"⑩

　　小田："奖牌只要挂到胸前就可以。"

　　瑞瑞："但是小朋友不一样高，绳子挂在脖子上不一定都在胸前。"

> **思考与支持**
>
> ⑨经过不断地改进，幼儿做出了许多迷宫，于是他们提出想要把自己的成果和其他班的小朋友一起分享，衍生出了迷宫赛的想法。如何举办一场迷宫赛？幼儿合作策划着，教师引导幼儿去设想比赛中会出现的变数，通过讨论，最终幼儿达成一致，分小组继续筹备比赛。

> **思考与支持**
>
> ⑩幼儿通过对比不同小朋友的身高发现，同样的绳子长度挂到不同小朋友身上位置都不一样，太短的绳子满足不了个子最高的小朋友。于是幼儿通过讨论，实验后发现，以班级中身高最高小朋友为例做出来的奖牌，其他所有小朋友都能够戴上。在奖牌制作中，孩子们通过对比、测量、实践最终确定了奖牌绳子的长度。

湘湘："我想到一个好办法！我们只要找到我们班最高的小朋友（涵涵），他的头最大，让他戴上去试试，他能戴进去的绳子，所有小朋友就都能戴了！"

瑞瑞："好办法！"

我们小组负责做奖牌吧！

2. 奖杯制作组

俊毅："我觉得奖杯就像一个酒杯一样，我们可以用纸杯来制作，在下面粘上一个卷筒纸芯。"

言言："你的办法行不通，这个奖杯都不能立起来。"

教师："你们可以试一试用一块木板固定底部，这样就不会倒了。"

涵涵："好主意！我们再用不同颜色的贴纸粘在纸杯上，装饰一下，就能做成不同等级的奖杯啦！"⑪

思考与支持

⑪幼儿在制作奖杯时经历了奖杯无法立起、奖杯如何区分不同等级等问题。这时教师引导幼儿用重物固定奖杯底部，支持幼儿实现让奖杯立起来的想法。在区分奖杯等级时，幼儿有很多的想法，在尝试了涂色、更换造型等方法后，幼儿发现用不同颜色的贴纸包裹住奖杯后，就能区分奖杯等级。

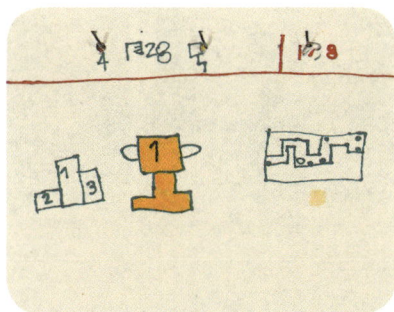

3. 记录表制作组

幼儿确定记录表内容后，关于表格的绘制成了一个难题：记录表怎么做呢？几位女生用尺子比画着，学着教室墙上的"小班长投票统计表"的样子绘制起来。

4.迷宫赛开始啦

幼儿分成小组，开始前往幼儿园操场布置迷宫赛场。每个小组成员各有分工，有负责填写参赛表的，有小裁判，还有计时员。除了操场上的桌面迷宫，还有奶粉罐组的小朋友在教室摆放的大型迷宫。全园的小朋友都参与到了我们的迷宫挑战赛中，这可真是一场迷宫盛宴！一场由孩子们自己组织策划的迷宫赛揭开帷幕！⑫

4月29日 我们的活动开始啦！

思考与支持

⑫迷宫比赛是幼儿第一次尝试自主讨论、计划、组织的活动，活动围绕"迷宫"展开，包括奖杯奖牌的制作、迷宫比赛的宣传、迷宫比赛的规则制定、比赛中的记录表设计等多个环节。课程从迷宫出发，走向深入，不仅开阔了幼儿的视野，帮助幼儿获得了更多的亲身体验和活动组织经验，也是对课程活动的进一步丰富和完善。

幼儿的发现和思考

教师 反思

```
               ┌─ 核心一思考 ── 迷宫路线的规划和设计

               ├─ 开放性 ─────── 开放的思维方式：教师始终坚持站在幼儿身后作为观察者，不局
               │                限幼儿的思维，鼓励幼儿大胆想象，尝试用自己的方式去制作迷
               │                宫，通过不断地试错与调整，最终完成了各种各样的迷宫制作
 课程理念 ──────┤
               ├─ 实践性 ─────── 迷宫是幼儿非常喜欢的探索性游戏，迷宫的不确定因素让幼儿的
               │                好奇心不断被激发，始终保持操作的兴趣，在一次次的迷宫探索
               │                中实现了幼儿对空间方位的深度学习，能够较快地选出最优路线
               │
               └─ 经验的迁移与拓展 ─ 幼儿对迷宫有一定的了解，知道什么是迷宫，并会玩迷宫
                                游戏，从而自发地开展制作迷宫的活动。在多次的合作搭
                                建中，幼儿进一步了解了迷宫的构造及内涵，并学会了沟
                                通协商、合作探究、有序游戏，初步培养幼儿的逻辑性
```

　　一场游戏、几本书；一个迷宫，一场探究。迷宫引发了幼儿的一系列探究，他们自发地生成、改进游戏。随着"绕啊绕"主题活动的开展，幼儿对不同的材料产生探究兴趣，综合运用多种材料进行迷宫制作活动，促进了自身逻辑思维能力、专注力、空间能力的发展，同时也激发了他们发现问题、解决问题能力的增长。幼儿从一开始玩迷宫时的到处碰壁、不知道怎么走，到设计迷宫，再到能够利用多种

材料摆迷宫，玩迷宫的水平有了很大的飞跃！

　　幼儿的发展路径就像是一个大大的迷宫，在找寻"出口"的过程中可能有无数条路线，每一个孩子的行走路径都不一样，但他们都会获得属于自己的独特感受与体验，在找寻"出口"的过程中不停地收获、不断地成长，最终找寻到属于自己的"出口"。

　　主题行进到最后，幼儿对于迷宫的探究热情依旧十分的高涨，他们继续找来各种各样的迷宫书，不时地尝试去搭建一些立体迷宫，还会不停地去翻翻自己制作的迷宫书，提出不同的意见。在玩转迷宫的过程中，教师始终尊重孩子，顺应他们的天性，让孩子拥有最大的自主权。相信孩子是有能力的学习者！鼓励孩子自己尝试，解决问题。相信在之后的游戏中，幼儿也能齐心协力，自主探索，把迷宫玩出更多的花样！

在移动、旋转和摆放中
追求思维创新。

方块世界

课程 缘起

孩子们每天中午的餐后活动都喜欢阅读绘本。通常，几个孩子在餐后总是不约而同地坐在一起，翻看一本绘本，一边阅读，一边相互讨论着什么。

这天，几个孩子还为此发生了一些小矛盾。

"老师，老师，他一个人把书藏起来了，不和我们分享。"

"为什么呢？"

"我是第一个吃完的，我喜欢这本绘本，我想自己先看一下。"

"我还不知道是什么样的绘本，你能跟我们分享一下吗？"

这件事也引起了其他孩子的注意，大家都很好奇，到底是什么样的绘本呢？大家都想看一看绘本里面到底藏了什么有趣的秘密。

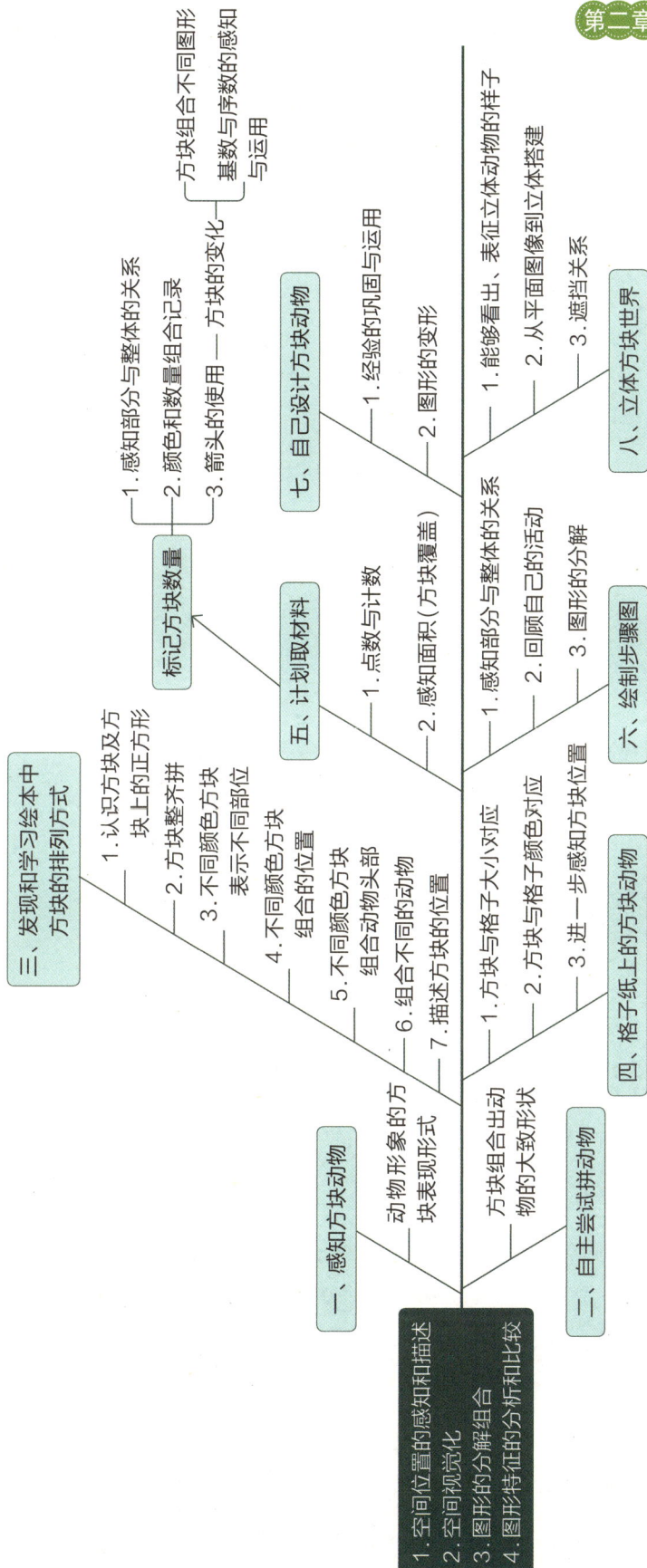

课程总览

1. 空间位置的感知和描述
2. 空间视觉化
3. 图形的分解组合
4. 图形特征的分析和比较

一、感知方块动物

动物形象的方块表现形式

方块组合出动物的大致形状

二、自主尝试拼动物

三、发现和学习绘本中方块的排列方式

1. 认识方块及方块上的正方形
2. 方块的整齐拼
3. 不同颜色方块表示不同部位
4. 不同颜色方块组合的位置
5. 不同颜色方块组合动物头部
6. 组合不同的动物
7. 描述方块的位置

四、格子纸上的方块动物

1. 方块与格子大小对应
2. 方块与格子颜色对应
3. 进一步感知方块位置

五、计划取材料

1. 点数与计数
2. 感知面积（方块覆盖）

标记方块数量

1. 感知部分与整体的关系
2. 颜色和数量组合记录
3. 箭头的使用——方块的变化

方块组合不同图形

基数与序数的感知与运用

六、绘制步骤图

1. 感知部分与整体的关系
2. 回顾自己的活动
3. 图形的分解

七、自己设计方块动物

1. 经验的巩固与运用
2. 图形的变形

八、立体方块世界

1. 能够看出、表征立体动物的样子
2. 从平面图像到立体搭建
3. 遮挡关系

课程 实施

探索一　绘本分享

大家决定一起来分享这本绘本。一看到绘本，小朋友们就激烈地讨论起来，你一言，我一语。

"这是一只大象！"

"对，是方块拼成的。"

"红色的是大象的嘴巴。"

"黑色是大象的耳朵。"

"蓝色的那一块是大象在戏水。"

看到第二页的时候，他们就争论了起来，这个动物是什么。

"哇，是狮子！"

"狮子就是像这样黄色的。"

"绿色的方块是草地。"

"是狮子在大草原上。"

"我觉得像小狗。"

"小狗也是这样的形状。"

"小狗也有黄色的。"

"我觉得是草地，小狗在上面玩。"

"不对不对，这是狮子的鬃毛，在脖子上，不是小狗的。"

"是老虎，因为老虎是黄色的。"

"我觉得像老虎，头很像。"

"我觉得像小猫，它应该在偷看。"

"我觉得像臭鼬，因为它的身体的形状像臭鼬。"

"我觉得它像小狗，因为它的头和脚，还有身体和尾巴都像小狗。"

"我觉得像狮子，因为有黑黑的眼睛，红色的嘴巴，还有狮子的尾巴。"

"这是鳄鱼。"

"因为它的身体是长的。"

"它的形状就像鳄鱼的样子，尾巴很像。"

"因为它是绿色的。"

"鳄鱼有这样的脚。"

"它的眼睛像鳄鱼那样的,大大的。"①

"还有鳄鱼的大牙齿,很厉害。"

"我觉得像鳗鱼。"

"因为那个鳗鱼长长的,而且它身上有电,这个也是长长的,看起来很像。"

看到最后一页的时候,幼儿想象出了很多独特的东西。

"是猴山,灰色的像一座山。"

"红色的是小猴的屁股。"

"我觉得像美猴王,很多美猴王在山上。"

"我觉得这个像冰激凌上面尖尖的地方。"

"我觉得像蛇,这个是蛇尾巴,露在外面,蛇的身体在这个下面,钻到山里了。"

"我觉得像狮子王,因为它很大,因为狮子王就是这样的,在泥巴山上。"

"我觉得像海狮,因为一般海狮都是像这样,在海边的礁石上面。"②

"我觉得像一座房子,像一座山一样的房子,上面的这些是房子的烟囱和窗户。"

"我觉得下面这个有一点像山,上面的这些是山上的石头和草,这边有一点平,像是山上的路,这边是不平的,高的、矮的,像楼梯。"③

探索二 自主尝试

1.我喜欢的

分享完绘本之后,小朋友们都想来试一试。

"老师老师,我也可以拼出来。"

思考与支持

①幼儿在观察的时候,每个人的关注点是不同的,有的看到了整体,有的看到的是部分,有的幼儿是从一个特征来猜测,而有的幼儿是从多个特征来判断,所以,同样的画面,幼儿看到的和想到的就会有所不同。

②绘本的每一页,对于幼儿来说,都是新奇的。同时,通过他们的对话,可以知道:其一,他们能看出不同的动物形象,并且看出了不同颜色的方块表示在不同的地方,比如,灰色的方块组成大象的身体,黑色的方块组合成企鹅的身体、绿色的方块组合成草地等。其二,他们关注到的是方块组合而成的整体形象,并且能结合已有的生活经验大胆地进行猜想,很少有幼儿关注到方块是怎么组合的,只觉得很有趣,这也是他们接下来可以探索的内容。

③一个画面,幼儿能想象出那么多不一样的东西,这需要生活经验的支持,和他们生活中的所见所闻是分不开的。

"我也想玩。"

"今天是星期一，可以自主游戏，我要玩这个。"

"我喜欢长颈鹿，我要拼长颈鹿。"

"我要有很长很长的脖子。"④

于是，他们就选了很多彩色的木块进行尝试，用不同的木块拼在一起，摆出了动物的大致形状。

思考与支持

④ 多数小朋友都选择长颈鹿，是因为相较于其他的动物，长颈鹿是他们喜欢且熟悉的；其次，拼长颈鹿更简单，长长的脖子和长方形的身体很容易拼出，只需要一块一块接在一起就好，所以，我们能看到，长颈鹿身上的木块要比其他小动物身上的木块整齐得多。其他小动物相对而言稍显杂乱，而且，圆形的身体就只是用木块围成了一个圈。

2. 大狮子

第二天，小朋友说，他们还没玩够呢，还有很多想拼的小动物。再次进行了尝试，可可想要拼出方块狮子，可是不知道怎么拼，就来问老师。

可可："老师，我想拼狮子，可是我不会，这里（头）拼不出来？"

乐乐："老师，我们也不会，我们也想要狮子。"

教师："狮子的头是什么样的呢？"

葫芦："像圆的，但是狮子的鬃毛我不会拼。"

教师："其他小朋友有拼出狮子的吗？"⑤

石头："老师，你看，我已经拼出狮子了，是这样的。"

思考与支持

⑤ 幼儿提出问题的时候，教师并没有直接告诉他们怎么办，而是选择引导他们通过同伴之间互相学习的方式获得相关的经验，这样的学习比教师直接告知有效得多。

石头一边说着，一边向大家介绍自己拼出来的作品。其他小朋友一看，觉得很像，想知道他是怎么拼出来的。于是，石头向大家介绍了拼狮子的方法，其他小朋友也尝试着用这样的方式拼出了自己想要的狮子。

3. 像不像

第三天尝试的时候，有幼儿发现了新的材料——彩色方块，就选了新的材料，有的小朋友选择的依然是木块。有的在拼狮子，有的在拼小兔子，有的在拼大老虎，有的在拼小企鹅。其中，两个小朋友讨论着各自的作品。

可可："你看，我拼出的大狮子。"

桐桐："我的是小兔子，我觉得你的不像狮子。"

可可："我的是狮子，它是站着的。"

桐桐："我觉得你的像小朋友，我的就像小兔子。"⑥

可可："这是狮子的头，这是狮子的鬃毛，下面是狮子的身体。"

桐桐："我觉得这像头发。"

可可生气了："我的就是狮子。"

她找到老师说："老师，她说我的不像狮子。"

⑥由于幼儿拼搭的方块没有紧密组合在一起，不是以一个接一个的方块整齐拼出动物形象，而是留有大量的空白，幼儿现在的操作还停留在"画"狮子的层面，只是用木块代替了线条。

兔子的拼搭虽然使用的也是彩色方块，拼接得比较整齐，只是也存在同样的问题，当要表现不规则的图形时，始终会留有不同的空隙，没有合适的方块来填充；其次在表现动物眼睛、鼻子、嘴巴等五官的时候，他们的方法是覆盖上另外颜色的方块来表示，而不是用不同颜色的方块以镶嵌的形式和其他方块整齐拼接来进行组合的。

她们的争论也引起了其他小朋友的注意，大家纷纷围过来看她们两个人的作品，有的说像，有的说不像。

石头："她就是像我那样拼的，但是我的像，她的就不像。"

桐桐："因为我觉得她的和绘本里的不像，绘本里的不是这个样子的。"

教师："绘本里的狮子是什么样呢？要怎么拼出狮子的头和鬃毛？"

探索三　发现绘本中方块的排列方式

于是，小朋友们对比可可拼出的狮子和绘本中的狮子，进行观察，互相讨论起来。

"绘本里的鬃毛是这样的一圈（说着，用手比画着，画了一个方形的样子），不是歪着的。"⑦

⑦从幼儿的对话中可以得知，他们是能看出方块是怎么排列的，并且知道不同的颜色代表不同的部位。

"方块是一排一排的。"

"方块是一块接一块的,是排起来的。"

"眼睛、鼻子是黑色的,嘴巴是红色。"

"方块是这样放的,不是斜着的。"

之后,幼儿再次进行了狮子的拼搭尝试,想要用方块组合出绘本中那样的狮子。有小朋友能够完整地组合出这样的狮子;一些小朋友的狮子,虽然方块是整齐排列的,但只有狮子的轮廓,没有狮子的五官;一些小朋友依然是原来的样子,头部是用木块围出一个框,里面放有三块方块,表示眼睛和嘴巴。[8]

思考与支持

[8]能看出并不代表他们能够以同样的方式组合出来。一些小朋友能够完整地拼出狮子,是因为他们清楚地知道不同的部位用不同的颜色表示,也清楚不同颜色的方块相互组合时应该摆放在什么位置,还未拼出的小朋友是因为他们不知道不同的方块在整体中的位置,不能做到方块的相互组合。

岳岳在分享的时候,大家觉得他拼的狮子很好看,他是怎么拼的呢?

岳岳:"先拼出它的头,这是眼睛,这是鼻子,然后用方块放在这里,眼睛的旁边,下面是红色的嘴巴,鬃毛就是围着这样的一圈,还有两边的耳朵,再拼出它的身体。"[9]

思考与支持

[9]幼儿通过先确定中心部分的位置,在此基础上进行补充和添加。他在拼的时候,对不同方块有着很好的空间位置感。其他幼儿通过同伴学习的方式,解决了自己的问题。

之后,其他幼儿也试着用这样的方法,尝试用方块整齐、完整地拼出狮子。

探索四 格子纸上的方块动物

随着活动的开展,幼儿的探究兴趣一直未减,他们想要拼很多不一样的方块动物,放到展示区进行展示。其中,一个小朋友找来了绘本,对照着绘本里的方块动物来进行拼接,之后,拼出了一只大猩猩,他非常开心地跟老师展示自己拼出的大猩猩,他的作品得到了老师的表扬。

1. 图片对照

教师的表扬引起了小伙伴们的注意,大家纷纷来欣赏他拼出来的大猩猩。他自信地说:"这是绘本里的方块动物,大猩猩,我还要拼里面的河马,还有猴山。"其他小朋友一听,也想要翻看绘本,拼出绘本里的不一样的方块动物。于是,教师就把绘本的每一页都分别打印出来,供幼儿自由选择。[10]

有了图片的参考,幼儿在拼的过程中会一边观察,一边操作,有的幼儿还能不断地摆弄方块,进行位置的调整。其中,有两个小朋友把方块直接放在图片上,想通过用方块直接覆盖图案的方式拼出想要的方块动物,可是,不能整齐、完整地进行对应。教师在一旁观察到了这样的表现,就给幼儿提供了不一样的材料:有格子的纸,格子的大小和方块的大小是一样的。

2. 格子

这一次,幼儿尝试在有格子的纸上拼出不同的方块动物。在这个过程中,很多幼儿并不知道从哪里拼起,方块拿在手里,不知道方块要放在哪一个格子上。

思考与支持

⑩教师发现了幼儿需要对照绘本里的方块动物来进行拼搭,所以,教师及时给他们提供了图片。

从操作的结果来看,不同幼儿的能力具有差异性,并不能同步完成相同的任务。但在活动过程中,幼儿也尝试了自己能够想到的方法,教师也观察到了幼儿的新尝试,即方块与图案的对应。

基于此,教师想到了支持他们继续探索的方法:提供有格子的纸。

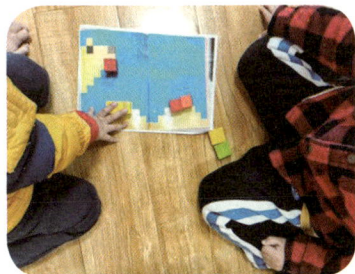

教师:"你们能不能先在这张纸上试一试,画出想要拼的方块动物?"

在画的时候,有的小朋友并没有考虑格子,还是和平时绘画时一样,画出了动物的样子,有的幼儿能够考虑格子的边线,但没有画出动物的轮廓。

幼儿:"老师,我不知道这里要画几个格子。"

教师:"你对照图片,看一看,这里要画几个格子。"

于是,幼儿就指着图片上相应的位置,进行点数。

昊昊:"老师,我数不出来要几个格子。"

月月:"我也不知道是几个。"

程程:"应该是6个。"

石头:"不对,是7个。"

清清:"图片上没有格子,我们不知道数得对不对。"

教师:"你们觉得,我提供什么样的材料,你们能够看清楚,拼出这些方块动物?"⑪

清清:"我就是看着图片,就拼出来了。"

米米:"我也是,对着拼就可以啦。"

教师:"那看不出来怎么办?"

欣欣:"如果图片上有格子,就知道了。"

昊昊:"对啊,这样我就知道要什么方块。"

程程:"有格子之后,我就可以把方块放上去,比一比。"

3. 图片和格子

根据幼儿的讨论和需求,教师再次更换所提供的材料,把图片和格子合并于一张纸上,因为存在个体差异,所以,分出了不同的难度梯次,幼儿根据自己的兴趣和能力自行选择,并逐渐尝试不同的难度。⑫

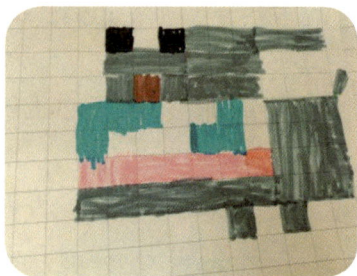

思考与支持

⑪为了支持幼儿的新尝试,适当降低活动的难度,教师给幼儿提供了格子,在不知道如何拼的时候,又及时调整了策略,让幼儿在格子上画一画,但是,对于大部分幼儿来说,依旧很难,因为,图片和格子对应不上,他们看不出也数不出有几个格子,需要几块方块。

出现问题之后,教师以提问的方式进行引导,让幼儿回顾自己的操作过程,想一想拼不出的原因是什么,并思考解决问题的办法。

思考与支持

⑫教师的观察聚焦于幼儿的问题,并关注到不同幼儿的能力差异,所以,提供的材料分出了难度梯次,一些是能看清每一个格子,一些是不能看清每一个格子。材料的提供尽量适合于不同幼儿的最近发展区。

探索五 计划取材料

1.方块的数量

这一天,涵涵找老师来"告状"。

涵涵:"老师,他拿了很多材料,我们都没的用啦。"

天天:"不是,她们也拿了很多,我就只有这些。"

琪琪:"没有,我们就是要这么多。"

蓉蓉:"你的盒子里太多了,不用那么多。"

于是,教师和幼儿一起讨论。

教师:"这个问题要怎么解决?"

彤彤:"那我们以后都少拿一点就行啦。"

萱萱:"有时候,拿少了就不够了呀。"

浩浩:"先拿的小朋友不能拿很多,要留给每一个小朋友用。"

米可:"我们每个颜色只拿一点点就可以,不够的时候再来取。"

米米:"我们数着拿嘛,每次只能拿10块。"

教师:"为什么是数10块,不是15块呢?"⑬

米米:"因为这样就够了。"

萱萱:"不够,猴山就要很多。"

教师:"那你们想一想,怎样才能让我知道,你这个地方用了多少块?"

米可:"我们可以数一数就知道了。"

教师:"你昨天就是,数了之后,过一会儿就忘记了。"

浩浩:"那我们在旁边写上数字,我们就不会忘记啦。"

> **思考与支持**
>
> ⑬为了解决材料分配的问题,教师引导幼儿要有计划地取用材料。有计划是拿多少呢?那肯定是要清楚数量是多少,并用数字进行表示。
>
> 幼儿尝试一部分一部分地记录,从易到难,层层递进,记录得越来越清楚,这使得他们对10以内的数量感知也更加清晰,同时,这样的记录也是对"整体与部分"的感知。

于是，幼儿在拼的过程中，边操作边数数，数完之后就在旁边写上相应的数字，可是，过了一会儿，他们就不记得那个数字是表示哪里的数量了，又要重新开始数，而且，其他人也不知道，那个数字是表示哪里的数量，还会出现重复数的情况。

昊昊："我们要记清楚，不要忘了。"

浩浩："可以画一个箭头，指出来，是这里的。"

琪琪："可以画一个圈圈，就知道是这里的啦。"

幼儿按照他们说的方法，进行尝试。在之后的活动中，为了记录得更清楚，他们会把数过的地方圈起来，在旁边写上数字，然后再数另外的部分。每个幼儿会交换不同的图案进行操作，随着分类越来越清楚，他们有了不同的记录方式。

难度1：分不同的部分，用笔圈出来，然后在旁边写出数字，表示所用方块的数量。

难度2：分不同的部分，用笔圈出来，然后在旁边写出数字，表示所用方块的数量，当发生混淆分不清楚，或者旁边没有位置的时候，学会了使用箭头，还注意到了方块的颜色。

难度3：不仅清楚每一部分所用方块的数量，还清楚地知道相应部分不同颜色的数量，所以是用不同颜色的方框和数字组合来记录不同颜色的方块所需要的数量。

2. 方块小变化

一名幼儿想拼河马，在记录身体部分的时候，由于需要的方块数量太多，她数不清楚，老师请其他小朋友来帮她。

米可："我数的是27块。"

蓉蓉："我数的是25块。"

石头："不对，是24块。"

教师和他们一起数了数，是30块。

教师："为什么你们会数错呢？"

米可："因为太多了，我数不清楚。"

石头："因为我没有看准，所以数得不对。"

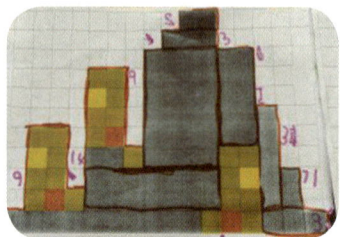

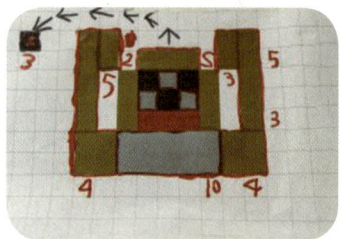

基于幼儿容易数错的情况，教师进行了材料调整，在一个方块的基础上进行变化：1号材料是由4个方块组成的正方形；2号材料是由4个方块组成的长方形；3号材料是由2个方块组成的长方形；4号材料是原来的方块。这样，幼儿就可以选择4种材料进行组合，既可以缩短数数的时间，又可以尝试不同图形的拼接。记录时写清楚几号材料用了几块，为了区分代表几号和数量的数字，他们把1、2、3、4圈起来，表示的是材料的序号，未圈的表示的是方块的数量。[14]

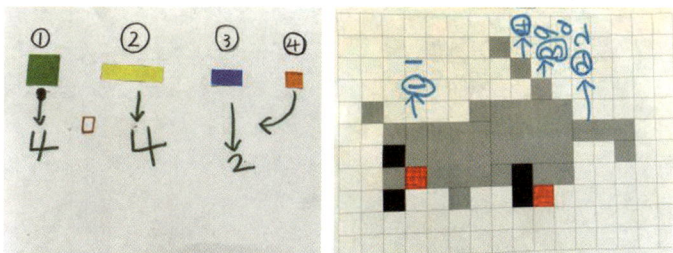

探索六　绘制步骤图

石头小朋友在他的活动记录本上画出了自己拼大猩猩的过程，然后用黑色笔一部分、一部分地圈出来，依次写上1、2、3。1表示的部分是第一步要拼的，2表示的部分是第二步要拼的，3表示的部分是第三步要拼的。

教师："你这样的记录很好，你能不能告诉我每一步你拼出的是什么样子的，最后就组成了一只大猩猩？"

石头："我知道啊，可是我要怎么画出来呢？"

教师："你还记得制作帆船时你们看的步骤图吗？"

石头："哦，我知道了。"

于是，石头把步骤图做了调整，进行步骤的分解，记录每一步要用多少方块、拼成什么样子，并且，每一步是紧接着前一步的，是在前一步的基础上进行添加的，完成第五步的时候，就能完整拼出大猩猩。

其他幼儿也尝试着在他们的活动记录本上画一画自己的方块动物是怎么拼出来的。大多数幼儿只能做到在整体样子的基础上，分部分写上数字以表示拼的顺序，只有少部分的幼儿能够以步骤图分解的方式记录下自己拼的过程，而有的幼儿能做到步骤分解，但是每一步都是单独的，没有体现出在上一步的基础上添加。[15]

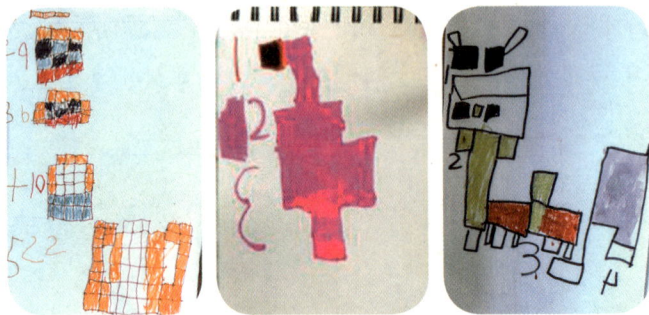

思考与支持

[15]幼儿以步骤图的方式记录自己的活动过程，远远超出了教师的预期。在制作帆船的活动中，他们只是学会了观察步骤图，知道步骤图是一步一步并且有顺序的，从第一步开始，做到最后一步，就能完成。而现在他们的记录是学习后对此经验的迁移，是对于步骤图的一种运用。

探索七 我的设计

1. 圆形怎么办

随着活动的推进，绘本中已有的图案幼儿都已经尝试拼搭过了，他们提出想自己设计拼的内容。

幼儿先画出想要拼的物体的轮廓，再用方块进行填充，可是，他们画出的样子可能不太好拼，在拼的时候他们发现方块拼不了圆形。怎么办呢？

浩浩："用方块把它盖住。"

清清："要把方块放进去，这样是放不进去的，会多出来。"

教师："为什么会多出来？"

可可："因为它是弯弯的，不行。"

萱萱："因为方块是直直的，所以对不上。"

教师："要怎么改呢？"

欣欣："要把身体画成一个直直的框框，不能是圆的。"

昊昊："对，要整齐的才行。"

于是，幼儿在设计的时候，就把圆形变成了方形，可是，拼出来的小乌龟不像了。[16]

教师："为什么不像？"

思考与支持

[16]教师发现，幼儿并不能将之前拼狮子头部的经验进行迁移，于是，教师引导幼儿思考：之前拼狮子头部的时候，是怎么做的？每一个方块是怎么拼接的？

月月："因为身体不是圆的了。"

宸宸："因为身体变了。"

教师："狮子的头也是圆的呀，可是为什么能用方块拼出来呢，还很像？"

教师："他的乌龟还差什么？"

文文："没有眼睛和鼻子，嘴巴也没有。"

2. 头部怎么办

接着，幼儿就用笔把头部画出来，在一个方块上画出眼睛、嘴巴。

教师："他的头应该画呢，还是用方块拼呢？"

葫芦："要用方块拼出来才可以，现在不是方块动物。"

小宇："可是，我画的头是在一个格子里，拼不了。"

教师："你们拼狮子的时候，头部只在一个格子里吗？⑰"

通过回顾，幼儿知道眼睛、嘴巴、鼻子等都要用方块拼接组合，但是方块的位置、数量并不对。为了降低游戏难度，教师又给他们提供了空白的格子纸，接下来，幼儿在有格子的纸上进行尝试，有了格子，他们能够边操作，边进行调整。

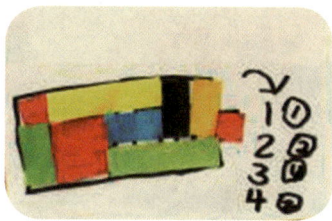

> **思考与支持**
>
> ⑰教师发现：幼儿之前操作的时候，纸上都是有格子的，而现在是在白纸上进行设计，对于现阶段的幼儿来说，是画不出整齐的格子的。于是，教师对材料进行了调整，给他们提供了有格子的纸。

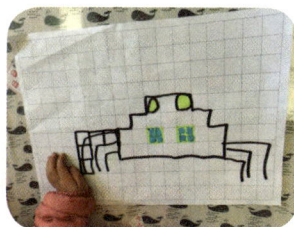

探索八 方块世界

随着活动的深入进行，幼儿想要用方块拼出更多的物品，不再局限于动物，比如：高楼、高铁、大树、马路、汽车、机器人等等，他们还想要立体拼搭。为了方便幼儿操作，教师对材料进行了调整，换成了正方体方块。

在拼搭之前，每个幼儿进行了计划：要做什么，搭成什么样子，并写出要选择的方块的数量。[18]

开始搭的时候，幼儿按照计划选取相应数量的材料，可是，在操作的过程中，他们发现，材料不够了，还需要更多。为什么会这样呢？

教师："你们拼搭的房子为什么要这样围起来呢？"

恬恬："这是房子的墙，四周都要有，不然的话就不能进去了。"

教师："你的长颈鹿的身体为什么要几层方块拼在一起呢？"

小宇："因为身体要厚厚的呀，一层的话，就不像了。"

教师："那你们之前计划的时候想到了吗？"[19]

芸芸："我们画少了。"

教师："为什么会画少了，要怎么画呢？"

琳琳："我们只画了一边（一面），还有很多。"

接着，幼儿又进行了计划的调整。将设计图中的一个面变为四个面，一层变为多层，从而更加精确地统计需要用到的方块数量。

幼儿的发现和思考

教师 反思

```
                核心一思考 ────  形状与空间

                           开放的学习：教师鼓励幼儿根据自己的能力及喜好选择不同难度
                           的操作活动，支持不同发展水平的孩子运用不同方法，如：直接在
                开放性      图纸上摆方块、对照带有格子的小动物图纸拼动物、在空白格子
                           纸上画出动物再用方块积木拼出来等方式来支持自己的学习

课程理念                      在同一内容中通过多种材料支持，如：立体积木方块、同一大小的
                实践性       方块纸片、不同形状的方块纸片，让幼儿通过操作实现深度学习，
                           丰富幼儿的认知

                           幼儿运用数量匹配的原有经验进行计划，并取放相应数量
                           的材料；在统计过程中，幼儿运用原有的计数经验记录材
                经验的迁移与拓展  料的数量，通过与同伴的相互学习、模仿和教师的适时指
                           导等方式，不断完善和提升统计能力
```

　　幼儿对已有经验的迁移和运用不是一蹴而就的，需要通过不同的活动、不断的操作，在问题解决的过程中实现。幼儿能够对问题进行思考，主动想办法解决问题，教师提供适宜的材料和支持性的引导是探究能够不断深入的关键。在经验的迁移和运用之后，是新经验的增长，这是幼儿建构经验的一种体现，也是他们学习的一种方式。他们需要自主地思考和发现，在多次的尝试、探究、发现、思考、再尝试的过程中积累不同的经验。

　　教师需要敏锐地观察，才能发现不同幼儿在活动中的不同需求，特别是不同能力层次的幼儿，同样的活动，他们所遇到的问题是不一样的。教师的观察与支持要具有持续性，这样的持续性不是在某一个人身上，也不是在某一个活动中，而是既要考虑整个活动的连续性，又要关注不同幼儿发展的持续性和渐进性。这对于教师来说，有难度，更是充满了挑战。无论如何，教师对幼儿观察的重要性无可替代。

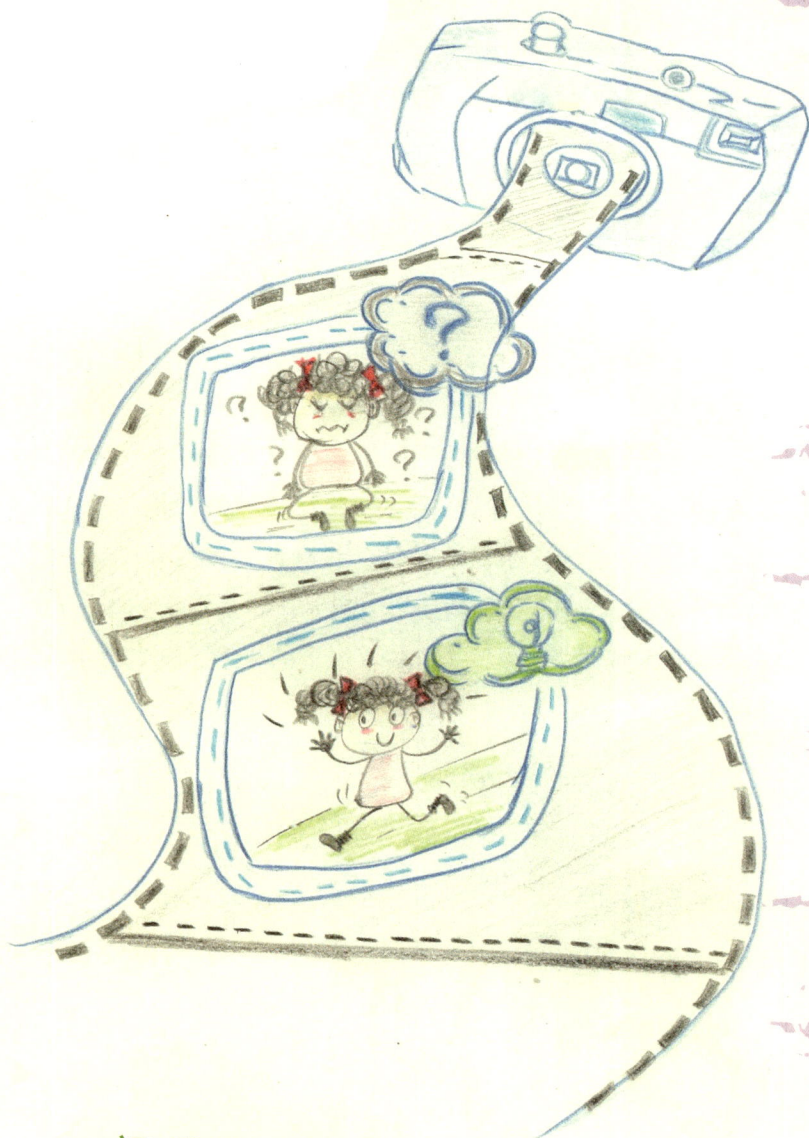

记录成长的点滴，
　　感受生命的神奇。

21天的惊喜

课程 缘起

开学第一周，教师在阅读区投放了一些关于动植物的科普类绘本。在一次餐后阅读活动中，绘本故事《我们的强强》中的"蛋"引发了幼儿激烈的讨论：到底是谁下的蛋？为什么我们吃的蛋里没有小鸡？小鸡是怎么从蛋壳里钻出来的？基于幼儿的兴趣和讨论，教师和幼儿一起开展了一次与"蛋"有关的生命探索之旅。

"蛋"是生活中常见的食物，但是幼儿对蛋的认知仅仅停留在生活经验层面，对蛋的结构、孵化等知识并不了解。在绘本阅读中，"是谁下的蛋"的问题激发了幼儿关于蛋的讨论，幼儿发现原来"蛋"里面藏着很多的秘密，他们带着问题出发，寻找关于"蛋"的秘密。

课程 总览

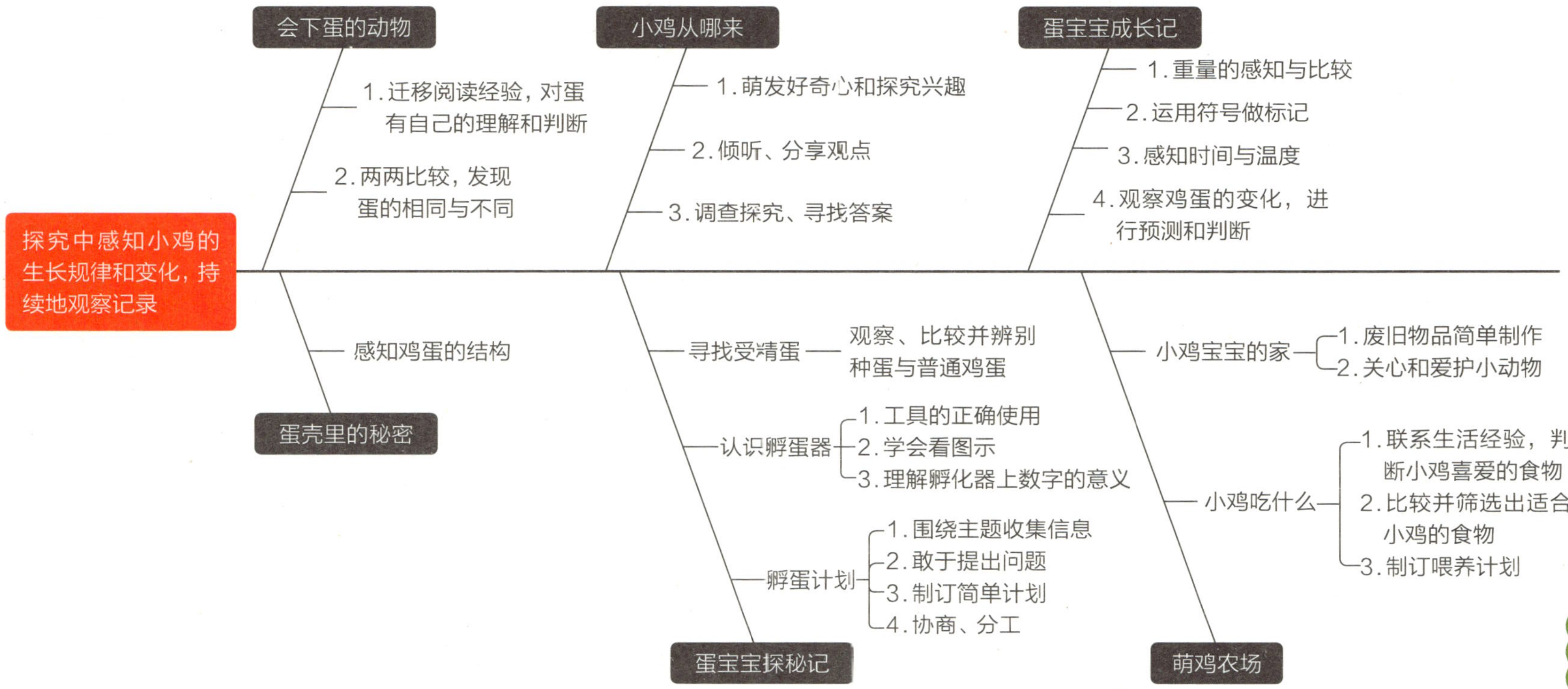

探究中感知小鸡的生长规律和变化，持续地观察记录

会下蛋的动物
1. 迁移阅读经验，对蛋有自己的理解和判断
2. 两两比较，发现蛋的相同与不同

蛋壳里的秘密
感知鸡蛋的结构

小鸡从哪来
1. 萌发好奇心和探究兴趣
2. 倾听、分享观点
3. 调查探究，寻找答案

蛋宝宝探秘记

寻找受精蛋 —— 观察、比较并辨别种蛋与普通鸡蛋

认识孵蛋器
1. 工具的正确使用
2. 学会看图示
3. 理解孵化器上数字的意义

孵蛋计划
1. 围绕主题收集信息
2. 敢于提出问题
3. 制订简单计划
4. 协商、分工

蛋宝宝成长记
1. 重量的感知与比较
2. 运用符号做标记
3. 感知时间与温度
4. 观察鸡蛋的变化，进行预测和判断

萌鸡农场

小鸡宝宝的家
1. 废旧物品简单制作
2. 关心和爱护小动物

小鸡吃什么
1. 联系生活经验，判断小鸡喜爱的食物
2. 比较并筛选出适合小鸡的食物
3. 制订喂养计划

课程 实施

探索一 会下蛋的动物

在绘本故事《我们的强强》的最后，一只小鳄鱼从蛋里面钻出来，幼儿看到后吃惊极了，他们纷纷讨论起来。

幼儿："哇！原来鳄鱼也会下蛋。"

幼儿："鳄鱼妈妈怎么会下蛋呢？"

教师："你们知道哪些动物会下蛋吗？"

幼儿："恐龙会下蛋！我在书上看过恐龙蛋。"

幼儿："鸭妈妈会下蛋，故事里的鸭子刚开始还以为那颗蛋是它下的。"

幼儿："鹌鹑蛋，就是平时我们在幼儿园会吃到的小小的蛋，是鹌鹑下的蛋。"

幼儿："故事里的小动物都会下蛋，小鸡、小鸭、苍鹭还有猫头鹰。"

围绕"哪些动物会下蛋"的话题，幼儿展开了调查活动，并把自己调查的结果记录下来，还把生活中常见的几种蛋带到班上与同伴分享。①

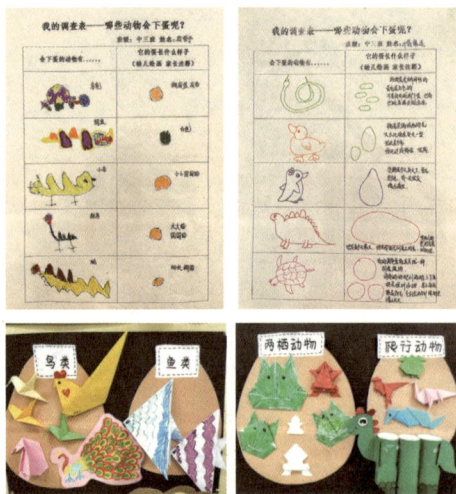

思考与支持

①幼儿在实际生活中知道小鸡、小鸭会下蛋。通过绘本故事阅读，他们又认识到了很多不常见的会下蛋的动物，好奇心驱使他们围绕"会下蛋的动物"展开了深入讨论和探索。

教师为幼儿提供调查表，支持幼儿自主查阅和收集资料，认识生活中其他会下蛋的动物，发现蛋有不同外形、颜色，激发了幼儿关于蛋的探究兴趣。同时，也帮助幼儿初步了解了卵生和胎生，对自然界中不同动物的繁衍方式进行初步的探究。

探索二 蛋"尿"了——蛋壳里的秘密

在一天上午的探究活动中，当几个小朋友在观察鸡蛋时，一个小朋友一不小心把鸡蛋摔坏了，班上的幼儿都纷纷围了过来。幼儿围着摔坏的蛋展开了一场激烈的讨论。

浩浩："呀！你把鸡蛋摔坏啦！"

小奕："哈哈！蛋都尿啦！"

段落："这不是尿，这是鸡蛋里面的蛋清。"

芒果："会不会有小鸡宝宝钻出来呀！"

然然："不可能！要有鸡妈妈才能孵出小鸡宝宝。"

幼儿围着摔坏的鸡蛋，一边好奇地看，一边提出了各种各样的问题。

幼儿："蛋壳里面都有什么呢？"

幼儿："为什么有的蛋壳裂开后会有小鸡宝宝钻出来，这颗鸡蛋坏了却没有钻出小鸡宝宝？"

面对幼儿各种各样的提问，教师决定再打开一枚鸡蛋和幼儿一起看一看。②

豆豆："鸡蛋里面摸起来滑滑的。"

涵涵："为什么蛋黄和蛋清不会混在一起呢？"

佑佑："我来摸摸看！"

佑佑在摸的时候不小心戳破了卵黄膜，于是，蛋黄液流了出来。

涵涵："糟糕糟糕，蛋黄流出来啦！我看到了一层白色的膜。"

佑佑："哦，我知道了！蛋黄就是被这层膜给包住的，所以才不会流出来。"

豆豆："你们来看，蛋壳上也有这样的一层膜。"

打开一枚蛋，幼儿最先看到的是蛋液。通过看一看、摸一摸的方式，幼儿更直接地观察和认识到了蛋的内部结构。

> **思考与支持**
>
> ②鸡蛋是幼儿生活中经常吃到的食物，他们知道鸡蛋有蛋清和蛋白，但是很少会关注到还未加工过的新鲜鸡蛋，蛋壳里面有什么秘密呢？摔坏的蛋激发了幼儿的好奇、疑问和猜想，引发了幼儿一系列的讨论。教师围绕幼儿的讨论，引导幼儿，通过看一看、摸一摸多感官参与的方式进行探索，发现蛋黄膜、卵黄膜，了解蛋的内部结构，丰富关于蛋的经验和认知。

探索三 | 蛋宝宝探秘记

1. 小鸡从哪来

虽然幼儿对于鸡蛋的内部结构有了新的认知，但是他们对于"为什么有的蛋壳里能钻出小鸡宝宝"这个问题还是充满了疑惑和好奇。在一天上午的点心时间，大家正在吃鸡蛋，一位幼儿边吃边和同伴分享自己曾经吃到过两个蛋黄的鸡蛋的事。[③]

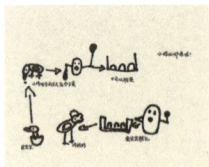

俊城："我奶奶说，要是两个蛋黄的鸡蛋就会生出两只小鸡。"

段落："才不是呢，小鸡是鸡妈妈生出来的。鸡蛋是用来吃的。"

炜炜："不不不，小鸡就是从鸡蛋里钻出来的，是鸡妈妈孵出来的。"

凡凡："对对对，我在动画片里看到过小鸡从蛋壳里钻出来。"

湘涵："可是这个鸡蛋打开都没有小鸡啊，你看，这里只有蛋黄和蛋白。"

洋洋："那鸡蛋是怎么变出小鸡的呢？"

整个餐后时间里，幼儿都在围绕着这个话题议论着。他们对于"小鸡是怎么从鸡蛋里孵出来的"有着极大的探究兴趣。

思考与支持

③ "蛋壳里面有什么"的探索延伸到了幼儿的进餐活动，小小的鸡蛋里还藏着很多幼儿想知道的问题。鸡妈妈是怎么孵出小鸡的？小鸡是怎么从蛋壳中出来的？不管是实际生活经验还是在绘本故事中，幼儿了解到的都是鸡妈妈能孵出小鸡，但小鸡是怎样从蛋壳里面钻出来的，从蛋清、蛋黄到小鸡，这一过程经历了怎样的变化，生命的奇妙激发了幼儿极大的探究兴趣。

2. 孵蛋计划

小鸡从哪来的呢？幼儿开始查资料，收集视频、图片，他们还把自己收集到的科普图书带到幼儿园。一大早，几个孩子就围在一起，翻阅起图书。

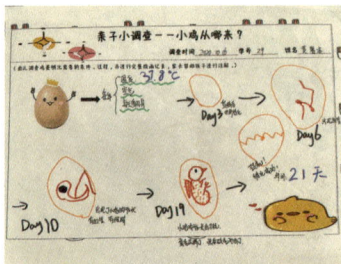

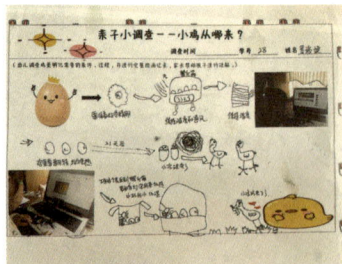

教师："孵化蛋宝宝需要做好哪些准备呢？"④

段落指着书说："孵化小鸡需要21天，鸡妈妈会在草堆里孵小鸡，而且不是所有的鸡蛋都能孵出小鸡的。"

乐乐："那我们需要有鸡妈妈才能孵小鸡呀！"

馨宝："不用不用！妈妈说可以用孵化器！"

浩然惊喜地说："你们看，这个就是孵蛋器。"

馨宝指着绘本说："这像个盒子一样，上面还有好多符号，这个是代表温度的符号。"

段落："对对对！上面标记了37.8度。"

涵涵："那是因为孵小鸡需要保持这个温度！"

平平说："哇！就像我们躲在妈妈怀里一样热乎乎的。"

幼儿从书中知道了很多孵蛋的小知识，大家都想尝试孵小鸡，他们还自由组队制订了孵蛋计划。⑤

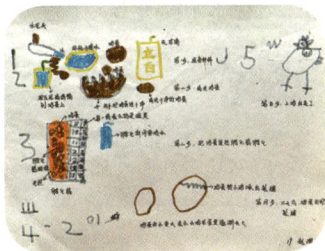

3. 认识孵化器

家长们对于孵小鸡这件事也表现出了极大的兴趣，在家长们的协助下买来了孵蛋器。孵蛋器刚拿到班上，孩子们就激动地围着孵蛋器左看右看。⑥

瑞瑞："老师，这孵蛋器要怎么用呀？"

浩浩："这个箱子就能孵蛋吗？有点像我们去超市买鸡蛋时用来装鸡蛋的（蛋托）。"

段落："老师，把蛋放在里面就可以有小鸡吗？"

思考与支持

④孵化蛋宝宝想法的萌发，不仅基于幼儿的好奇心和探索欲，更是教师引导幼儿感知生命的最佳契机。

为了确保孵蛋计划的成功实施，教师和幼儿做了充分准备，在自主调查中收集关于孵蛋的相关资料，幼儿在收集孵蛋的资料图片中，了解到人工孵化蛋宝宝的方法、孵蛋的条件和注意事项等。

⑤幼儿通过调查收集鸡蛋孵出小鸡的相关资料，了解孵化鸡蛋的多种方式、条件和孵化的过程，收集蛋宝宝孵化过程中的变化图。在调查的过程中初步感知生命变化的奇妙，萌发孵蛋的兴趣。

⑥家长们在得知班级孵蛋计划后，买来了孵蛋器，家园合力，期待新生命的到来。孵蛋器的到来，让幼儿对"孵蛋"产生了各种猜测：鸡蛋会不会被烤熟？小鸡宝宝在里面会不会热？每次要加多少水来保持湿度？幼儿不仅对孵蛋器的内部零件充满好奇，还对孵蛋器的使用方法感兴趣。

从幼儿的讨论中可以看出，幼儿有看说明书的经验，"说明书"的经验也内化成了他们的解决方法。

小宇："这些长长的管子是什么？还有一个滴水器！"

星佑："老师，你看看箱子里有没有说明书？说明书会告诉我们方法的。"

段落："老师，你念一下给我们听吧！"

幼儿纷纷问起自己还不明白的地方，于是，教师和幼儿一起把孵蛋器的使用方法画下来，贴在班级的谈话墙上，幼儿可以看着图示，了解孵蛋器使用步骤以及孵蛋过程中的要求和注意事项。⑦

小宇："你们看，要先把这些塑料棍安装到孵蛋器里。"

杨杨歪着脑袋说："蛋宝宝是放在塑料棒上，不是放在孵蛋器下面。"

瑞瑞："这个数字（显示屏上的温度）是孵小鸡要的温度吗？"

段落："应该是，上面画着温度的符号。"

乐乐指着图示说："哦！你们看，第7天的时候我们要把每个鸡蛋都拿出来用手电筒照一照。"

菘菘："应该是在检查鸡蛋里面有没有小鸡。"

了解孵蛋器的使用方法后，幼儿迫不及待地想要开始实施孵蛋计划。

4. 寻找受精蛋

孵蛋计划开始啦！幼儿讨论后决定分小组去购买鸡蛋。他们自行组成四个小组，取名"萌鸡小队"。当家长们知道班级里要孵小鸡后，在班级微信群里也展开了激烈的讨论：去哪里能买到受精蛋呢？第二周，四个小队的幼儿在家长的帮助下买来了十颗"受精蛋"交给了老师，小田也带来了两枚家里的鸡蛋。吃完早餐后，幼儿不约而同地去观察区，分享、讨论自己带来的"受精蛋"。

> **思考与支持**
>
> ⑦说明书上都是文字，幼儿看不懂，怎样帮助幼儿理解孵蛋器的安装方法、使用方法、孵蛋注意事项这三个关键的内容呢？教师和幼儿一起，一边念说明书，一边把关键的部分用图示的方式画下来贴在教室里，从而为幼儿操作孵化器提供支持。

教师："你们带来的蛋都能孵出小鸡吗？"⑧

星佑："不是！妈妈说只有种蛋才能孵出小鸡，我带的这颗就是'种蛋'。"

馨宝："我知道！我们平常吃的蛋里面没有小鸡，是孵不出小鸡的。"

教师："那怎么才能区分种蛋和普通鸡蛋呢？"

浩浩："孵小鸡要用手电筒照，有黑点的鸡蛋。"

瑞婕："是的是的！奶奶也是这么说的，我们一起看过。"

浩然："老师，我想看看这些蛋有没有黑点。"

教师："在哪里来照会比较合适呢？"

段落："我们可以躲在一个角落里，然后围起来，这样就可以了。"

找到了合适的地方后，幼儿开始忙碌了起来。

小宇："哎呀，这个蛋我怎么看不到黑点，这一定不是'受精蛋'。"

浩然："你快看，我把手电筒放在中间就看不到，要放在大大的这一头才能看见。"

逗逗："有小黑点，就是有小鸡，小鸡就会在里面慢慢长大。"

幼儿都争着想看一看哪些是能孵化的"受精蛋"。⑨

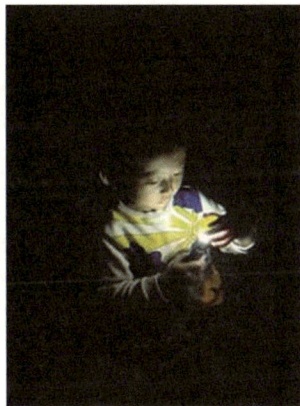

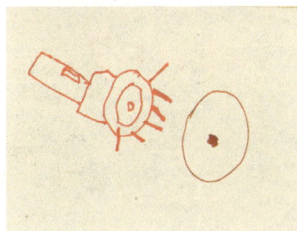

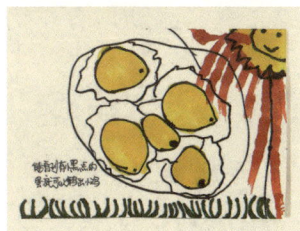

5.蛋宝宝成长记

知道"受精蛋"可以化出小鸡后，幼儿跃跃欲试。他们将自己找到的"受精蛋"，画上小组的标记，然后按照说明书上的方法，一个一个地将鸡蛋放入孵蛋器中。

凯凯："我们一组一组地放，这样就不会摔坏了。"

俊毅："鸡蛋放得好整齐啊，小鸡生出来也会这样排队吗？"

凯凯："我也不知道，我好想看到小鸡孵出来呀！"

俊毅："我也好期待呀！"

孵化小鸡需要一定的湿度和温度。为了保证每个"受精蛋"都能顺利孵出小鸡，幼儿提议制作一块计时板，在计时板上标记好时间，每隔三天，值日生就要负责往孵蛋器里加水。⑩

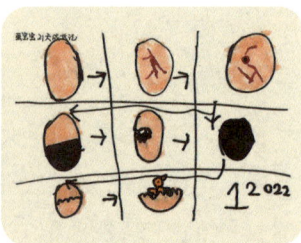

第三天的时候，几个负责给孵蛋器加水的小朋友在加完水之后，还摸了摸蛋盘里正在孵化的蛋。

三七："水加好快点把盖子盖上，小鸡都要冻僵啦！"

夏天："要轻点盖上，还要按下温度的按钮。"

三七："这些鸡蛋摸起来烫烫的。"

幼儿每天都期待孵蛋器里鸡蛋的变化。第7天，负责记录的小队员发现，有一个鸡蛋发生了变化。他们用照蛋器观察鸡蛋的时候，在一个鸡蛋里面看到了血丝！

幼儿兴奋地拉着教师一起过去看，激动地分享着他们的发现。⑪

段落："老师你快看，鸡蛋有黑色的点，是脏东西吗？"

雨凡："咦？和第一天看到的不一样啊！还有好多的红线。"

小宇："老师，那看起来像小鸡宝宝的眼睛！"

思考与支持

⑩为了更好地照顾正在孵化的鸡蛋，教师为每个小组准备了一本"小鸡成长日记"，在确保蛋宝宝安全孵化的同时，更有助于幼儿直观感受蛋宝宝的成长变化，每天的记录还能培养幼儿初步的任务意识和责任意识。

⑪在幼儿的记录过程中，每天都会有关于蛋宝宝的新发现，鸡蛋里面从出现红血丝、发现小黑点、鸡蛋黑色部分增多、鸡蛋变重等等，在每次的新发现中，教师适时介入，帮助幼儿了解蛋宝宝发生变化的原因，丰富幼儿关于孵蛋的经验。幼儿在亲身体验中感知生命成长的变化，感受生命的力量。

教师："你们猜对啦！黑色的是小鸡宝宝的眼睛，红色的线是血管，说明这颗蛋宝宝发育得很好。"

孵小鸡又有了新进展。语馨从孵化箱里拿出来一颗"受精蛋"准备观察时，她觉得这颗蛋比之前放进箱子的鸡蛋都要重。

语馨："老师，这个蛋为什么这么重啊？"

多多："鸡蛋里面怎么变黑了？是小鸡死了吗？"

三七："会不会是孵蛋器把小鸡给烤熟了？"

教师："小鸡的胚胎要长大，它需要不断吸收蛋黄里的营养，还要呼吸空气。所以在发育的时候会比平时要重一些。"

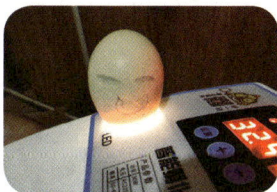

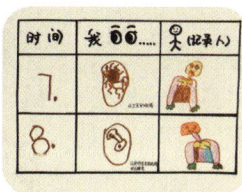

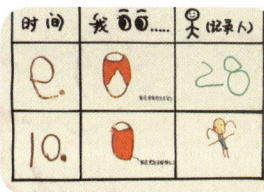

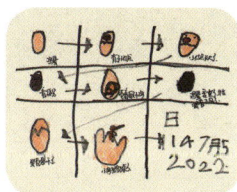

第20天，一大早，星佑早早地来到班里，好像听到小鸡的叫声。他以为是小鸡出来了，打开孵蛋器，发现里面并没有小鸡。段落和俊成凑过来看，发现原来"叽叽叽"的叫声是从其中一个鸡蛋里发出来的。听到叫声后，幼儿既兴奋又好奇小鸡到底什么时候出来。⑫

馨宝把耳朵贴近孵蛋器说："小鸡的叫声好好听呀！"

俊毅："我觉得像是小鸟的叫声。"

段落："天啊，小鸡真的在里面叫了！"

馨宝："小鸡在里面出不来吗？要不要帮帮它？"

雨凡："它一定在说'我要出来、我要出来'！"

小宇："孵蛋方法说要21天呢。"

教师："健康的小鸡会自己破壳出来哦！我们再耐心等一等吧！"

第二天早上，刚到幼儿园门口，保安叔叔就对我说，我们的小鸡出来了。孩子们一听，高兴地打开孵化箱，看到破壳的小鸡宝宝，孩子们兴奋地拍起了手。

思考与支持

⑫在为期21天的孵化过程中，幼儿能一直坚持翻蛋、做记录，还有部分幼儿能够仔细观察、发现受精蛋的细微变化(如发现"红血丝"、看见小鸡的眼睛、胚胎期蛋会变重、听见小鸡的叫声等)，他们还能将看到的变化用画画的方式记录下来。当小鸡出壳后，幼儿自觉地承担起了"鸡爸爸和鸡妈妈"的工作，又开始为小鸡的吃、住操心了。可见，真正的探究应该基于幼儿的兴趣，能够激发他们主动探究的热情。

还有一只小鸡准备破壳而出，只看见破了个洞，从洞里还能看见小鸡的嘴巴，它还一直发出"叽叽叽"的叫声。看到鸡蛋里的小鸡，幼儿兴奋极了，可是这些调皮的小家伙让孩子们等了一早上都没有出来。

户外活动回到教室后，他们的第一件事就是去看看小鸡出来没有。

小宇惊喜地喊道："有一只小鸡出来了！"

幼儿纷纷围过去看。原来在孩子们外出活动的时候，有一只小鸡悄悄地啄破蛋壳出来了。

娜娜："哎呀，我看到了红色的血！"

凯凯："老师，这个小鸡的嘴巴是黄色的，还有毛呢！"

段落："小鸡身上湿答答的，它会不会很冷？"

馨宝："它一定想找它的妈妈了，要是它饿了怎么办？"

雨凡："我们可以照顾它呀。"

俊成："那它喜欢吃什么呢？"

探索四 萌鸡农场

1. 小鸡宝宝吃什么

小鸡宝宝破壳第二天，孩子们通过班级微信群讨论小鸡吃什么，家长们主动参与其中，给小鸡宝宝们准备好了食物让孩子带到幼儿园。第二天，幼儿带来了很多种类的食物，可是小鸡宝宝每天要吃多少食物呢？幼儿遇到了喂养难题。

经过一番激烈的讨论，幼儿决定按照自己在幼儿园吃饭的时间来饲养小鸡，至于吃什么的问题，他们认为可以试着先给小鸡吃泡过的小米和玉米粒，然后再观察小鸡喜欢吃什么。经过一个星期的观察，发现小鸡宝宝对小米尤其偏爱。

在幼儿的精心照顾下，小鸡宝宝也在一天天地长大。幼儿坚持每天给小鸡宝宝喂食、喂水，并且做好每天的饲养记录。小鸡宝宝越长越大，每天的食量都在增加，孩子们的喂食次数也在增加，鸡窝里面的空间也越来越小，小鸡宝宝的便便也成了幼儿急需解决的问题。⑬

菘菘："小鸡宝宝拉便便啦！它把便便弄得到处都是，还把装食物的小碗给弄倒了。"

伊伊："把纸箱弄得臭臭的。"

段落："是因为它们长大了，它们不想待在小纸箱里。"

菘菘："那我们给小鸡换一个更大的纸箱。"

段落："不行！那样的话它还是会把便便拉在纸箱里，还是会臭臭的。"

教师："小鸡的家应该是什么样子的呢？"

2. 小鸡宝宝的家

为了小鸡宝宝能有一个舒适温暖的家，幼儿开始张罗起来。他们收集了很多关于鸡窝的资料，自主收集制作材料。幼儿在幼儿园木工坊里找到一个废弃的木架，尝试改造做一个小鸡的家。通过分工合作，幼儿制作了楼梯、围栏，还在小鸡的新家里画上它们的照片进行装饰。⑭

思考与支持

⑬经历 21 天的期待，幼儿更加珍惜爱护这几个来之不易的小生命。他们能主动承担照顾小鸡宝宝的任务。小鸡宝宝吃什么？小鸡宝宝住在哪里？这些问题成了孩子们和家长讨论的热点话题。四只小家伙的到来，让每个幼儿都感受到了生命的力量。

在照顾小鸡宝宝的过程中，教师拍照记录小鸡成长的变化，帮助幼儿对小鸡、对生命有了更深入的认知。幼儿慢慢知道小鸡怎样长大、每一只小鸡都有不同、小鸡的生活习性等等。

在有规律地给小鸡喂食的过程中，教师让幼儿通过亲身体验，按时按量给小鸡喂食，培养幼儿的任务意识和责任意识。

⑭在给小鸡宝宝制作新家的过程中，幼儿表现出了对小生命无微不至的关心和爱护。他们会把自己对周围环境的感受认知经验迁移到小鸡宝宝的身上。比如：小鸡的新家里应该有毛绒玩具，所以在鸡窝里放了一些毛球；认为小鸡的家应该装饰得漂漂亮亮，所以在鸡窝里用纸盘画了一幅小鸡画像；天气太冷，小鸡宝宝也会冷，所以需要做一个温暖的、遮风挡雨的鸡窝。

教师在幼儿的讨论制作中并没有直接干预，而是放手让幼儿探索，通过一次又一次地尝试，改造小鸡宝宝的家，让幼儿大胆表达爱，成为小小生命的守护者。

菡菡："这个鸡窝太高啦！小鸡宝宝怎么进去？"

段落："木架周围的围栏太松了，小鸡宝宝一不小心就会掉下来。"

瑞瑞："我们家装修的时候有一个木箱，我可以带到幼儿园，妈妈说那个箱子最适合给小鸡宝宝做鸡窝。"

小鸡宝宝终于有新家啦！幼儿亲自在木箱里面放了干草和纸箱做的小房子。由于是冬天，他们担心小鸡宝宝夜里会很冷，于是用防水的布盖住鸡笼，这样晚上的时候风就不会吹到箱子里啦！

幼儿的发现和思考

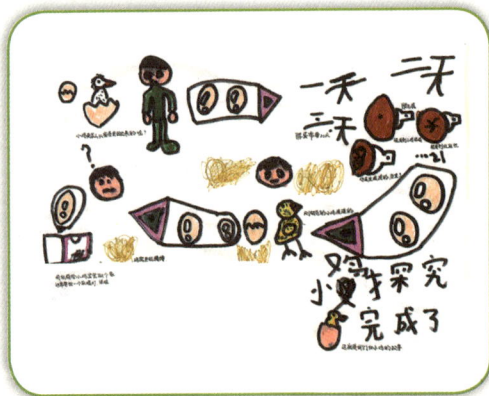

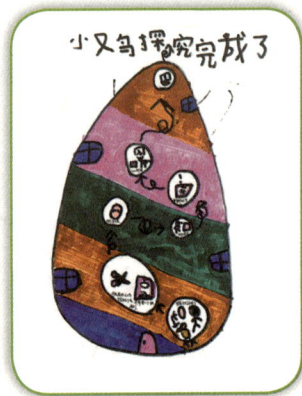

教师 反思⁺

核心一观察	生命成长	

课程理念

- 开放性：开放的生命探索之旅：教师带领幼儿探秘蛋宝宝里生命的出现，仔细记录小鸡宝宝的成长，共同探究生命的价值

- 实践性：在"如何使用孵化器""如何鉴别受精蛋"等活动环节中，幼儿学会运用观察、比较、记录、归纳的科学方法开展活动，还能够尝试用符号和图画记录自己的所见所想

- 经验的迁移与拓展：
  - 通过孵化、照顾小鸡，初步知道卵生生物的生命秘密，能够关爱、照料其他小动物
  - 幼儿可以用活动中掌握的观察、比较、记录、归纳等方法，了解不同生物的生活习性，继续探究更多动植物的秘密

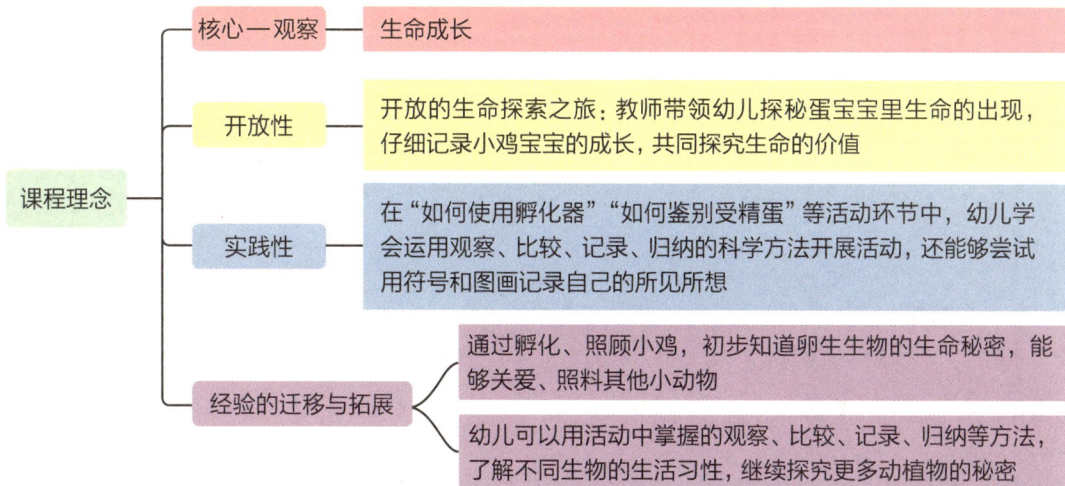

　　这是一次教师和幼儿一起参与的生命探索之旅。在这一过程中，师幼相长。教师发现幼儿的兴趣，尊重幼儿的想法和意愿，为幼儿提供了孵化蛋宝宝需要的孵化器，和幼儿一起讨论孵化器的摆放位置以及孵化时间的记录，从而支持幼儿大胆的探索和思考。当然，活动中也有很多问题可能阻碍了幼儿探索的脚步，比如：当幼儿看不懂孵化器说明书的时候，当幼儿初步认识月历的时候，当小鸡宝宝孵化出来大家不知道怎样喂养的时候，等等。但是教师并没有第一时间介入，而是带着和幼儿一起学习的心态，把自己已知的方法和经验转变为适合幼儿年龄特点、幼儿能掌握的学习内容，如：孵化器的图示说明书，制作孵化蛋宝宝计时牌、在班级家长群中与家长们沟通小鸡宝宝的喂养等。这也正是课程中幼儿发展最核心的目标，培养会思考、爱行动、懂合作的幼儿。

参与幼儿的活动，关注学习过程的点滴渗透，
贴近幼儿的生活，润物细无声。

会分流的水管

　　恰逢春天到来，教师发现幼儿对种植产生了浓厚的兴趣，于是提议幼儿在家中与爸爸妈妈一起开展一次"亲子种植"活动，从播种开始到观察植物的生长，比一比、说一说自己的尝试与发现。随着活动的持续深入，幼儿想将自己种植的植物带到幼儿园来进行照顾并且与同伴分享自己的种植乐趣。于是教师在幼儿园操场的一个角落，为幼儿开辟了一个小花园。幼儿将自己的小花、小苗带到了幼儿园进行移栽。

1. 制作简单的工具，解决问题
2. 围绕问题进行猜想和假设，并实践和验证
3. 探究材料的特性

一、移栽小花	二、浇水初体验	三、浇水补洞记	五、水量分流器	四、浇水小意外
同伴合作	生活经验的运用	探索材料的特征	目测、比较的方法进行测量	材料组合、连接出支架
工具的使用	容器容量大小的感知	验证材料适宜性	同伴合作	支架的稳固和称重
种植的方法			围绕问题进行探究	生活经验迁移探索材料适宜性
			同伴经验的分享	
			工具的使用	
			位置对应、标记	
			大小匹配，选择合适的材料	

课程 实施

探索一 移栽小花

幼儿陆续将自己在家种的植物带到了幼儿园,并且迫不及待地和小伙伴们分享。

明明:"我种的是豆芽,还没发芽呢。"

朵朵:"我的土豆已经生根、发芽了,妈妈说要移栽到土里才能长出更多的土豆。"

壮壮:"爸爸给我带来了很多的绣球花,可以种到幼儿园里。"

闹闹:"这要怎么种啊?"

壮壮:"就是要移栽到更大的地方,它才能开花。"

依依:"要把小花从盆里取出来,再种到另外的土里。"

苗苗:"爷爷说,移栽前要先挖一个大大的坑,再把花放进去,还要扶住,不能让它倒下来,再用土把根埋住。"①

随后,大家一起帮助壮壮,并找到了需要的小铲子,把一棵棵绣球花种到了幼儿园的小花园里。

> **思考与支持**
>
> ①幼儿谈论的内容大多是生活经验的迁移和运用,部分幼儿已经从家长那里学习到了种花以及移栽的方法。
>
> 在谈话过程中,其他幼儿通过同伴学习的方式学会了如何移栽植物。教师给予他们的支持就是准备工具和场地。

探索二 浇水初体验

绣球花移栽完成之后,幼儿又计划着照顾小花的事情。

乐乐:"小花需要浇水、施肥、除草,还要晒太阳。"

妍宝:"我的小花需要两天浇一次水,你的呢?"

葱葱:"我的也是,妈妈说不用每天都浇。"

闹闹:"用什么浇呢?"

希希:"我们可以用小桶提水。"

按照两天一次的浇水计划,需要浇水的时候,当天的小小值日生就会去完成浇水的任务。

户外活动时,幼儿看见绿化工人拉着一根长长的皮管,正在给草地浇水。

然然:"老师,我们也可以用这样的皮管浇水,就不用去提水了。"

欢欢:"对,这样我们就不用到水池提水了,提水太累啦。"

笑笑:"看着真好玩,可以从这头浇到那头。"②

思考与支持

②幼儿在生活中观察和学习,并结合自己经历过的事情,尝试找出更简单方便的浇水方法。

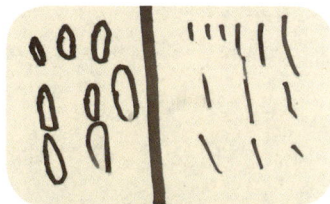

探索三 浇水补洞计

一群男孩子七手八脚,合力把长长的皮管拉到了种植区,打开水龙头,期待着水哗哗地流出来,可是……

奔奔:"咦,水好小呀!"

笑笑:"是不是水龙头没有开到底呀?"

然然:"我去看看。"

说着,然然就跑了过去,一会儿,又冲着跑回来。

然然:"我发现了,皮管漏水啦,你们来看,水从这里漏出去了。"

小朋友们一听,都好奇地跑过去,看看到底是怎么回事。

轩轩:"要把它堵住才行。"

教师:"要怎么堵呢?"

闹闹:"把它粘起来。"

然然:"用白乳胶黏住小洞。"

豆豆:"用透明胶贴。"

奔奔:"因为海绵可以吸水,可以用海绵堵住小孔。"

闹闹:"为什么不直接重新买一根呢?"

明明:"没有钱呀!买水管需要很多钱的,我们补好就可以用了。"

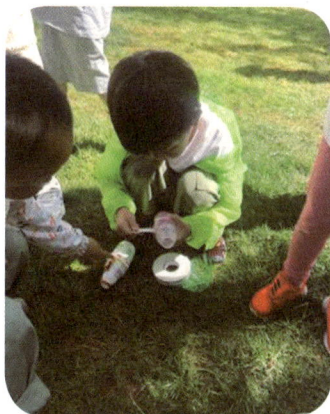

119

于是教师和幼儿一起收集了所需要的材料：塑料袋、塑料片、小毛巾、海绵戳、胶水、双面胶、胶枪、捆扎带、绳子等，他们用这些材料尝试"补洞"。

有的幼儿想用白乳胶黏住小洞，但是胶水和水一样会流走，不能封堵，有的幼儿想用海绵戳按住小孔，可是海绵戳进不去，有的幼儿用透明胶带来贴，在试的过程中，他们又有了新的发现。

闹闹："用胶带裹住漏水的地方。"

豆豆："有水的话，胶带根本粘不住啊。"

明明："塑料片防水，可以先用塑料片堵住小洞。"

经过多次尝试之后，幼儿都觉得闹闹提议的方法可行，就以这样的方式补好了"洞"。③

思考与支持

③幼儿初次尝试时还是遇到了问题，开始的时候，他们是结合生活中关于水龙头使用的已有经验进行推测，经过观察之后才发现了问题的真正所在。

在解决问题的过程中，幼儿通过尝试、验证，他们了解了更多材料的特性，并找到合适的材料解决了问题。

探索四　浇水小意外

"洞"补好后，幼儿在拉皮管时无意间碰掉了树上的无花果。

然然："因为树枝被无花果压'弯了腰'，所以拉水管的时候才会碰到。"

欢欢："那我们想办法把它撑起来，撑这么高，就不会碰到了。"

于是幼儿开始尝试，想办法撑起低矮的无花果树枝。

1. 固定支架

他们找到积木垒高组合出支架的样子，并且要搭得高高的。在垒高的过程中，他们遇到了问题：支架很高的时候，积木就会倒下来。

笑笑："要把每一块积木都粘起来，用胶枪就行了。"

于是，幼儿用胶枪在每块积木之间进行固定。

2. 增加底座

即将完成的时候，支架突然断开了。

鹏鹏："我们的胶粘得太少了。"

有幼儿觉得是胶少的原因，在断开的地方粘了很多的胶，并用胶枪在每一块积木之间都重新固定一遍。终于完成了，他们放手的时候，支架又倒在了地上。

鹏鹏："都怪你，没有扶好。"

其他小朋友一时也不知道该怎么办了。

教师："支架难道需要小朋友一直扶着吗？"

笑笑："不用，我们的支架现在站不稳，还不能用。"

教师："为什么它站不稳呢？"

他们想了想，鹏鹏："因为支架太高了。"

教师："怎么解决呢？"

然然："支架要做矮一点。"

闹闹："矮了的话，就不能把树枝撑高了。"④

……

小朋友们一时也不知道这个问题要怎么解决。于是，教师就指了指柜子上的奖杯，引导幼儿思考。

教师："你们看一看，奖杯是怎么站住的？"

观察之后，幼儿发现，奖杯的底部有一块底座，这样，才能稳稳地放在柜子上。之后，他们找来了一块重重的积木块，加在支架的底部，作为支架的底座，为了让支架能够更加稳固，他们还在底座与积木之间的接头处加入两块纸板当做夹板，并用胶带紧紧地裹住，这样，能站立的支架就完工了。

3. 支架的"雨衣"

幼儿迫不及待地将支架拿到无花果树下，稳稳地撑住了被压得"弯了腰"的无花果树枝。

> **思考与支持**
>
> ④从幼儿不小心造成的小意外中，看到了他们的成长与担当。当事情发生的时候，他们会说："我是不小心的，但是我会去弥补。"并且，大家一起合作，同伴互助，共同解决问题。
>
> 同时，制作支架也不是一件容易的事，刚开始的时候，幼儿只是知道支架大致是什么样的，并用积木进行组合，当发现积木会倒的时候，尝试用胶进行固定，这是他们的已有经验和能力。
>
> 当支架增高后，幼儿又遇到了困难，无法用胶固定，但是他们没有想到更好的解决办法，这时候，教师引导他们观察奖杯，支持他们想到了增加底座的方法。

上午做好的支架，被下午的一场大雨全淋湿了，支架出现问题了。

然然："纸板湿了，木块接口的地方已经倾斜，支架又要倒了。"

文文："老师，下雨的时候支架都湿了，怎么办？都快要倒了！"

笑笑："拼接的地方已经用夹板固定了呀！为什么遇到雨水后就翘起来了？"

教师："你们看纸板怎么了？"

然然："纸板被雨淋湿了，已经软掉了。"

文文："要把纸板换了。"

萱萱："我们下雨天都用雨伞或者雨衣，我们也给它做雨衣吧！"

幼儿用两块长方形的积木块代替了纸板，可是雨衣要怎么做呢？

可可："可以用胶带裹紧，全部裹起来。"

依依："有水的话，胶带也会翘起来的，粘不住。"

笑笑："可以用保鲜膜，它会防水。"

小朋友们同意尝试笑笑的方案，把保鲜膜裹在支架上，这样，"雨衣"就做好了。

探索五 水量分流器

小意外已经解决了，接下来就可以用补好的水管浇水了。在浇的时候，又出现了新问题：水流太大，会把小苗苗冲倒。怎么办呢？

然然："把水开小一点。"

明明："浇水的时候，要隔着一点，不能直接浇在小花上。"

说着，明明就跑去拧水龙头，想把水量减小。可是，怎么都不合适，要么出来的水太少，要么出来的水太多。

教师："你们昨天玩沙的时候，挖了一条什么？"

苗苗："我们挖了一条小河。"

教师："你们倒水进去的时候，水是怎么流的？"

然然："它是顺着小河一直流的。"

教师："流得快还是流得慢？"⑤

文文："流得慢，它是慢慢流出去的。"

教师："那浇小花的水可不可以让它像这样流呢？"

闹闹："可以，我们在中间挖一条。"

明明："这里又不是沙水池，挖的话，小花就会被挖出来的。"

苗苗："不用挖，放一根管子就可以，水就流出来了。"

幼儿觉得苗苗的主意不错，决定放上一根管子就好了。

1. 长度测量

豆豆："小苗园需要一根长长的水管，我们先测量出长度，老师，有卷尺吗？"

教师："教室里没有，暂时找不到，你们看看教室里的什么材料可以用？"

幼儿纷纷出动，他们找到了：木条、吸管、直尺、毛线。并一一进行了尝试，测量的时候，他们发现：尺子不够长；吸管要一根一根接在一起，很麻烦；木条太硬，不容易切割。幼儿最终选择用毛线作为测量材料。

幼儿先将线头放在了花园的一端，在自己尝试放线的时候发现毛线会跟着自己"跑"，于是就找了铁铲将线的一端压住，然后继续放线，但是，并未拉直毛线。

苗苗："你的线没有拉直,这样测量出就不准确。"

他们又进行了调整,一个小朋友拉住线,站在花园的一端,另一个小朋友把线拉直,进行测量。还有的幼儿用花盆压住线的一端,把线拉直进行测量。测量后用手拿住毛线测量长度的末端,然后回到教室,想告诉教师自己已经测出水管需要的长度。可是,他去拿水管的时候,就把毛线放在了一边,再去拿的时候,就发现自己已经忘记长度的标记在哪了。⑥

之后,幼儿带了一支记号笔下楼,再次进行测量,在最终位置处进行了标记。回教室后,根据测量出来的长度,裁出一截长度相同的PVC管。

2020.6.8

> **思考与支持**
>
> ⑥通过两次尝试,幼儿学会了用毛线测量的方法并且注意到:测量时需要用重物压住一端,需要多长的线一定要做好标记,才能确定出相应的长度。

2. 多个出口

幼儿把裁切好的PVC管横放到小花园的中间,然后开始尝试浇水。这一次,水从PVC管里流了出来,过了一会儿,有幼儿发现了新的问题。

豆豆："水管只有一个出水口,有的小花'喝不到'水,出口这里的小花已经被水浇透了。"

教师："怎样让每一处的小花都'喝到水'呢?"

轩轩："我们可以多放几根管子,水就流在不同的地方。"

西西："放不下了,多了会压在小花身上。"

……

幼儿争论不休。于是,教师找来了一段关于水管浇花的视频给他们观看。

豆豆："水会洒出来,就可以浇到不同地方的花。"

依依："水管有很多,连接在一起。"

文文："这个水管有很多出口,水就从这些出口的地方流出来了。"

然然："我们也可以这样,在管子上戳出很多的洞洞,水就会从这些洞洞里流出来。"

大家都觉得这个方法不错,决定在PVC管上打洞,幼儿在木工坊找到了电钻。

3. 打孔

在教师的协助下，幼儿在水管上钻出了许多的小孔，浇水的时候，他们又有了新发现。

欢欢："这里没有洞洞，小花还是喝不了水。"

依依："这里的洞很多，水太多了。"

其他幼儿一看，也发现了在没有洞的地方，就没有水流出来；有许多洞的地方，水又太多了。

4. 孔的位置

教师："怎样保证浇到每一处的小花呢？"⑦

然然："每一段管子上都要有洞，水就会从每一处流出来了。"

文文："洞洞要和小花对起来。"

苗苗："每一个洞洞要对着一朵小花，水流出来就浇到小花了。"

之后，他们把水管放在小花园的上方，在水管上进行标记，与小花所在的位置进行对应，然后再打孔。完成后，就迫不及待地想试一试，浇水的时候幼儿又有了发现。

闹闹："你们看，这里的洞被堵住了。"

明明："刚才没有，我还看着呢。"

这一次他们遇到的问题是：开始的时候，水会从每一个孔里流出来，慢慢的，有的孔会被湿的泥土堵住。

5. 连接吸管

幼儿又开始讨论起了解决的办法。

理理："那我们在小洞里插上水管，把水运出来。"

然然："可是上面的洞太小了，水管那么粗。"

豆豆："可以用吸管啊，那个大小合适。"

在插吸管的时候，有的孔太小了，幼儿就会把孔变大一点；有的孔太大了，他们就用胶带进行固定。

思考与支持

⑦小朋友们讨论、思考过后，还是没有找到解决办法，这时，教师适时地介入，通过视频的方式，向幼儿介绍不同的方法，鼓励他们进一步地思考和探究。

之后，幼儿想到了解决办法：打孔。通过两次尝试，他们知道，原来，孔的位置不是随意的，需要根据花的位置来确定。

随着问题的不断出现，幼儿没有气馁，而是积极地想办法解决，并且持续地探究着，最终，他们成功地让小花都"喝到了水"。

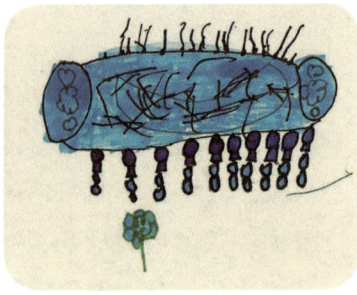

6.水管支架

吸管插好后，幼儿一起把水管放到小花园里。

苗苗："下面的吸管都插在土里了，要把吸管支起来才行。"

理理："浇水的时候，我们这样抬着就行了。"

明明："抬着很麻烦，我们的手会酸的。"

彤彤："用一个架子架起来，这样就不用抬着啦。"

豆豆："就像做无花果树的支架一样。"

幼儿用了同样的方法制作了两个支架，架在水管的两端。怎样给小花浇水的问题，终于圆满地解决了。

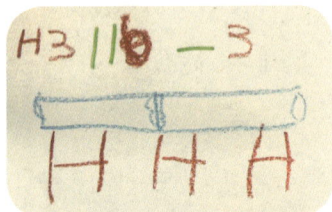

幼儿的发现和思考

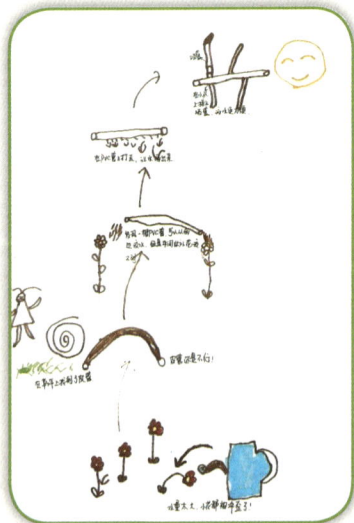

教师 反思*

核心—操作 —— 浇水工具制作与运用

课程理念

开放性 —— 开放的课程走向：教师的课程预设（种植）与幼儿兴趣产生了分歧，教师充分尊重幼儿兴趣走向，调整课程脉络，从而实现课程从生命科学转向建构活动，让幼儿充分参与课程，享受课程的乐趣

实践性 —— 通过课程实践性，让幼儿有机会将所学的理论知识应用到实际情境中，通过实际操作、实验、调查、调整、再实践等方式进行实践活动，激发幼儿的参与性、促进探索与反思能力，培养幼儿运用知识解决问题的能力，并鼓励幼儿通过实践实现跨学科整合、运用知识的综合能力发展

经验的迁移与拓展 —— 幼儿能运用原有经验制作简单的支架，但出现了支架不稳定的情况，教师引导幼儿观察奖杯并尝试制作支架底座，获得了扩大底部受力面积，能够增强稳定性的新经验。通过灌溉系统的不断完善，培养幼儿主动思考和动手操作的能力

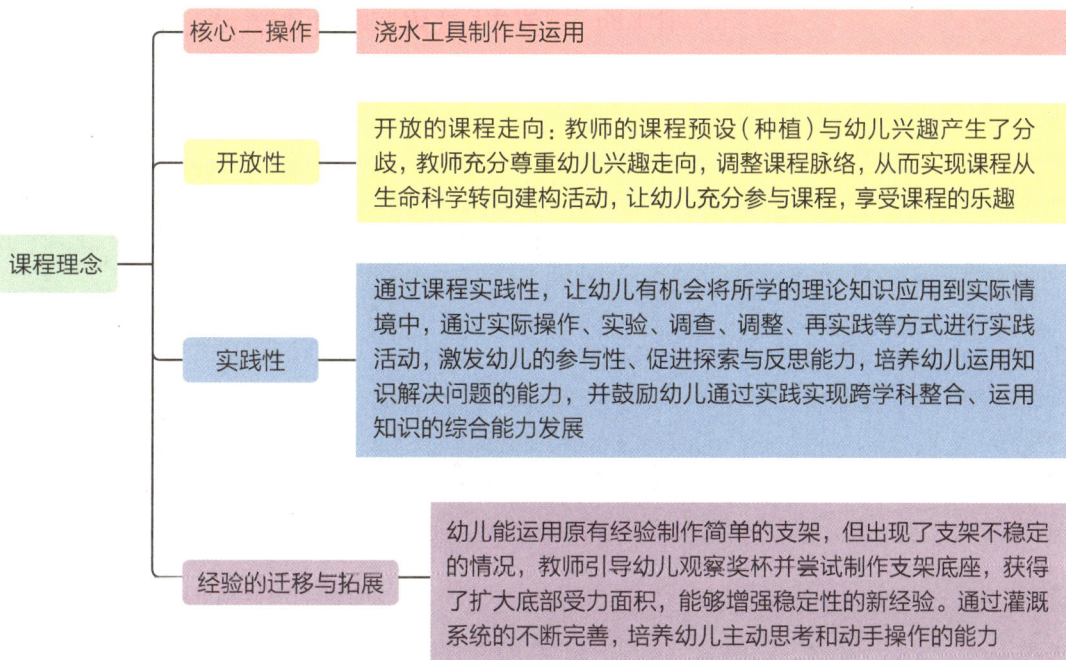

　　在与幼儿相处的过程中，教师需要具备敏锐的观察力，善于捕捉孩子抛出的信息。发展以幼儿为本的生成性课程，并非放弃或忽略原本的课程目标，或是任由幼儿牵着鼻子走。教师应始终做到心中有数，即课程的教育目标，没有目标，教师也就无法判断幼儿的兴趣点到底有没有价值，以及是否可以将其作为学习内容纳入课程活动之中。只有愿意走进幼儿的世界，才能发现到他们的兴趣与需求，引领着幼儿去探索周围生活。我们应该打破世俗观念的束缚，相信幼儿，鼓励幼儿大胆观察，支持幼儿用亲身经历去思考和探究。

第三章

大班主题活动案例

慢慢走，一步一个脚印，

在自己的路上往前走。

小象出游记

课程 缘起✤

　　从中班开始，教室里就多了一个角落 ——"新闻我知道"。每天早晨，孩子们来到教室的第一件事就是把自己收集到的新闻贴到角落里，并迫不及待地站上小讲台给小伙伴们讲述新闻故事。今天果果小朋友带来了关于15头亚洲野象进入石屏县活动的新闻。

　　"大象要来昆明了！"一声吆喝吸引住了孩子们，大家纷纷向这边聚拢过来，指着报纸上的图片讨论了起来。

　　兴趣是孩子最好的老师。在寻找课程的过程中，教师们也在不断地探究孩子们的兴趣点。"新闻我知道"就是源于从新闻事件中生发课程的思考。

　　通过对这一则新闻的分析，该主题整合多个领域的学习价值，如大象的习性和特点（科学领域），关于大象出游的表征记录（艺术领域）。因此，此内容具有开展主题研究的价值。

课程总览

中心内容：
1. 有条理地组织讲述内容
2. 创意书写表达经验
3. 获得归属感，培养责任感、成就感
4. 生活与自然密切关系
5. 保护环境

一、短鼻家族
- 关注社会时事
- 有好奇心、能主动发起探究获得
- 关爱自然生命
- 了解动物生存、生长方式
- 知道植物、动物与人类的依存关系
- 有目的地阅读，检索与大象出走相关的信息

二、我和小象比比重
- 重量的感知
- 数量的集合意识
- 数量的比较

三、小象训练营
- 材料和器械摆放的空间关系
- 对材料和器械的进一步感知和运用
- 正确而有创意地使用运动材料和器械

四、小象，喝水啦！
- 运用自然材料、工具解决问题
- 自制简单的工具
- 在制作中反复实验、探索、体验成果

五、我给小象指路
- 了解地图，知道查看地图的简单方法
- 能在地图上进行简单的路线标记

六、今天你们到哪儿了？
- 路线
- 多材料组合、建构
- 工具的适宜性
- 在沙盘路线上标记位置
- 表征
- 合作修补围栏
- 培养宽容与耐心
- 自主解决问题
- 合作完成任务

七、小象保卫记
- 听我说
- 阅读—内化—表征
- 做一做
- 关于信息的收集
- 信息的转化
- 走出去
- 责任意识
- 有条理地讲述

课程 实施

探索一　短鼻家族

新闻播报角显得异常热闹，每天都有孩子来播报关于大象的信息。[①]

苗苗："它们叫短鼻家族，它们的鼻子比其他大象的短一些。"

楠楠："亚洲象闯进居民家用鼻子打开水龙头喝水。"

然然："亚洲象遇到斜坡时会像我们滑滑梯一样，滑下去。"

果果："我看到一头小象掉进坑里，象妈妈们一起用鼻子把它卷上来。"

豆豆："亚洲象最喜欢到泥塘里打滚了，它们还喜欢到农民伯伯的玉米地里吃玉米。"

可可："我听爸爸说有头小象在玉溪吃了'酒玉米'，就醉了。"

那么多的信息，大家都想看，怎么办呢？[②]孩子们开始讨论到底先看哪一条，在争论无果的时候，乐乐提出："我们来投票吧！""对对对，投票，选一个大家都喜欢的。"大家一致同意。经过一轮投票之后，大家最喜爱的一条新闻产生了——"它们为什么叫短鼻家族？"

在教师的支持和帮助下，孩子们设计了一张调查表，调查大象的习性、名称以及其他大家想知道的关于

思考与支持

①新闻播报角的出现，是引导和鼓励孩子关注时事、了解新闻的一种做法，长期以来已然成为教师们生成课程的一种方式。在新闻播报角，教师们可以观察孩子们喜欢什么，他们对事物的原有认知，追随着孩子的兴趣走进一个又一个的探究之旅。

思考与支持

②在遇到问题、发生分歧的时候，能通过与同伴协商、倾听和接受别人的意见正确表达自己的想法，这是《3～6岁儿童学习与发展指南》中社会领域的培养方向。从小班开始，孩子们就尝试在协商无果的时候通过投票来选出大家都认可或喜欢的方法。

大象的知识。③两天以后，班级开展了一场关于亚洲象短鼻家族的分享交流会，孩子们还制作了小象的出行路线展板，记录了小象的出行。

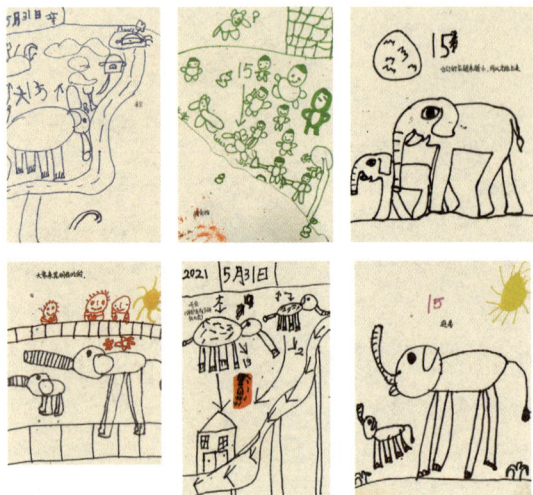

探索二　我和小象比比重

米米："爸爸和我查了资料，它们从西双版纳出来，因为气候变化，它们在西双版纳能吃的食物越来越少了，所以它们就出来找吃的！"

豆豆："是的，大象吃植物，什么豆类植物啊，草类植物啊，一头大象一天要吃300千克植物呢！"

然然："300千克是多少啊？"④

果果："反正很多很多。"

豆豆："上次我去体检，医生说我有23千克。"

米米："我有15千克。"

教师："我的体重有58千克，大象每天要吃300千克的食物，到底我的体重重一些，还是大象吃的东西重一些呢？"

豆豆："肯定大象吃的重一些呀，大象吃300千克的食物呢！"

教师："那把我们全部加起来呢？"

米米："可能还是大象吃的重吧！这个需要算一算。"

思考与支持

③主题开始运用调查表了解幼儿的认知基础，充分调动孩子的积极性，引导孩子自主了解事物、发现问题。同时卷入家长，让家长给予一些支持和技术手段，让孩子获得的知识更加立体和饱满。

此项活动中教师退到孩子身后创设环境，激发孩子的学习兴趣。孩子在这个过程中提高了知识搜索和提炼的能力，并在与同伴的交流和互助中进一步巩固了所学知识，交往、协助、解决分歧的能力也都得到了发展。

思考与支持

④幼儿对重量产生了兴趣，这也许是可以支持幼儿进行探究的又一个学习点。可是大班幼儿对于重量应该掌握到什么程度？查阅《指南》和相关资料，没有找到关于大班幼儿重量感知的关键经验，但教师觉得不应该放弃此次机会，于是引入了比较重量的活动内容，让幼儿对重量进行初步的认知。

此项活动中，孩子将自身重量与同伴重量相加，从中获得的新经验与原有经验共同帮助幼儿构建对重量的初步感知，为以后关于重量的学习和探索奠定了基础。

"我也要参加!"加入称体重的孩子越来越多,每个人都用记录表记录下自己的体重。在教师的帮助下,28个小朋友称好了体重,一共596千克,相当于两头大象一天吃的食物那么重。"一头大象吃的量就相当于我们一半的小朋友加在一起的重量。"孩子们开心地分成两组抱在一起,讨论着:"我们全部加在一起,就是一天大象吃的食物啊!这真的很多!"

探索三　小象训练营

一张小象掉进泥塘的图片引得小朋友们哈哈大笑。

然然:"小象掉到沟里了,大象妈妈用长长的鼻子把小象救起来了。"

可可:"小象需要加强一下锻炼了。"

果果说:"是呀是呀,它可以练一练跳和爬,我们给它设计点训练项目吧!"⑤

于是孩子们纷纷拿出自己的计划本,开始画小象的训练项目,并向同伴分享了自己的设计图。

然然:"小象连沟都跨不过去,我觉得它需要进行跨跳的练习,这个是两个锥桶,在上面插一根杆子,小象可以从这里跑,然后跳跳。"

可可:"我觉得小象需要爬一爬,我用轮胎设置了很多坑,小象可以从这里爬过去,再跳下小山坡。"

孩子们争先恐后地讲述了自己设计的训练项目,可是该选哪一个呢?大家都觉得自己的好,又一轮投票环节开始了。孩子们把自己的作品摆成一排,每人拿一朵小红花贴到自己喜欢的项目上,最终然然、玲玲等四个小朋友的设计项目得票最高。大家按照计划本上的表征分为四个小组,热火朝天地用器械摆出了设计图上面的样子,摆出来后还不忘自己试一试,还小组交换试一试,同伴间还相互给出了调整建议。

思考与支持

⑤本班孩子中班时经历过的运动项目设计,为今天的活动进行了经验的铺垫,孩子已经具备了运动材料表征、线路设计的基本能力,因此,在今天的小象训练科目设计中,每个孩子都按照自己喜欢的项目为小象设计障碍。

从幼儿的表征能力和运动器械、做摆放计划和具体摆放情况来看,较中班有很大的进步,表征中可以看到孩子不同线路的设计,标注运动反向起点和终点,在摆放器械时会有明确的分工和合作。

在此项活动中,幼儿的空间感知能力、运动能力、合作能力均得到了进一步的发展。

探索四　小象，喝水啦！

户外活动休息时，玲玲和米米两个人抱着水壶坐在花台边喝水。

玲玲："小象口渴了，它们能去哪里找水喝呢？"

米米："它们可以闯进居民区用鼻子打开水龙头喝水，也可以在路边的池塘里喝水。"

玲玲："池塘里的水干净吗？要是它们也能喝上和我们一样干净的水，那就好了！"

一个为小象搭水车的想法油然而生，孩子们找来很多的管道和材料，将它们连接在一起。他们说这样就算小象在很远的地方也能有水喝，喝到干净的水。⑥

思考与支持

⑥管道搭建是幼儿在中班"小花匠"课程中获得的建构经验，此次的设计也源于连接给小花浇水的管道的经验。在幼儿第二次进行管道连接和设计的过程中，明显发现幼儿在管道连接的技术、运用材料合理性、设计连接等方面都有较大的进步。

探索五　我给小象指路

果果："从西双版纳到昆明有多远？"

可可："我知道小象就是在玉溪吃了'酒玉米'？"

苗苗："怎么大象快到昆明又回到玉溪了？"

小象走到哪了？这是孩子们每天最关心的事。为了能准确地知道短鼻家族经过了哪些地方，孩子们找来了地图，用红色的线画出了大象行走的轨迹，还用箭头标记出短鼻家族的动向。孩子们说这个很像爸爸妈妈带自己出去玩的时候手机上显示的导航图。⑦

探索六 今天你们到哪儿了？

幼儿每天分享趣闻的时候都会去柜子边，对着地图一边说、一边看。

果果："地图上看不到玉米田，也看不到大象最喜欢的泥塘。"

豆豆："我们可不可以在地图上画一个泥塘？"

妍宝："不行不行，这样会把地图上的其他地方遮住的。"

默默："那我们单独给它们做一个玉米田？"

熙熙："不行不行，这样我们就又不能确定大象是在哪里发生好玩的事情了。"

熙熙小朋友周末和爸爸妈妈去看新房的时候，接触到了"沙盘"这一新的概念，于是她提出大家如果能搭建出一个"短鼻家族旅游路线"沙盘，每天分享趣闻的时候大家就能知道亚洲象到哪里了，还能和同伴一起再说一说此前的趣闻发生在哪里。

1. 搭建沙盘

前期，孩子们对西双版纳有了一些简单的了解，知道那里有很多绿色植物，当地大树的叶子很大，他们的房子叫"吊脚楼"，是用树木搭建的。⑧

　　游戏时间，豆豆正专心致志地用树枝搭房子，妍宝、熙熙看见了，跑过来问："你是在搭吊脚楼吗？"

　　熙熙："下雨的时候这房子会漏雨，我们用树叶给它当屋顶。"

　　熙熙在给房子加屋顶的时候，房子的屋顶和侧面倒了，"你轻点。""对不起嘛。"熙熙试着将树枝粘回去，可是试了几次都失败了。熙熙说："粘不上去。"默默说："这个透明胶不行，粘不牢，要用胶枪。"默默向教师借来了胶枪，并在教师的帮助下，完成了吊脚楼的修复。

　　妍宝和熙熙加入了制作。

　　默默："旁边还要有许多树，这就是大象们的家，它们从这里出发。"

　　大家一起合作完成树林的制作，计划着明天的工作。接下来的几天，孩子们陆续搭建了大山、泥塘、村庄、沙地等等。

2. 标注小象"旅游"路线

　　米米："这个黑乎乎的东西是什么？"

　　豆豆："是泥塘呀，大象走到××了，太热了，就在泥塘里洗个澡。"

　　米米："这又是什么？"

　　豆豆："是普洱，小象出生的地方，还掉到水沟里。"他指着用木条做的水沟给米米看，介绍道："这是酒厂。"

　　教师："我很想知道小象都经过了哪些地方。"

　　于是豆豆又耐心地向教师介绍了一遍，不一会儿其他组的小朋友也围了过来要求豆豆介绍，豆豆不耐烦了："说了很多遍了，你们自己不会看吗？"

　　教师："要是有一个介绍，小朋友们就能自己看明白了。"

　　豆豆和他的伙伴们接纳了我的建议，用表征和画字的方法标注出了每一个地方的

> **思考与支持**
>
> ⑧幼儿能按照自己想要搭建的目标，选择适宜的材料，并在制作中按照自己对吊脚楼的了解，选择合适的树枝搭建房子，树叶覆盖屋顶，但树枝的结构给粘贴连接的环节带来了挑战。平常使用的透明胶和双面胶不能很好地固定树枝，其原因主要有两个，一是树枝本身粗细不均，黏合处有缝隙；二是树枝表面粗糙需要更紧贴的粘贴材料，幼儿在操作中，仅发现了粘贴材料的问题，而没有进一步思考什么样的胶更适合。
>
> 这关乎幼儿运用工具的能力，在后期，我会继续支持幼儿该方面能力的发展。
>
> 需要胶枪才能稳固搭建树枝，有缺口的冰棒棍更容易搭建出"吊脚楼"，而且比较稳固。
>
> 教师的小结：此前幼儿已经具备了一定的搭建经验，所以幼儿在此环节选择材料时目的性更明确，利用冰棒棍上的卡槽进行了搭建，形成"围合连接"（指用结构元件摆出各种封闭形状）。

地名和短鼻家族"旅游"时发生的故事。⑨

3. 合作修补围栏

沙盘吸引了班里很多小朋友，大家争相往沙盘里增加物品，可是由于人太多，沙盘被损坏。⑩

豆豆生气地说："你们把沙盘弄坏了。""我想把大象放进去，可是它们老是站不稳。"玲玲手里拿着两只画在卡纸上的大象，不好意思地低着头。

教师："玲玲的想法也很好，让我们一起来把沙盘修好。"

孩子们用更稳固的积木替换了原来用吸管制作的围栏，沙盘里的小象也从2头变成了15头，每头小象的身上的花纹都不一样，孩子们说这是他们给小象设计的衣服。

探索七 小象保卫记

随着课程的深入，孩子们对小象的生活环境以及习性的了解更加深入，他们开始担忧小象的出游对生活、健康的影响。在家长协助下，孩子们收集了相关信息，并进行了分享。孩子们还是希望小象回到西双版纳，那里的气候、环境更利于它的生长。关于如何让小象回到自己的家，孩子们这样说。⑪

思考与支持

⑨ 在大班阶段，幼儿书写的内容处于形和字之间。让幼儿将自己看到的、想到的用简单的符号、标志和图形记录下来，是幼儿活动的重要方式也是很常见的方式。

在沙盘制作前期的地图研究中，幼儿就会常常问："这个是什么字？""这里写的是哪里？"

在沙盘的制作中，教师有意识地引导幼儿迁移这种在地图上标注的经验。当幼儿不愿反复讲解时，教师提出了标注的建议，这样的支持是有价值的，幼儿想到了用自己能够绘画的谐音图像代替文字，积累了很多的表征经验。

⑩ 整个沙盘搭建的活动源自于生活经验。在活动中，幼儿多以联系旧经验解决新问题的方式获得经验提升，同时，他们的探究体现出连续性和创造性。

⑪ 原有经验是幼儿学习和思考的起点。幼儿通过给小兔喂食来探索送大象回家的方法，这是在思考和验证自己的假设，教师需要支持和鼓励幼儿在探索中寻求答案，这样幼儿获得的知识才是牢固的，才能获得成就感。

豆豆："用飞机把它们带回去。"

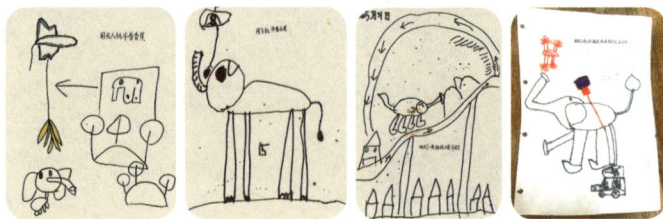

米米："飞机装不了大象，大象太大了。"

然然："我见过超大的大货车，可以把它们带回去。"

可可："可大象不听话怎么办？"

熙熙："它们是一路找食物过来的，我们也可以把食物摆在路上引导它们上车。"

玲玲："我在家里喂小兔子吃食物的时候小兔子就会一直跟着我走，我觉得这个方法可以。"

这样的方法可行吗？教师鼓励孩子们试一试。玲玲把家里的兔子带到了幼儿园，孩子们将兔子的食物摆成了长长一条线，并在终点处画了一个房子的标记。兔子沿着食物的路线边吃边往前走，最终走到了终点，孩子们欢呼雀跃地拍手。

幼儿的发现和思考

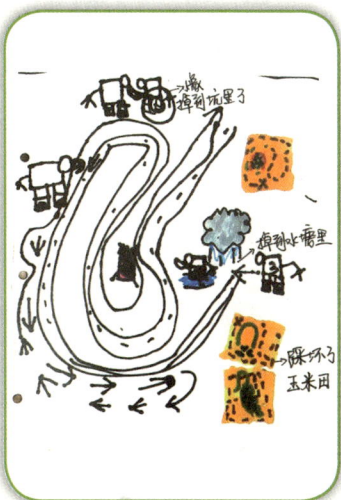

教师 反思

课程理念	核心—探究	亚洲象的生活习性
	开放性	开放的课程走向：幼儿紧紧追随亚洲象北上事件的发展情况，关注时事热点，兴趣盎然，不断生成课程内容
		开放的家园共育：家长也卷入班本课程中，为幼儿的探究不断输送资料，有的家长以"家长进课堂"的方式为幼儿普及亚洲象的知识；有的家长提供了很多关于亚洲象的绘本；有的家长开始与幼儿共同关注亚洲象离家出游的动态信息等等
	实践性	幼儿不断尝试用不同的方式解决问题，形成了贴近自身年龄特点的信息收集途径与方式
	经验的迁移与拓展	线路标注的活动引发了幼儿对地图的关注，幼儿在地图上不断地寻找自己的位置和大象的位置，慢慢建构关于地理、城市的知识
		幼儿通过称体重来理解大象吃的食物有多重，从中获得的新经验与原有经验连接，帮助幼儿建构对重量的初步的感知，为以后学习与重量相关的知识奠定了基础

在每一次课程开始前，教师都会进行研讨，预设多种课程走向。例如，在设计"小象保卫记"探索活动时，教师将课程设计提交教研组研讨，教研组给了教师很多建议。教师预先设想幼儿可能会想到的各种方法，如用汽车运大象，用飞机运大象，让大象自己走回去等等，并设计了相应的可行的活动组织方法。如果用飞机运，哪一种飞机合适呢？它的承载量有多少？飞机场应该选在哪里？用汽车运的话，大象需要连续坐几天车？大象会晕车吗？会一直睡觉吗？中途醒了，给它吃什么呢？用喂食的方法引导大象走回去，从哪里找那么多的食物？但是在实际的操作活动当中，幼儿却选择了一种大家都没有想到的探究方法——实物画线引路，看到实验成功后欢呼雀跃的孩子们，教师也欣喜于幼儿的成长。活动后，教师再次把活动提交教研组分析审议。大家一致认为，成功源于幼儿的原有经验，源于原有经验的分享与传递，和教师们给予幼儿的探究空间，幼儿在讨论、思考、合作、探究后获得的知识、认知才是最有价值的，这也再一次提醒教师关注幼儿原有经验、兴趣、学习方式，只有幼儿在兴趣的驱使下自主建构的知识才是最有意义和价值的。

开展一三四开放性实践课程是一个教学相长的过程。教师在不断地探究幼儿的兴趣、原有经验、学习方式、最近发展区的同时，获得了专业知识。课程让教师一次次地走近幼儿，更加了解幼儿。课程的目的是，让幼儿会思考、懂合作、爱行动，让教师专业、自信、不断创新。

把好念头变成好行动，让好念头
层出不穷，落地开花，生命更精彩。

一起吹蜡烛吧

寒假结束，小朋友们又见面了，大家总是有说不完的话。

萱萱："假期里我学会了骑自行车，我很厉害吧。"

骏骏："假期里我学会了跳绳，还和好朋友进行了比赛。现在我能跳到100个啦。"

妍宝："假期里我和姐姐去爬山了，看见了真正的七星瓢虫。我们都很激动。"

豆豆："假期里，爸爸妈妈给我庆祝了我5岁的生日，我收到了很多礼物，好开心。"

琪琪："过生日？我最喜欢啦！有蛋糕、礼物，还能出去玩。"

教师："我也喜欢过生日，我过生日时候也很开心，也会吹蜡烛、许愿呢。"

佑佑："怎么大人还需要过生日呀？"

果果："那到底什么是生日呢？每个人都可以过。"

然然："那我回去问妈妈吧！她肯定知道，因为是妈妈生了我啊！"

幼儿的日常对话不乏童趣，默默倾听幼儿的对话，给予他们聊天的空间与机会，也是一种支持。

幼儿在幼儿园活动中的偶发事件充满了教育的契机。在倾听幼儿对话的同时，发掘幼儿的兴趣以及提取其中的焦点词汇，是了解幼儿原有经验的途径之一。所以在此环节，教师选择用参与谈话的方法不断挖掘幼儿的兴趣点，同时从中了解幼儿对"生日"的认知。

教师发现，大部分幼儿都能够完整地讲述自己在假期里经历的开心的、记忆犹新的事情。随着分享的深入，幼儿开始围绕关键词"生日"展开讨论。分析幼儿谈话的内容后，教师发现幼儿对生日的兴趣点停留在"我过生日的经历"以及"我的庆祝方式"，所以，如何在活动中丰富幼儿的经验同时使其能力得到提升是预设主题时需要思考的问题。

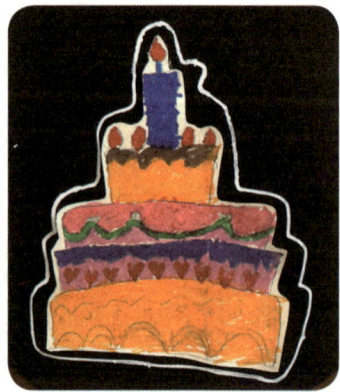

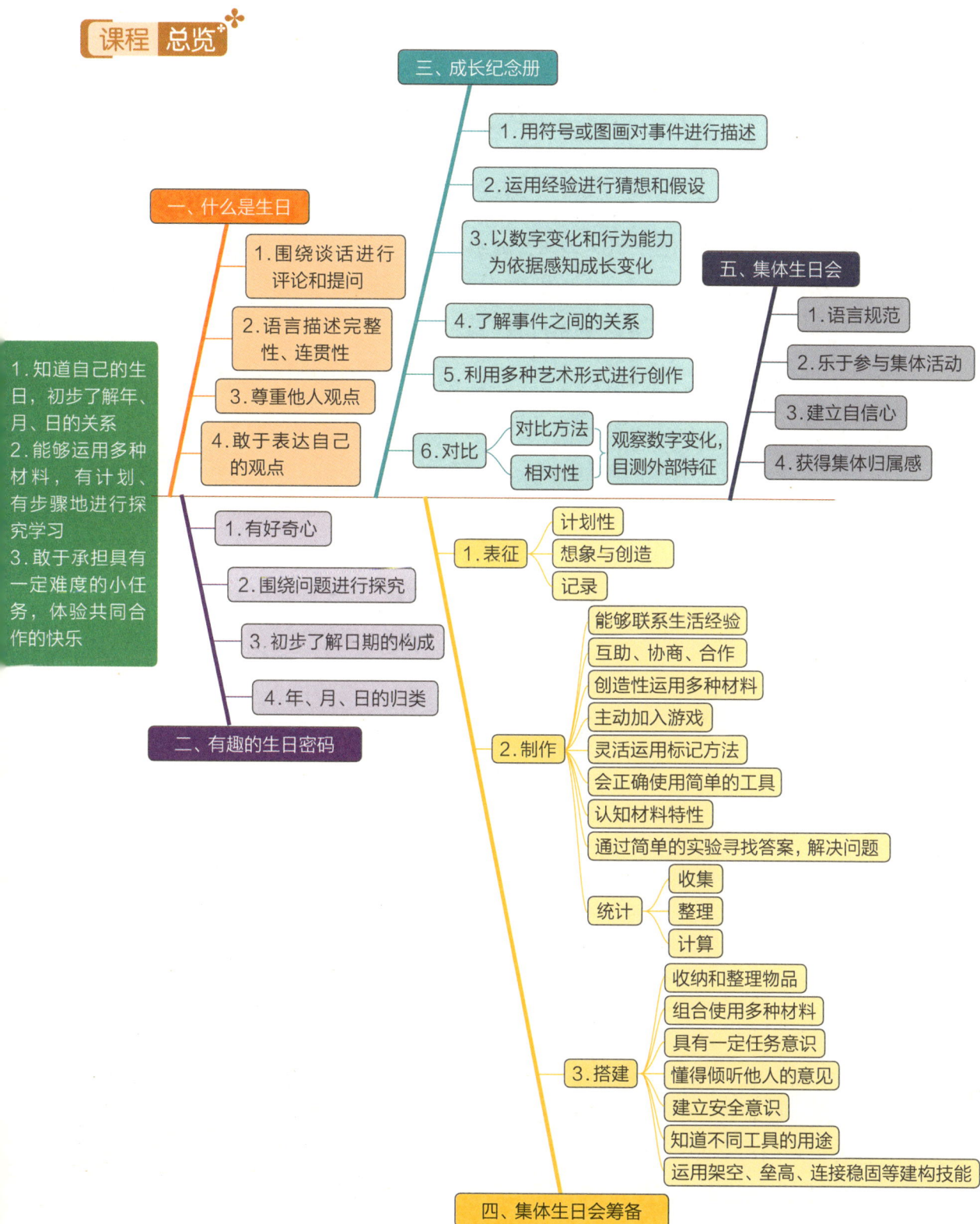

课程 总览

三、成长纪念册
- 1.用符号或图画对事件进行描述
- 2.运用经验进行猜想和假设
- 3.以数字变化和行为能力为依据感知成长变化
- 4.了解事件之间的关系
- 5.利用多种艺术形式进行创作
- 6.对比
  - 对比方法
  - 相对性 → 观察数字变化,目测外部特征

一、什么是生日
- 1.围绕谈话进行评论和提问
- 2.语言描述完整性、连贯性
- 3.尊重他人观点
- 4.敢于表达自己的观点

1.知道自己的生日,初步了解年、月、日的关系
2.能够运用多种材料,有计划、有步骤地进行探究学习
3.敢于承担具有一定难度的小任务,体验共同合作的快乐

五、集体生日会
- 1.语言规范
- 2.乐于参与集体活动
- 3.建立自信心
- 4.获得集体归属感

二、有趣的生日密码
- 1.有好奇心
- 2.围绕问题进行探究
- 3.初步了解日期的构成
- 4.年、月、日的归类

- 1.表征
  - 计划性
  - 想象与创造
  - 记录
- 2.制作
  - 能够联系生活经验
  - 互助、协商、合作
  - 创造性运用多种材料
  - 主动加入游戏
  - 灵活运用标记方法
  - 会正确使用简单的工具
  - 认知材料特性
  - 通过简单的实验寻找答案,解决问题
  - 统计
    - 收集
    - 整理
    - 计算
- 3.搭建
  - 收纳和整理物品
  - 组合使用多种材料
  - 具有一定任务意识
  - 懂得倾听他人的意见
  - 建立安全意识
  - 知道不同工具的用途
  - 运用架空、垒高、连接稳固等建构技能

四、集体生日会筹备

课程 实施

探索一 有趣的生日密码

第二天，然然兴高采烈地来到班级分享她从妈妈那里获得的答案。①

然然："我知道啦！生日就是我出生的那天。"

卓卓："生日就是我来到地球的日子。"

豆豆："弟弟从妈妈肚子里出来的那天，就是他的生日。"

教师："那你们知道自己的生日是哪一天吗？"

晨晨："我知道我的生日是 8 月 18 日。"

骏骏："我的生日也是 18 日，可是假期里我没有庆祝过生日呀？"

晨晨："我是 8 月过生日，那你是几月？我还知道我是 2015 年出生的呢。"

骏骏："妈妈给我的小纸条上，写的是 2014.12.18，这是什么意思啊？"

于是幼儿拿着小纸条跑到教师面前，询问这组数字的意思。

教师指着纸条上的数字说："这组数字代表的可是你的生日哦！2014 年 12 月 18 日。生日是和年、月、日有关的。"

骏骏："我知道了，'年'是四个数字，'月'和'日'都是两个数字的。"

可可："不对不对，我的生日是 7 月 6 日。我没有两个数字。"

然然："我的也不是，我的生日是 5 月 26 日。我只有'日'是两个数字的。"

看到幼儿遇到困难，教师便想和幼儿玩一个"找朋友"的游戏。教师与幼儿一起把自己的生日写在小纸条上，然后将年、月、日三个部分分别裁剪下来。游戏分三部分进行，寻找年、月、日数字相同的好朋友。②

果果："找到了，找到了！我和苹果都是 2015 年出生的！"

紧接着，更多的幼儿围了过来，大家都说着自己是 2015 年出生。

还有一群幼儿手拉手，摇着自己手里的小纸条，大声说着："我们都是 2014 年出生的。"

看到幼儿兴致正浓，教师也加入了他们的游戏。

> **思考与支持**
>
> ①幼儿按照自己的理解方式开始对年、月、日有了初步的认识。可是幼儿口述的日期有着不准确性和模糊性。所以教师鼓励幼儿根据自己与父母的交流，将生日日期用小纸条的方式记录下来，使之更具象，更便于理解。

> **思考与支持**
>
> ②在倾听幼儿与同伴讨论自己生日日期的对话中，教师看到了幼儿对日期的困惑。于是以游戏的方式，帮助幼儿认识

教师："我是3月出生的,有小朋友和我一样吗?"

浚浚:"我是我是,我的生日是3月20日。老师,你呢?"

教师:"我是3月19日,我的生日过完,就到你了。"

浚浚:"不对啊,老师。我才5岁,你都长那么大了,我们的生日怎么才相差一天。"

教师:"浚浚,我们的年龄相差那么多,这是因为我们出生的年份不同。"

听完教师的话,浚浚一直挠着脑袋在思考。然后蹦出一句话:"那有没有年、月、日都一样的人呢?那是不是就是真正的同一天出生的人?"

听了幼儿的话,教师有了新的想法,便对着班里的幼儿说:"你们有没有找到和自己同一天出生的小伙伴呀?"

浚浚连忙补充道:"就是年、月、日都一样的小朋友。"

话音刚落,布丁和然然都跳了起来,激动地说:"我们,我们,我们是一样的。"

游戏结束后,幼儿还拿着自己的小纸条玩着"找朋友"游戏,寻找着与自己生日日期相同的小伙伴,希望在同一天过生日。

趁幼儿兴趣正浓,教师便加入了"认识日历"的环节,帮助幼儿更好地理解年、月、日的构成,引导幼儿在每天入园的晨间签到环节中运用年、月、日。

年、月、日的意义。同时教师选择以"同伴"的身份进入到幼儿的活动中,引导幼儿去感知年、月、日的关系。

那么以问题为导向,回顾幼儿最开始的疑惑:"我们都是18号,为什么不是同一天过生日?"这一问题也在幼儿游戏和进一步的感知中得到了解答。幼儿发现:

1.年、月、日都相同才是真正的同一天出生的"好朋友"。

2.月、日相同的是可以在同一天过生日的"好朋友"。

3.每个人每年只能过一次生日。

鼓励幼儿把日期以书写的方式记录下来后,再引导幼儿在游戏中初步感知年、月、日的意义,最后将日期的记录迁移到日常的签到活动中,帮助幼儿更好地理解日期的构成。将一串数字转化成幼儿记录时间的方式之一,为今后幼小衔接做铺垫。

探索二　成长纪念册

接下来,每天都有小值日生认真地记录着日期。有一天中午,希希因为家中有事,被爷爷提前接回家了。第二天小朋友们询问原因后得知,原来是希希妈妈生小弟弟啦。

希希:"小弟弟很可爱,他什么都是小小的,只会睡觉、喝奶,也不会说话,但是他会哭哭哭。"

妍宝："我们小时候也是这样的，不过现在长大了。就会说话、吃饭、走路啦。"

熙熙："我家里就有我小时候的照片，很可爱的。明天带来给你们看。"

其他幼儿："好呀，好呀。我们都把照片带来，一起看一看。"③

幼儿将自己不同时期的照片带到班级和同伴分享，从中感受到了自己的身体、外表以及行为能力的变化。卓卓带来的是妈妈亲自制作的纪念相册，引起了小伙伴的关注。于是大家也开始纷纷效仿，开始了"成长纪念册"的制作。

米粥："我们去找一张卡纸贴照片吧，像之前的小纸条一样。"

妍宝："我要把我1岁的照片放在第一张。"

佑佑："我也要这样，然后放我2岁、3岁、4岁……的照片，你看妈妈帮我在照片后面做了数字标记。"

妍宝："可是这样贴上去就看不见了呀，我们要不把数字写在卡纸上，这样就看得见了，还可以画上我们喜欢的图案，装饰相册。"

幼儿制作的"成长记录册"展现了幼儿随着年龄增长，外表和行为能力的变化，让幼儿感受到了成长的奇妙。但也不乏未能深入和多元理解"成长"的遗憾。

思考与支持

③"成长"一词对于幼儿来说，很抽象也不容易理解。那如何将抽象的内容转化成幼儿易于理解的知识呢？于是教师通过对比照片的方法，引导幼儿感知成长过程中外表、行为能力和生活方式的变化。

幼儿通过观察照片和猜想，感知成长的变化，同时知道父母长辈照顾自己的辛劳。但仅让幼儿通过对话来感知成长，方法略显单一，所以在日常活动中，教师从测量身高体重以及衡量能力水平等方面丰富幼儿对成长的认知。同时关联相关数学知识，引导幼儿发现数字在生活中的有用和有趣。

探索三　集体生日会

今天离园时，卓卓悄悄从书包里拿出一张小卡片递给杨杨。原来，周末就是杨杨的生日了，她给了卓卓邀请卡，希望她能来参加，今天的小卡片是卓卓给杨杨的回复。④

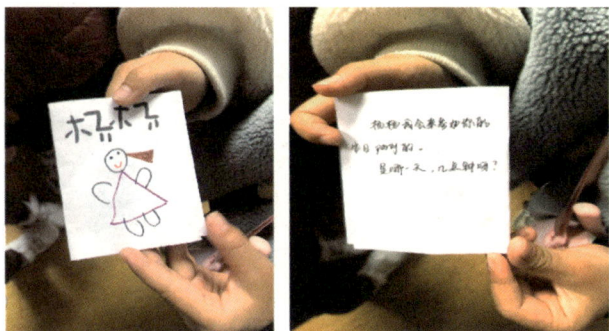

燃燃："上周末我去参加了杨杨的生日会。"

小竹："我也去了，还给杨杨带了礼物，生日蛋糕真好吃。"

琪琪："餐厅里还有很多气球，我下次过生日也想邀请你们。"

默默："我也是，可是下次过生日，我就要上小学了。"

小雪："我很想和大家在一起过生日，但下一次过生日的时候我们就毕业了。"

果果："我们还可以再在一起过生日吗？"

集体生日会应运而生了。

教师："那举办生日会需要准备哪些东西呢？"

幼儿七嘴八舌地说："彩灯、彩旗、生日帽、新衣服、蜡烛、蛋糕、饼干、冰激凌、果汁、礼物、糖果、气球、鲜花、漂亮的餐厅等。"

然然："那么多的东西，我们该怎么准备呢？"

卓卓："我的妈妈会做蛋糕，我来准备蛋糕。"

米粥："我妈妈手工很厉害，我可以负责装饰。"

果果："我见过彩旗，我来弄彩旗吧！"

于是不同的小组就这样出现了，幼儿根据自己生活中所见所闻和所擅长的开始筹

思考与支持

④一场生日会，能反映幼儿之间的情感交流，同时也衍生出了关于生日的新板块——集体生日会。幼儿对"生日会"的了解（原有经验）有多少呢？教师与幼儿围绕"我们的生日会需要什么"的话题展开了一场谈话。教师发现幼儿关于生日会的认知大部分来源于日常生活中所见、所闻以及所感。那如何将生活内容转化为课程资源？根据幼儿对生日会材料的表征，在集体讨论中教师与幼儿一起制定了进程计划表，为后续的活动指引了方向。

结合计划表中的内容，幼儿开始分组筹备生日会所需要的物品。

备生日会需要的物品。

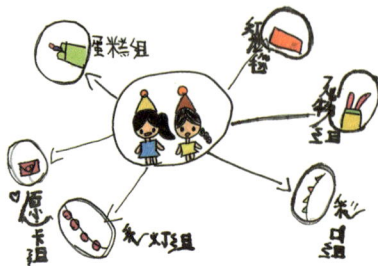

1. 彩旗组⑤

说到彩旗，每个幼儿都积极地分享着自己在日常生活中的所见。

果果："我见过的生日彩旗是三角形的，串在一起。"

壮壮："我见过的是方形的。"

牛牛："妈妈学校的彩旗是五颜六色的，上面有很多的图案。"

小竹："怎样才能将小彩旗串起来呢？"

壮壮："我去找一根绳子来，可是小旗子上没有洞，绳子从哪里穿过去？"

豆豆："那就在小彩旗上打出一个孔，就可以啦！"

第一次尝试后，幼儿遇到了困难：这个孔应该打在哪里？

有的幼儿把孔打在了彩旗的上方，有的幼儿把孔打在了彩旗的一端，还有的幼儿把孔打在了彩旗的中间。可是采用以上方法的幼儿都没能很好地把彩旗串起来。

教师："我的可以串起来，我打了两个孔。"

幼儿观察后，发现教师把孔打在了彩旗顶端的两侧，并将绳子串好，这样就能很好地固定小彩旗了。

过了一会儿，教师回到彩旗组观察时，发现有3面旗子被串在一起，放在了一边，询问幼儿原因。

壮壮："我们遇到了好多问题，刚开始线不够长，串了3面彩旗就没有线了。"

⑤幼儿想在集体生日会中制作彩旗，可是，什么是彩旗呢？教师将收集的彩旗图片与幼儿分享，引导幼儿观察彩旗的不同样式和串连方式。并将此作为活动的重点、难点，鼓励幼儿大胆设计和尝试，运用多种材料和方式进行彩旗的制作。刚开始幼儿反复实践，发现自己一个人很难完成彩旗的串连，并且大家意见不统一、只顾自己的想法制作彩旗。因此教师再次以"同伴"的身份加入到活动中，将自己串连旗帜的方法分享给幼儿，引导他们解决问题。在互动中，幼儿也逐渐发现分工、合作的重要意义。如同《指南》中所提到的："活动时能与同伴分工合作，遇到困难的一起克服。"幼儿在探究中发现高效的方法，培养了自主性和合作意识，提高了专注力水平。

小竹："我找到了一根长线，够串很多很多面彩旗，可是我们串了很多以后，豆豆一拉线，彩旗全部从另一头掉了出来。"

米粥："我找到一卷长长的线，它能串很多很多彩旗，也不会从另一边掉出去，我能一直一直串。"

豆豆："你这样把全部彩旗都串完了，都可以围满教室了。不好看，彩旗要一段一段的。"

果果："那我们这样吧！豆豆拿着线球，我拉着一端开始串，他一边放线我一边串。"

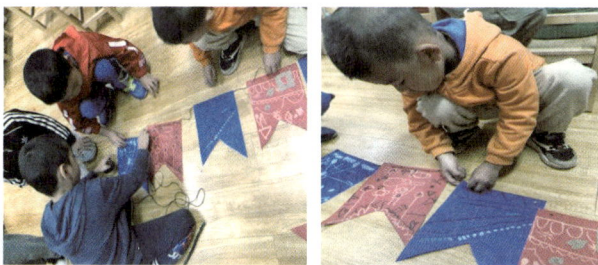

壮壮和小竹："要有小朋友打孔，有小朋友串彩旗，有小朋友负责整理已经串上去的小旗子，豆豆负责拉线放线。"

在不断的尝试和改进中，幼儿为集体生日会筹备的彩旗终于完成了。

2. 生日帽组 ⑥

小竹："杨杨过生日的时候戴了生日帽，像公主一样。"

米粥："我也很想要啊！"

豆豆："我的生日帽可是有尖尖角的，上面有很多彩球装饰，和平日里的帽子不一样。"

壮壮："我见到很多奇特的帽子，都很好看！有厨师帽、工程师帽、小丑帽。"

妍宝："那我们一起试一试吧，我想要一顶闪闪发亮的帽子。"

佑佑和妍宝找来了一块红色不织布，合作在上面贴满了闪闪的装饰。可是围起来发现帽子小了。

布丁："我做的帽子把脸都遮住了，但是然

思考与支持

⑥生活中常见的物品，也能在不同场景下成为幼儿的兴趣点。通过观察、体验，感知不同帽子的用途和结构。同伴分享的"自然物测量法"成了此板块的要点，在回顾原有经验的同时帮助同伴进行新经验的学习。戴上自己制作的帽子，幼儿从中收获的不仅仅是成就感，更多的是自主性和创新能力的提升。同时对不同材料特性的感知以及运用有了进一步的了解，这也是从发现美到创造美的过程。同时，不同样式的帽子有着不同的制作方法，融入了幼儿的无限创意。

然做的帽子却只能盖住头顶。原来帽子的大小和脑袋的大小有关。"

教师:"我们是不是需要先量一量你的脑袋,才能知道需要做多大帽子?"

妍宝:"怎么量? 用尺子吗? 可是我的头是圆的呀。"

浩浩:"我之前测量花台的时候用的是麻绳,要不你们试一试?"

佑佑:"可以用线围着妍宝的脑袋绕一圈来测量,我一个人拉不住绳子,需要妍宝帮我按住绳子的一端。"

教师:"根据绳子的长度,剪出你们的不织布吧。"

妍宝:"怎么帽子还是不合适呀?"

佑佑:"妍宝,肯定是刚才你摇晃脑袋了。"

豆豆:"你们看我的帽子,不用测量也可以做出很合适的帽子哦。"

豆豆将卡纸对折,固定两端变出了一顶方形帽子。幼儿纷纷围住他,为豆豆叫好。

有的幼儿便开始去寻找更多的材料进行生日帽的制作。

默默:"我将卡纸围成圆圈,套在头上。"

晨晨:"我折出一个三角形套在头上,请同伴固定。"

于是,不同样式的生日帽就这样在幼儿灵巧的小手中诞生啦!

3. 生日礼服组 ⑦

琪琪:"参加生日会,我想要一件很漂亮,像公主一样的衣服。"

杨杨:"那是生日礼服,闪闪发亮的。"

妍宝:"我想要一条艾莎裙子。"

佑佑:"是蓝色的,长长的,上面有很多闪亮亮的吗?"

随后妍宝将自己想要的裙子样式画在了纸上,给同伴分享。

教师:"画得很漂亮。我们要不要一起来动手试一试,把这件独一无二的生日礼服做出来?"

幼儿都拍手表示赞同,大家都很积极地和同伴说着自己想要的礼服样式。

思考与支持

⑦礼服的制作对于幼儿来说比较陌生,所以在第一次绘制设计图时,幼儿没有考虑到制作时可能会遇到的问题,导致在制作过程中频频遇挫,如何引导幼儿实现平面设计,成了难点。所以教师让幼儿再次回到观察阶段,摸一摸、看一看、试一试、想一想自己的衣服是怎么制作出来的,并观看设计师制作衣服的小视频,分享多样的制作方式,最后展开实践。

萱萱："可是我们没有用来制作衣服的布料。"

于是第一步，大家便开始在幼儿园、家里寻找各种各样可以制作衣服的材料。

教师："你们想用哪些材料来制作衣服呢？"

悦悦："我要用妈妈给我的布料，这个很柔软。"

洋洋："我要用自己找到的卡纸做超人披风。因为它可以翘起来。"

豆豆："我想用不织布做一件小马甲，因为它很容易剪开。"

凡凡："我想要一件白白的衬衣，妈妈说可以用爸爸的衬衣改一改。"

教师："为什么要改呢？"

凡凡："因为爸爸的衬衣太大了，我穿不了。"

教师："对哦！那什么样的衣服是适合的？"

米粥："大小、长短合适的衣服。"

在幼儿的操作中，发现了很多制作适合自己衣服的方法。⑧

悦悦："我让妍宝躺在纸板上，画一个和她大小一样的小人。"

琪琪："我把自己的衣服脱下来放在纸板上，画一件大小一样的衣服，然后剪下来。"

骏骏："我把布料对折，在中间剪出一个洞，套在身上。"

洋洋："给卡纸、布料、不织布、海绵纸等打孔、穿线，当作披风。"

思考与支持

⑧有了方法的小结，教师发现幼儿的积极性和主动性大幅提高。在活动中，幼儿能够分享自己的观点与思考，从猜测到逐步实践，相互帮助，总结、综合各自想到的制作衣服的方法，最终制作出让自己满意的生日礼服。随着幼儿的思路逐渐打开，惊喜也就不断地涌来，这也就是为什么倡导课程的实施是为了培养"会思考"的幼儿的理由之一。幼儿开始运用多种材料装饰礼服、制作配饰、绘制名牌，还有的幼儿开始统计自己的礼服有几部分组成、用了多少配饰，联系其他领域的知识，提升综合能力。幼儿对于制作生日礼服有自己独特的想法，能够根据设计进行实施；能够尝试将测量、统计、排列、组合等知识与探究活动相互融合；能够与同伴共同合作完成任务，并且在遇到困难时尝试通过自己的探究和思考，解决问题。

思考与支持

⑨大一班教师提供的婚纱，不仅为幼儿提供了材料，还给幼儿带来了很多制作衣服的新思路。一个材料或者一种工具的提供对幼儿来说都是教师的支持与鼓励。从没有材料—获得材料—运用材料，幼儿获得的不仅是"纱纱的布料"，还有不同的固定、连接布料的方法。这样的方法帮助很多处于"制作瓶颈期"的幼儿解决了问题。但这并不是教师直接帮幼儿完成的，而是由幼儿自己观察、实践获得的。

经过多次的尝试，有的幼儿制作出了自己想要的生日礼服，可是还有一部分幼儿遇到了困难。就在大家分享时，教师发现燃燃一个人默默地坐在旁边。

燃燃："我想要做公主裙，还没找到材料，我想要纱纱的布料，你们有吗？"

大家听了纷纷摇头，教师鼓励燃燃再去找找。于是燃燃去问了其他班级有没有这样的布料，结果在大一班找到了一位老师，她愿意将她不用的婚纱拿出来给小朋友们制作生日礼服。⑨

幼儿一边观察婚纱的样式，一边提出了一系列的问题：

——婚纱背后长长的丝带是用来干什么的？

——为什么婚纱没有纽扣和拉链？

——是什么东西让婚纱变得蓬蓬的？婚纱应该怎么穿上去？

一番研究后，妍宝和佑佑突然兴奋了起来。

妍宝："之前悦悦和我用纸板裁剪下来两块布料，然后用胶布连起来，衣服就变小了，都穿不上去。现在我知道了，我们可以用绳子来连接啦。"

同时，燃燃也从婚纱上裁下了自己想要的纱纱的布料。

杨杨："我想让我的礼服变得更漂亮。我想要很多闪闪发光的装饰。"

骏骏："我想做一个盾牌和宝剑，搭配我的衣服。"

在大家不断的完善下，生日礼服越来越精细，并且每件衣服都很有特色。

4. 礼服衣架组

幼儿的礼服没有地方可以放，全部堆在了教室的角落里，每次拿取很费劲，甚至会发生损坏。⑩

萱萱："我有很多衣服，怎么它们就不会乱呢？"

悦悦："因为家里的衣服是放在衣柜里、挂在衣架上的。"

牛牛："那我们来试一试，看看能不能搭一个衣服架子。"

默默："衣服架子和我们的毛巾架一样吗？"

幼儿模仿毛巾架的样式，绘制了设计图。

然然和牛牛在寻找材料时，选择了结实、有一定稳定性、便于拼接的材料。

悦悦："我的礼服挂上去，还有一部分在地上。"

骏骏："那我们就要把衣架增高，这样礼服就不会拖在地上了。"

牛牛和然然用长长的PVC管加高了衣架。

衣架投入使用后，幼儿将自己制作好的礼服全部堆在上面。随着堆上去的礼服的增多，衣架在午餐时候突然倒塌了。

幼儿急忙跑过去看，大家开始了激烈的讨论。

壮壮："一定是谁弄倒了。"

骏骏："应该是衣服太多了，把它压垮了。"

幼儿在搭建中初次遇到承重的问题。

壮壮："大家的礼服太重了，架子撑不住啦！我们要用更加稳固的材料搭衣架。"

幼儿将纸卷筒更换为木板。

果果："木板立不起来啊，它会倒，因为它下面太窄了。"

默默："那我们用四块木板来作为四根立柱。"

思考与支持

⑩ 制作衣架完全是由幼儿自发生成的活动，活动开始幼儿的操作比较顺畅，虽然也有问题出现，但是幼儿都能通过讨论、调查、观察、收集材料等方式解决。可是当"衣架承重力不够"这一问题出现后，幼儿的进度停滞不前，一直在固定衣架和寻找适宜材料中反复实践。于是教师进入到幼儿的小组中，带领他们一起去观察日常生活中"站得稳"的物品，分析它们能"站得稳"的原因，再一起寻找合适的材料进行制作。所以在有一定难度的任务中，教师的支持是很有必要的，能让幼儿在反复测试中保持兴趣和信心，与幼儿共同完成一些小任务，让幼儿获得经验与成就感。

浚浚："可是衣架还是会左右晃动，不稳固。"

教师："要不我们一起去看看教室里的桌子、小椅子为什么能站得稳稳的呢？"

凡凡："我们去找圆柱的积木和大卷纸的卷筒吧！那个最像我们的小桌脚。"

壮壮："同样是圆柱，纸卷筒因为是空心的所以难以固定，而实心的圆柱积木更容易稳固。"

稳固的衣架完成后，幼儿还是和之前一样，把礼服全部堆叠在上面，待生日会时穿上。⑪

悦悦："大家将自己的礼服全部堆叠在衣架上，每一次想找自己的礼服都很困难。"

米粥："我们在毛巾架上找自己毛巾很容易啊。"

佑佑："因为毛巾架上标记了每个小朋友的学号。"

洋洋："我先来画一画。"

然然："你这样太挤了，每个小朋友的学号之间要空出一段。不能太挤也不能太远，不然衣架上的横杆会不够标记或者剩下很多空白。"

洋洋用间隔排列的方法在衣架横梁上标出了圆点，默默在圆点上敲上了钉子。这样每一个小朋友都有一个位置挂礼服啦！

5. 泡泡机组⑫

骏骏："生日会上如果有很多泡泡，那一定很好玩。"

果果："那肯定好玩，但是谁来吹泡泡呢？"

苹果："我挺喜欢吹泡泡的，但是要是我去吹泡泡，怎么参加生日会？"

思考与支持

⑪活动中，有的幼儿开始借助电钻、锤子、锯子等工具。工具的使用对于幼儿和教师来说是一种考验。在主题活动中虽需要教师放手，鼓励幼儿大胆尝试，但是教师的介入是必要的。安全地操控工具也是幼儿在该活动中习得的技能之一。

思考与支持

⑫

泡泡机活动幼儿经验增长过程

发现一直有风的方法——扇子、风扇、来回奔跑

探究泡泡器上不断有泡泡液的方法（1.跷跷板；2.水车式）

发现问题：两个方法都需要动手操作

通过"光影"活动发现会自己转动的光影灯——马达

思考：马达不会自己转，需要电池、电线

感知"电池"（了解生活中的用电安全知识）

第一次尝试：连接、组合马达、电线、电池

发现：马达不会转动；改进：观察光影灯的电路连接

第二次尝试：模仿老师连接电路

发现：马达依旧不会转——短路、马达下面有两个孔

第三次尝试：连接、组合

发现：马达转起来了，电路像马路一样有来也有回

第四次尝试：组合、设置、排列材料完成泡泡机

发现：1.风扇的位置要对准有泡泡液的泡器；2.泡器要一长一短；3.装泡泡液的盒子要长条形的

156

默默："一直吹？嘴巴会很酸的。"

佑佑："我在公园里见过会自动吹出泡泡的机器。"

幼儿有了对泡泡机的初步认识，便想自己动手尝试制作泡泡机。

晨晨："有洞洞的物品就能吹出泡泡。"

妍宝："无论什么形状的泡泡器吹出来的都是圆泡泡。"

豆豆："吹出的泡泡的大小与泡泡器上的洞洞大小有关。"

教师："不用嘴巴吹的话，怎样才能不停地有泡泡出现？"

果果："要一直有风，泡泡器上一直有泡泡液。"

教师："那你们见过这样的物品吗？"

骏骏："风扇可以一直有风。"

玉米："我去旅游的时候看到古城门口的水车能一直把水舀起来。"

教师和幼儿分享了各式各样水车的图片。

豆豆："那我们能不能用其他材料模仿水车的样子做一个泡泡机？"

教师："可以啊！我可以给你们提供很多泡泡器，你们可以想一想，怎么排列泡泡器，让它像水车一样。"

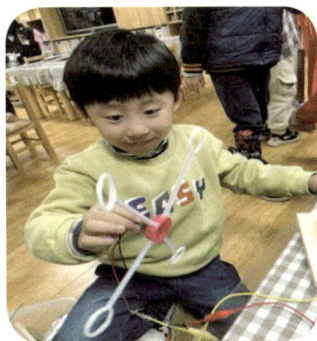

在第一次尝试时，幼儿就遇到了问题。⑬

萱萱："我们把泡泡器全部粘在一个瓶盖上，它们会碰在一起。"

当出现问题时，教师和幼儿一起走到幼儿园的小水车前，观察水车上水槽的排列。

豆豆："我知道啦！每个泡泡器之间要有距离。"

果果："可是怎么让小车转起来呢？就像摩天轮一样。"

幼儿向教师求助，于是教师带幼儿来到木工坊，再

思考与支持

⑬"吹泡泡"是幼儿非常喜欢的事情。但是将吹泡泡的方式由"用嘴吹"转化为"自动吹"，难度不言而喻。所以，教师的持续支持和引导对幼儿来说是一种动力。当幼儿不知道怎样排列时，教师就去观察；当幼儿的探究涉及高层次的专业领域时，教师与幼儿一起尝试，引导幼儿模仿实践，让幼儿保持兴趣；同时提供材料支持也能助推幼儿探究。

在活动中，幼儿具备一定的任务意识，虽然活动有难度，但是幼儿仍然愿意挑战。当问题出现时，幼儿会主动与教师、小伙伴、家长沟通，寻求解决办法。联系对生活中事物的观察，全身心地投入到探究之中，幼儿的专注力得到提升。

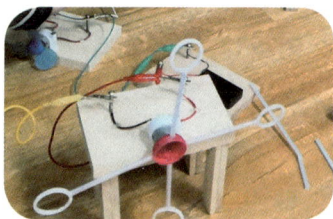

一次观察"影子小剧场"活动中使用的旋转影子灯。

　　壮壮："哇！原来需要用到电池、马达和电线。"

　　默默："那你会连接电线吗？"

　　这个问题可难倒幼儿了。

　　在教师的帮助下，幼儿在一次次尝试后发现了正确的连接方法。看着会转动的泡泡器，果果激动地用小鱼缸装满了泡泡液，打算试一试。

　　浚浚："因为泡泡器的长短不一，短的沾不到泡泡液，太长的又会卡住。"

　　教师："所以是不是每一个泡泡器的长短要一样？"

　　一切就绪，就差一直能吹风的工具了，教师将自己的电风扇给了幼儿，希望他们的实践能够有一个好结果。

6. 签到表组

　　生日会最不能缺少的就是蛋糕，于是幼儿想找负责后勤事务的赵老师申请生日会当天的蛋糕。可是当幼儿去赵老师办公室沟通时，赵老师提了一个问题："你们当天有多少人？需要多少蛋糕？"[14]

　　幼儿带着问题回到了教室，开始一起讨论解决。

　　多多："老师，你每天知道我们班来了多少小朋友吗？"

　　教师："你们每天入园时都会签到，我数一数就知道啦。"

　　妍宝："那我们也用这样的方式来计算有多少小朋友要来吧。"

　　米粥："我们可以像老师一样，先画一个格子表。"

　　小竹用横竖线条交错的方法，在卡纸上画满格子。

　　佑佑："这个和老师的不一样，你画的有大格子还有小格子，这个格子那么小，怎么够写小朋友的名字？"

　　小竹再次绘制表格，这次表格的格子较大。

　　米粥："我们班有33个小朋友，这里只有20个格子，也不对。"

　　小竹："那我们可以不画格子吗？让大家在空白的纸上写上自己的名字，最后我们一起数一数一共有多少个小朋友参加。"

　　幼儿从模仿教师的表格开始，摸索到了适合自己的方法。

思考与支持

　　[14]幼儿从模仿学习开始，在尝试中发现问题，并且尝试自己解决问题。幼儿在前两次的绘制中，遇到了"格子太小与数量不够"的问题，并且未能理解表格绘制的真正目的，所以在第三次绘制时幼儿选择了最便捷也是最符合年龄特点的方法。虽然幼儿在此活动中，未能掌握如何合理绘制表格的方法，但是通过尝试，幼儿小结出了另一种签到表绘制的方法，为今后的表格设置奠定了一定的基础。

7. 空气礼花组

幼儿想到，生日会上可以放烟花吗？[15]

豆豆："我和爸爸在家做过空气炮。那个可以发射，但不知道可不可以用来放礼花。"

佑佑："那你教我们做一个吧。听着挺好玩的。"

豆豆找到了气球，用剪刀剪掉气球口，将其套在纸卷筒上，简易的空气炮就完成了。可是在制作的过程中，幼儿还是遇到了问题。

悦悦："气球口那么小，怎么才能套到纸卷筒上面？"

晨晨："应该剪掉气球的哪一端？"

在同伴的合作下，幼儿用力将气球口套到了纸卷芯的一端。

果果："我知道了，不能剪太多，只能把长条形这部分剪了。不然气球口太大啦！"

豆豆："现在空气炮只能发出'嘣嘣嘣'的声音，我们要不装点纸碎片进去试一试，看能不能把纸片弹出来。"

> **思考与支持**
>
> [15] 空气礼花的制作是由幼儿自己生成的任务板块。因为豆豆在家中已经有了制作"空气炮"的经验，所以当同伴提出制作礼花的建议，激发了豆豆联系已有经验，进而促生了同伴学习。幼儿在操作中小结经验，找到方法、达到目标。幼儿还尝试用其他大小的圆筒来制作空气炮，发现材料之间的关系，并探索了一种材料的多种用途。

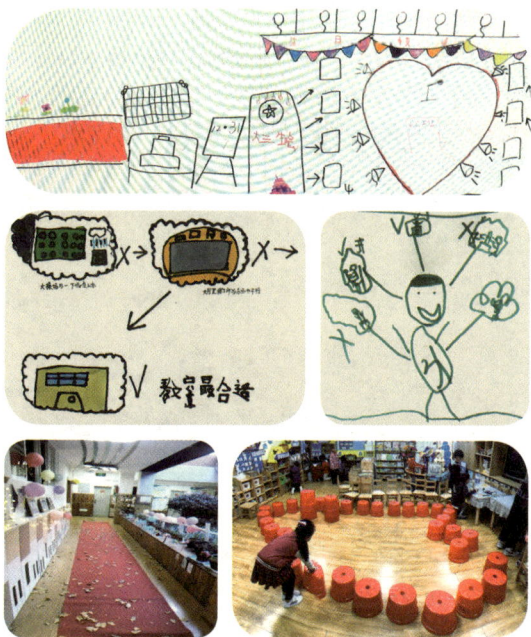

通过尝试，幼儿发现要选择与气球口的大小适配的纸卷筒。

集体生日会当天，幼儿穿着自己亲手制作的礼服，自信地踏着红地毯步入共同合作装扮的生日会会场。每一位小朋友都志气满满地说着对未来的畅想和自己的愿望，最后还和好朋友坐到了一起，分享着自己申请来的蛋糕和水果，相互说着自己今天的感受，笑声此起彼伏。这与江滨幼儿园一直以来秉持的培养目标是相契合的，"闻到知识之花的芬芳，采到智慧之果的魔力，快乐踏上人生新旅途。"

幼儿的发现和思考

教师 反思*

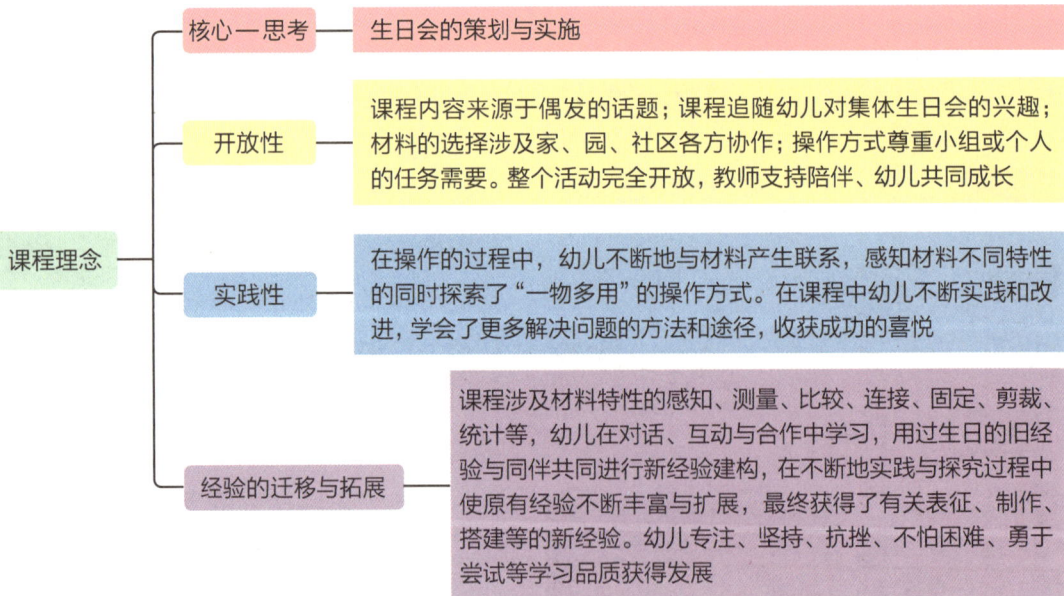

课程理念	核心—思考	生日会的策划与实施
	开放性	课程内容来源于偶发的话题；课程追随幼儿对集体生日会的兴趣；材料的选择涉及家、园、社区各方协作；操作方式尊重小组或个人的任务需要。整个活动完全开放，教师支持陪伴、幼儿共同成长
	实践性	在操作的过程中，幼儿不断地与材料产生联系，感知材料不同特性的同时探索了"一物多用"的操作方式。在课程中幼儿不断实践和改进，学会了更多解决问题的方法和途径，收获成功的喜悦
	经验的迁移与拓展	课程涉及材料特性的感知、测量、比较、连接、固定、剪裁、统计等，幼儿在对话、互动与合作中学习，用过生日的旧经验与同伴共同进行新经验建构，在不断地实践与探究过程中使原有经验不断丰富与扩展，最终获得了有关表征、制作、搭建等的新经验。幼儿专注、坚持、抗挫、不怕困难、勇于尝试等学习品质获得发展

在课程开展的过程中，幼儿是专注的和积极的。在制作生日礼服的过程中，幼儿的探究出现了"三个最"的深度学习——幼儿的参与度最高，技能学习最广，师幼互动最多。

1.参与度最高，享受动手操作的快乐。在设计和制作生日礼服时，每一个幼儿都有自己的想法，且每一个人的想法都不一样，幼儿的个性充分展现。每一个幼儿都进入了教师的视野，教师看到了每一个幼儿身上的闪光点。

2.技能学习最广，感受获得成功的喜悦。在课程中幼儿不断实践和改进，学会更多解决问题的方法和途径，这让技能的学习不再是枯燥乏味。幼儿在教师的支持下进行自主的探究和学习，收获成功的喜悦。

3.师幼互动最多，体会教学相长的魅力。当幼儿在实践中遇到困难时，教师会给予适当的材料、工具或技能的支持；当幼儿遇到"百思不得其解"的问题时，教师会和幼儿一起去观察、询问，找寻问题的答案；当幼儿意见不同产生矛盾时，教师会引导幼儿大胆表达自己想法，同时尊重他人的意见。也许有效的方法就藏在同伴合作之中，良好的师幼互动让幼儿更相信教师，让教师更了解幼儿、支持幼儿。

每一次探索自然的神奇，
都将是稚嫩心灵的一次远足。

幼儿园里的春游

新学期开始了，教师与幼儿一起寻找幼儿园里的春天。

萌萌："小树就发芽了。"

默默："这个花开了。"

军军："草地上有小草了。"

东东："天气暖暖的。"

星星："可以出去玩。"

凡凡："我们又可以去露营啦。"

教师："我也很喜欢露营。"

峻峻："我们上次去长湖，还烧烤、爬山。"

幼儿说着自己发现的春天以及春游的经历，但更多的兴趣都聚焦在了对"露营"的讨论。

教师："那春天除了露营最好玩，还有哪些好玩的？"

一说到好玩的，幼儿就抑制不住兴奋的情绪了。

星星："放风筝、和妈妈拍照、捞小鱼、玩水、野餐……"

苹果："我还是最喜欢搭帐篷。"

随着兴趣点的增加，幼儿的分组探究也就产生了。幼儿好奇好问，天生爱探索，对周围的变化有着较强的敏感性，同时也对各种各样的事物充满了兴趣。课程让幼儿不再拘泥于在教室中"认识春天"，而是鼓励幼儿走出教室，多感官地感受春天的美好与生机盎然。

亲近自然和喜爱游乐是幼儿的天性，教师以此作为出发点，和幼儿一起感受春天的美好，享受春光无限。

课程 总览

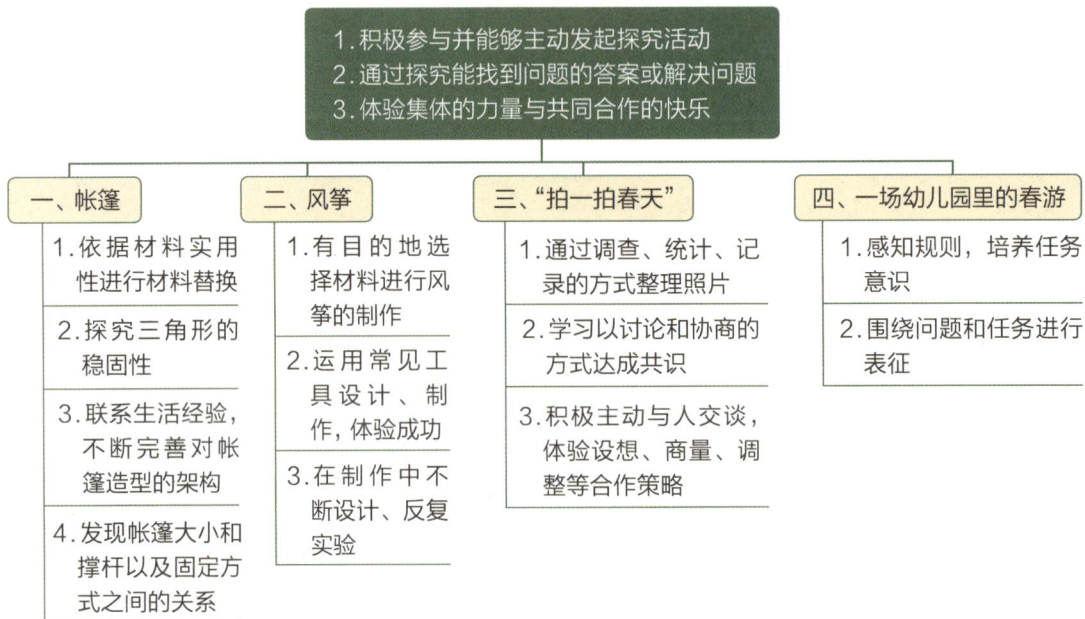

	1.积极参与并能够主动发起探究活动		
	2.通过探究能找到问题的答案或解决问题		
	3.体验集体的力量与共同合作的快乐		

一、帐篷
1. 依据材料实用性进行材料替换
2. 探究三角形的稳固性
3. 联系生活经验，不断完善对帐篷造型的架构
4. 发现帐篷大小和撑杆以及固定方式之间的关系

二、风筝
1. 有目的地选择材料进行风筝的制作
2. 运用常见工具设计、制作，体验成功
3. 在制作中不断设计、反复实验

三、"拍一拍春天"
1. 通过调查、统计、记录的方式整理照片
2. 学习以讨论和协商的方式达成共识
3. 积极主动与人交谈，体验设想、商量、调整等合作策略

四、一场幼儿园里的春游
1. 感知规则，培养任务意识
2. 围绕问题和任务进行表征

课程 实施

探索一 帐篷

露营怎么能少了帐篷，它就像一个秘密基地。所以帐篷组的幼儿是最多的，参与度也是最高的。那幼儿眼中的"秘密基地"究竟是什么样的呢？①

琪琪："我可是要一个闪亮亮的帐篷。"

小竹："我的帐篷要有窗户，不然太闷啦！"

牛牛："我的帐篷是三角形的。"

然然："我想要一个两层帐篷，下面还可以烧烤。"

教师："那能露营的帐篷究竟是什么样子的？"

思考与支持

①一开始幼儿对帐篷感兴趣是因为帐篷具有一定的私密性，就像"秘密基地"。他们可以在帐篷里说悄悄话，可以在帐篷里和好朋友一起玩玩具，还可以在自己不开心时，躲起来难过一会儿。所以在设计阶段，教师支持每一个幼儿天马行空的想象与创意，同时帮助幼儿联系生活经验，不断完善对帐篷造型的架构。

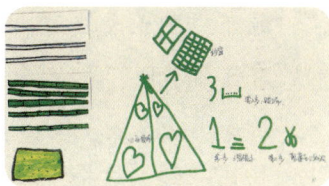

幼儿的想法很有趣，大家根据自己的设想绘制了设计图。教师和幼儿一起观看了帐篷的图片，进一步验证设计图的可行性。

根据设计图，需要寻找以下材料：竹竿、PVC管、木棍、布料。

1. 第一次尝试：三角（脚）帐篷

阿布将两根竹竿的一端用胶带捆住再打开，放在地上就变成了三角形。

阿布："它是三角形啊，和图片上一样，可是怎么'站不稳'？"

牛牛："我也搭了一个和你一样的，也站不住。"

教师："我来帮你们。"

教师在两根竹竿中间架了一根横杆，这样就可以站稳啦！

牛牛："哈哈哈，这个是烧烤架吧！"

看看这个造型，教师也跟着笑了起来。

琪琪："我家里的三脚帐篷不是这样的，是有三只'脚'的。"

然然："三只'脚'？哈哈哈哈哈，怪兽吗？"

苹果从旁边拿起了一根竹竿加了进去："我家露营的帐篷就有三根杆子，三只'脚'。"

同伴们都笑了起来，原来是这样的三角帐篷。[②]

彤彤："这样还是很小，我都进不去。"

教师："咦？是不是我们用的竹竿太短了？"

骏骏："那我们换三根长的PVC管试试。"

幼儿用胶带把三根PVC管的一端捆绑在一起，再把管子分开，变出三角帐篷。果然帐篷变大了！

骏骏："原来杆子越长帐篷越大呀。"

然然："奇怪，这个帐篷的'脚'会自己'动'。"

原来是因为幼儿用胶带固定得太紧了，三根PVC水管的另一端很难分开。

②根据设计图和已有经验，幼儿开始了第一次尝试，这也是幼儿对帐篷搭建的第一次感知。随着搭建的推进，幼儿逐渐认识了三棱锥，虽然没有深入，但是幼儿对帐篷造型的感知已开始从平面造型转向立体的造型了。

通过不断的改进与实践探究，幼儿有了很多的新发现，学习到了新技能。发现三角帐篷的大小与撑杆以及固定方式都有关系；发现帐篷可以收缩；还发现通过改变撑杆数量可以调整帐篷的大小。这一切都源于幼儿的动手操作和同伴经验分享。

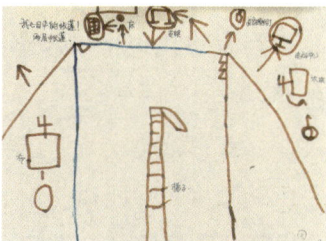

教师："你们看我这次是怎么固定的，我的方法和你们的有什么不同？"

教师用交叉缠绕的方式固定了三根PVC管。

壮壮："哇！这个'脚'可以分那么开。"

幼儿随意地搬动着PVC水管。

果果："我能钻进帐篷了。"

牛牛："怎么你一个人玩？我们也要玩。"

三个小朋友一下子就把帐篷挤满了。

默默："老师好厉害，这个帐篷还能打开，也能关起来。"

浩浩："原来很多三角形'围'起来，帐篷就可以住人啦。"

浩浩口中的三角形"围"起来就是三棱柱。

佑佑："你们这个帐篷怎么都没有布，怎么用？"

小竹："那还不简单，我去找块布。"

说着小竹找来了一块布围在了帐篷的四周。

琪琪笑着说："上面有个洞啊。"

小竹："中间太高了，我围不到。"

米粥："给你椅子。"

小竹："这样该怎么围，布那么长？"

因为幼儿想将帐篷全部罩起来，所以选择了很宽的布料。

豆豆："我想起来了，剪个洞。生日礼物就是这样的呀。"

幼儿将经验迁移，在布料中间剪了个洞，套进去，制作出了三角帐篷。这期间，幼儿尝试了好几次，"洞应该剪多大才能把架子围住"这个问题让幼儿思考了好久。

2. 第二次尝试：四角（脚）帐篷

凡凡："这个帐篷就你们三个玩，我们都挤不进来啦。"③

苹果："没办法，帐篷就那么大。"

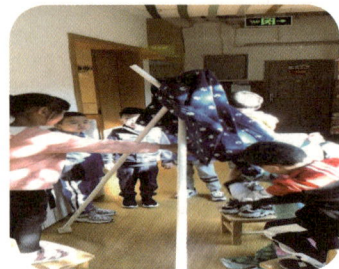

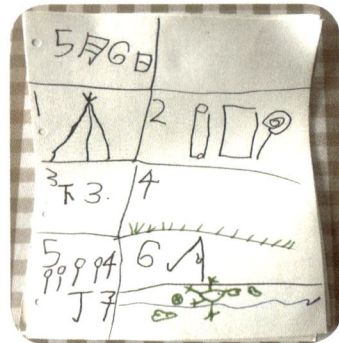

思考与支持

③幼儿对搭建帐篷有持续的兴趣、能持续探究是这一板块的亮点。刚开始教师以为三角帐篷完成后幼儿获得了很大的成就感，同时也达成了目标。可是当幼儿在游戏中发现问题后，新的探究又开始了。

洋洋："那我们重新搭一个。"

彤彤："没有那么长的管子了，只有这么短的。"

幼儿拿着管子站在教室里不知道该怎么办。

豆豆："我们搭个方形的帐篷，像我的设计图那样。"

骏骏："方形？"

还没等大家说完，豆豆便钻到桌子下面拿自己的计划本。

小宇："我知道了。像桌子一样。豆豆现在就在帐篷里。"

小宇的话启发了同伴，大家将四根短粗的PVC管放在地上，当做立柱，就好像桌脚一样。

布布："管子会倒。"

话音刚落，只听到管子陆续倒下的声音。

幼儿游走在四根柱子之间，一会儿扶这根一会儿捡那根。

教师："你们可以把管子绑到椅子上看看。"④

管子立柱的问题解决了，幼儿开心地在四根柱子中间跑来跑去。可是帐篷的布还能用剪洞的方法套进去吗？实践发现这个方法不可行。⑤

果果："那我们直接把布放上去。"

说着小朋友们一人拉住布料的一个角，打算覆盖上去。但是一松手，布料就"跑"了。

教师："怎么固定布料呢？"

诺诺："用手按着。"

冬冬："那我不能玩了。"

教师："我们用扎带试一试。"

拥有四个脚的帐篷刚完成，里面就已经"住"了好

多人了，一阵"咯咯"的笑声从篷顶下传了出来。

基于四角帐篷的经验，幼儿发现增加帐篷的"脚"或者用一块大的布料都能让帐篷变大，进很多人。可以是六脚帐篷，也可以是八脚帐篷，还可以是更多脚的帐篷。

探索二 风筝

玉米："风筝我见过，它轻飘飘的。"

小宇："就像一张纸。"

希希："有的像龙一样，很长很长。"

联系生活中的所见以及同伴的对话，幼儿开始寻找材料开始制作风筝。⑥

1. 步骤一：我想要的风筝

豆豆："我要一个'长尾巴鱼的风筝'。"

牛牛："我的风筝要像飞机一样，这样能飞很高。"

幼儿结合风筝的基本造型，创意并表征出各式各样的风筝。

幼儿找到了各种各样的纸，有A4纸、卡纸、包花纸、镂空纸、海绵纸、报纸、吹塑纸等，根据自己的设计图开始了第一次制作。

布丁："你们看，我的完成了。"

布丁找到了一张报纸，在一端剪了一个洞，系了一根线。

布丁拿着他刚完成的风筝，在教室外的走道上"试飞"。

思考与支持

⑥幼儿对风筝的认识仅仅停留在它的特点和外在造型，所以在第一次尝试的时候，幼儿有目的地选择以纸为主的材料进行制作。通过测试幼儿才发现不同纸之间也有很多不同的地方。有的纸很硬、很容易塑型，但是不容易放飞；有的纸很轻还有孔洞，但是怎么也飞不起来；有的纸很轻也很容易塑型，居然飞不起来；甚至有的纸很轻也能飞起来，但是容易损坏。所以在这一环节中幼儿不仅仅是制作风筝的主体，还测试了解了不同的纸的特性，逐一验证了自己的猜想。

果果："走道上没有风啊。"

布丁："那我们去操场吧！"

陆陆续续有好几个幼儿的风筝都完成了，幼儿的第一个风筝都是在自己找到的纸的一端打孔，然后穿线固定。⑦

豆豆："拉着跑。"

萱萱拉着她的卡纸风筝："我的还是飞不起来。"

布丁拉着他的报纸风筝："我的怎么会转圈？"

凡凡拉着他的塑料纸风筝："飞起来啦！但是风筝怎么变成一团啦？"

此时，幼儿因为材料选择不同遇到了不同的问题。大家发现凡凡的风筝最容易放飞，于是开始效仿凡凡的做法。

教师："我们再回忆一下，我们平日里见到的风筝和这些有什么不同？有线、有纸，还差了什么？"

骏骏："中间有棍子。"

骏骏这么一说提醒了同伴们，大家看着自己的风筝讨论起来。

乐乐："我记得风筝中间有个这样的棍子。"（一边说一边将两个指头交叉）

玉米："像医院那个标记。"

思考与支持

⑦关于筝面的固定，幼儿试了很多种方法，有将数根筷子交叉叠放固定的，可是试验后发现这样的风筝太重了，根本飞不起来。所以幼儿再去观察了风筝的样子，发现了"十字形"的固定方法。可是这时在材料选择上又遇到了问题，所以教师提供较轻的材料支持帮助幼儿完成制作，顺利进入下一环节。联系生活经验，幼儿将自己的风筝进行了装饰，并且也在一定程度上探究了绕线器。风筝的放飞不仅仅只带来制作成功的成就感，更多的是和同伴一起合作游戏的快乐。

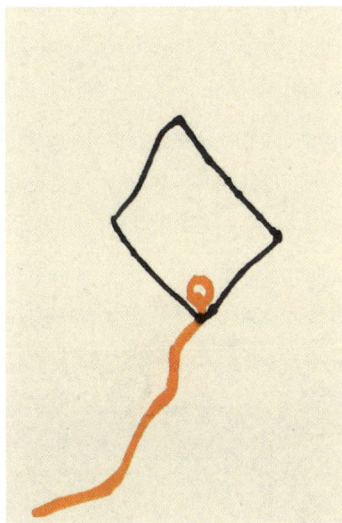

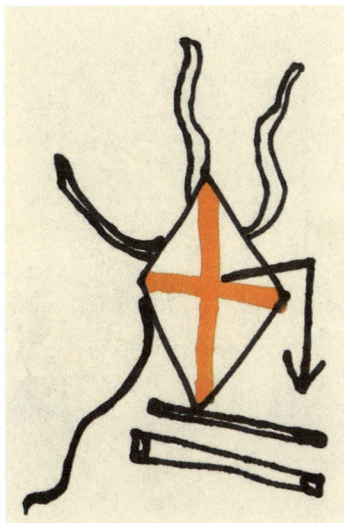

2. 步骤二：增加风筝固定杆

依据幼儿对风筝固定杆样式的认知，幼儿第一时间找到了树枝和筷子，使用十字交叉法固定风筝。

军军："我的风筝太重啦！"

使用筷子的小钰也出现了同样的问题，就算自己拉着跑，风筝也还是飞不起来。

教师："我这里有个轻的材料，你们需要吗？"

幼儿一拥而上，从教师的篮筐里寻找着合适的吸管。风筝的主体结构完成后，幼儿迫不及待地跑到大操场上放飞，可是教师看到有的孩子教室操场两头跑。⑧

3. 步骤三：个性化的风筝

出于好奇，教师跟着幼儿回到教室。

冬冬："你看我加了一个卷绳器。"

萱萱："我正在给它涂色呢。"

小宇："我加个长尾巴。"

于是大操场上飞起了各式各样的风筝。

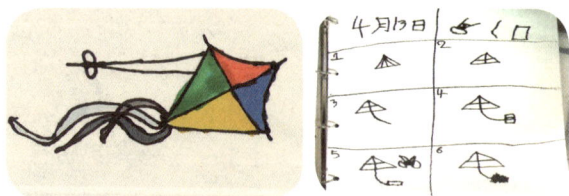

思考与支持

⑧有了开始的调查分享，风筝的制作对于幼儿来说较容易。通过制作，幼儿知道了支架有固定的作用，而且明白了制作风筝材料的轻重会影响风筝的飞行效果。

探索三 "拍一拍春天"

星星："老师，操场上的树开花了。"

萌萌："我家院子里也有很多花，很漂亮。"

形形："小区里还有紫色的花。"

熙熙："哪有紫色的花？我没见过。"

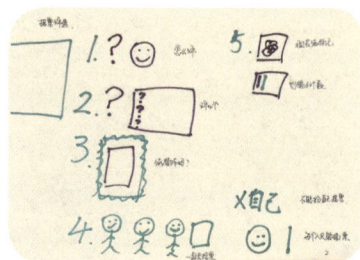

彤彤："下次你去我家玩就能看见了。"

听到要去小伙伴家玩，周围的小朋友都表示要一起去。

彤彤："可是……人也太多了。"

教师："要不这样，彤彤你让妈妈拍照片发给我吧！我分享给大家。"

扬扬："好啊！我也要拍。"

妍宝："我们都要拍。"

就这样，教师陆陆续续收到好多家长发来的小区里春天的照片。

午餐前，悦悦噘着小嘴找到教师："老师，明明是我拍得最好看，他们都说不好看。"

欢欢："我的才好看呢。"

教师："大家都说自己的好看，那我们把照片冲洗出来，比一比，看一看吧！"

大家响应了教师的提议，回家让爸爸妈妈为自己冲洗了一张最满意的照片带到了幼儿园。

教师把幼儿带来的照片罗列在桌上，关于谁的照片最好看的争论声此起彼伏。⑨

思考与支持

⑨进入大班，幼儿的自我意识逐渐增强，在日常活动中，教师经常能听到"我画的好。""我画的比你好。"幼儿都觉得自己的作品是最棒的，同时还能说出自己的理由。因此在摄影大赛中，幼儿有了更高的参与度，甚至有的幼儿为了拍出漂亮的照片特地找爸爸妈妈学习摄影的技巧，形成了良好的亲子互动。

然然："那么多花在一起，我都眼花了。"

教师："我也觉得有些眼花缭乱，我们要不把它张贴起来？"

扬扬："像画展一样吗？"

就这样，一群"小小策展人"出现了，有的幼儿寻找展板，有的收集照片主人信息，有的统计照片数量，还有的在制作装饰相框。

熙熙："不可以，我的照片都被你的压住了。"

诺诺："可是我想把我的照片放中间，这样大家都能看到。"

扬扬："我和你的照片分开一点，这样就好啦！"

教师："接下来让我们大家一起来欣赏关于春天的照片展吧！"

悦悦："我的最好看。"

扬扬："明明是我的，还有蜜蜂呢。然然你觉得呢？"

然然难为情地抓抓脑袋："悦悦的吧，因为我还没见过那么多的油菜花。"

扬扬："不行，就是我的好看。老师，你快来说说。"

教师："要不我们来投票吧！"

扬扬："什么是投票？可以让大家说我的好看吗？"

教师："可以啊。那就要看你用什么方法让大家认同你的照片啦。"

悦悦："我去找好朋友，让他们来投票。"

玉米："我会跳舞，他们喜欢我就会给我投票。"

投票的环节就开始了。幼儿可谓是使尽浑身解数，有的表演节目，有的去拉好朋友，有的甚至找到了班级老师，投票现场非常热闹。[10]

思考与支持

[10] 在本次由幼儿自己策划的比赛中，幼儿的探究涉及了绘制记录表、统计、装饰、制作标签、制定规则、建立空间方位意识以及人际交往等方面。在计票环节，摸索出了"正"字计票和画小圆圈计票法。比赛的意义不仅仅是角逐出第1、2、3名，更多的是在活动中培养幼儿互相帮助、共同分享、不畏困难的良好品质。但遗憾的是由于这个活动筹备的时间较长，最后幼儿已不记得当时拍摄的方法、推荐理由，所以最终未能小结出拍摄技巧。

幼儿的问题出现在投票后的唱票和计票部分。因为投票的小纸条上幼儿的表征不同，有的画上了同伴或自己照片的某一部分，有的写上了学号，有的只画了一个自画像。所以教师及时地介入其中，好在每一个幼儿都能记得自己的表征的意思并清楚它指向哪一张照片，大家就一边询问一边计票，速度有些慢但是很有趣。计票环节则是由幼儿自己负责，确定是给谁投票后就在照片下给它画上一个圆圈，最后数数谁最多。

探索四　一场幼儿园里的春游

彤彤："老师，我们什么时候能出去玩啊？"

妍宝："是啊，我们什么时候去春游？"

教师："现在有疫情，大家都不能出去玩啦。"

扬扬："好想春游。"

教师："我们在幼儿园春游怎么样？"

一听到"春游"，幼儿激动地跳起来。

可是在幼儿园怎么春游？先来听听幼儿的意见。

教师："以前春游怎么玩？这次在幼儿园我们打算怎么玩？"

牛牛："以前有导游哥哥领我们玩。"

妍宝："是要去公园的。"

壮壮："是可以吃零食的。"

萱萱："还可以带玩具。"

豆豆："要坐车去。"

教师："那在幼儿园想怎么玩？"

佑佑："那就玩我们最喜欢的游戏。"

杨杨："也可以吃零食吗？"

小逸："帐篷能搬出去吗？"

"吃"永远是幼儿的热门话题。

1. 讨论阶段——玩什么

乐乐："我想放风筝。"

壮壮："我要玩游戏。"

小宇："我露营最喜欢捞鱼。可以捞鱼吗？"

幼儿讨论出了春游可以玩的游戏——捞小鱼、大海浪、水果切、球球哪里跑、放风筝。

2.筹备阶段——怎么玩

洋洋："我最喜欢捞小鱼了,我要一直捞。"

熙熙："你一直捞,我们怎么玩?"

洋洋："我们男生都约好了,要一直捞小鱼。"

妍宝："一人捞10分钟,我出去玩都是这样的。"

洋洋："10分钟有多久?够我们捞一桶小鱼吗?"

骏骏："运动会时我1分钟能跳100下绳,那十分钟?哇!我能跳很多很多。"

教师："我手机里有一个计时器,我们可以一起来看看10分钟我们可以做哪些事。"

洋洋："那现在就开始吧!我去画我的捞鱼计划啦!"

熙熙："我也去制作我的切水果图卡了。"

在这一整天里,幼儿频繁地找教师看计时器,通过一整天的幼儿园活动,幼儿发现:[11]

"10分钟我可以吃半碗米饭。"

"10分钟我能画出一个表征。"

"10分钟我可以整理好午睡的衣物。"

"10分钟是我们餐后的散步时间。"

第2天,幼儿对10分钟的理解更多样了。

彤彤："我从家走到幼儿园要10分钟。"

扬扬："妈妈每天只允许我看10分钟的动画片。"

玉米："妈妈烤蛋糕的时候就会定10分钟的闹钟。"

洋洋："那我们男生就捞10分钟,然后你们女生捞10分钟。因为我发现了更好玩

> **思考与支持**
>
> [11]关于"10分钟有多久",幼儿的理解虽然很抽象,但是幼儿发现当自己很专心的时候,10分钟很快就结束了。

的游戏。"

就这样捞小鱼游戏的规则就出现了，后面幼儿围绕不同的游戏，也制定出了相应的规则。

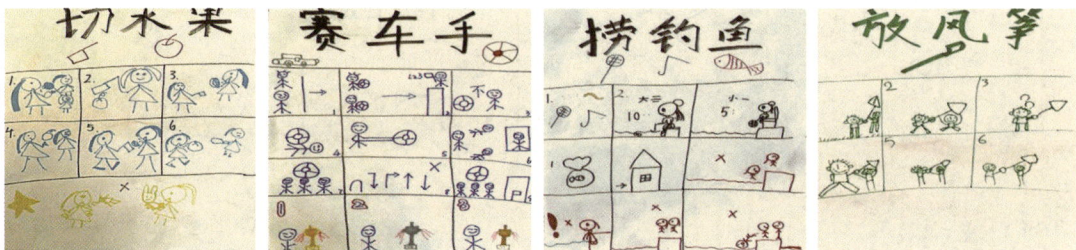

3. 实施阶段——真好玩

在幼儿园春游的日子终于到来啦！大家把帐篷都搬到了大操场，开始了这场特别的"踏青之旅"。当天最受欢迎的游戏毋庸置疑是捞小鱼，而幼儿觉得最开心的事就是在帐篷下分享玩具、零食。让教师出乎意料的是三角帐篷下没有一个小朋友，而四角和六角帐篷下挤满了小朋友。幼儿说："和好朋友在一起是最快乐的，我们就想挤在一起。"

幼儿的发现和思考

教师 反思

	核心—合作	春游计划的实施
课程理念	开放性	开放的教育环境：教师支持幼儿在幼儿园的各个角落里开展自主探究活动：在活动场搭帐篷；在草地上做风筝；在操场上野餐；在沙水池捞小鱼……春游的场景在幼儿园各处发生着，充分满足了并实现了幼儿的愿望，在潜移默化中幼儿的合作能力、社会交往能力、实践探究能力逐渐提升
	实践性	反复尝试，不断探索。如纸张材料不同性质的探索，帐篷形状从三角形过渡到三棱锥，由单一到多样，由平面到立体。动手实践中，他们遇到帐篷如何能更稳定、篷布如何固定以及如何调整帐篷大小的问题，教师给予材料和技术的支持
	经验的迁移与拓展	疫情之下，幼儿用另一种方式开展了一次属于自己的"幼儿园里的春游"。从绘制春游计划，到有计划地制作、准备春游相关的物品，从找材料，到确定材料，再到不断改进，幼儿在整个计划与合作的过程中感受到了动手实践的快乐

《指南》中提到要"支持幼儿参与一日生活中与自己有关的决策"，而这一次特别的春游之旅，正是幼儿自主决定的过程，幼儿全身心体验着、成长着！在计划与合作的过程中，幼儿自己动手，装饰心目中的春游场地，教师的信任与赋权，让这次不一样的春游更具仪式感！尊重兴趣起源，与他们同行。幼儿的自主探究存在着不确定性，教师是幼儿"旅行"途中同行者。在幼儿对风筝展示出兴趣时，

教师没有教参的"拐杖"，也没有完全预设的教学活动，而是敏锐地观察幼儿的行动、倾听幼儿对风筝的向往和憧憬，依此确定课程的价值发展。

反复尝试，不断探索。造一个属于自己的风筝，搭一个自己的帐篷。这些活动都不是一蹴而就的，幼儿都是依据已有经验一次又一次地尝试和探索。教师鼓励幼儿探究，寻求解决问题的多种方法。春游中，绚烂风筝就像幼儿的欢声笑语，飞得又高又远；五彩帐篷就像是一座座可爱的小房子，幼儿在帐篷里开心游戏。

共同努力，合作探究。活动中幼儿探究、分工、合作。在"小小策展人"的板块，从一开始的无从下手、随意叠放，到后来规划布局、剪裁、装饰、标记。每一次尝试都有新的问题出现，而诸多问题的出现使幼儿逐渐学会共同努力、合作探究、交流讨论，自信大方地进行活动的讲解和才艺的展示，赋予活动更多童趣，而非输赢。

春天无处不在，春游不被定义。幼儿园里的春游，是如此开心与难忘。从兴趣出发，在游戏中体验，在解决问题中收获成长，丰富的体验是春天最好的礼物。幼儿都是有能力的创建者，奇思妙想的实施者，愿意合作与分享，懂得尊重与表达。来吧，策划一场独一无二的春游吧！当教师将活动策划的权力交予幼儿，会收获意想不到的惊喜。

在你所热爱的世界里，
以自己的方式闪闪发光。

彩色小屋里的光和影

课程 缘起 +

　　升入大班，幼儿的教室从三楼搬到了一楼。吃完中餐之后，幼儿终于能在最喜欢的大操场散步了。这天中午散步时，幼儿发现地上有黑黑的影子，便玩起了踩影子的游戏，有的幼儿好奇地问："为什么会有影子啊？""为什么太阳被白云遮住了影子就不见了呢？""影子好像在跟着我们走呢！"……幼儿对影子充满了好奇和疑问，在和幼儿共同讨论后，教师决定开展"彩色小屋里的光和影"的主题，针对幼儿的兴趣和疑问展开研究。

　　光和影子是生活中最常见的科学现象之一，光影现象易被幼儿发现，也能吸引幼儿的兴趣。从小班到大班，各个年龄段持续开展关于光和影的活动，幼儿已经建构起了一定的知识经验。例如，影子产生需要的条件，幼儿甚至不需要操作就能一一说清楚。如何帮助幼儿持续地建构新经验，如何继续深入探究这样有趣的现象，引出更多有价值的科学知识，这是教师一直在寻找的研究方向。该活动基于幼儿关于光影的原有经验，让幼儿通过探索操作发现各种有趣的光影现象，通过情景设置激发起幼儿的探究兴趣，从而进一步鼓励幼儿去探究更多关于光和影的知识。

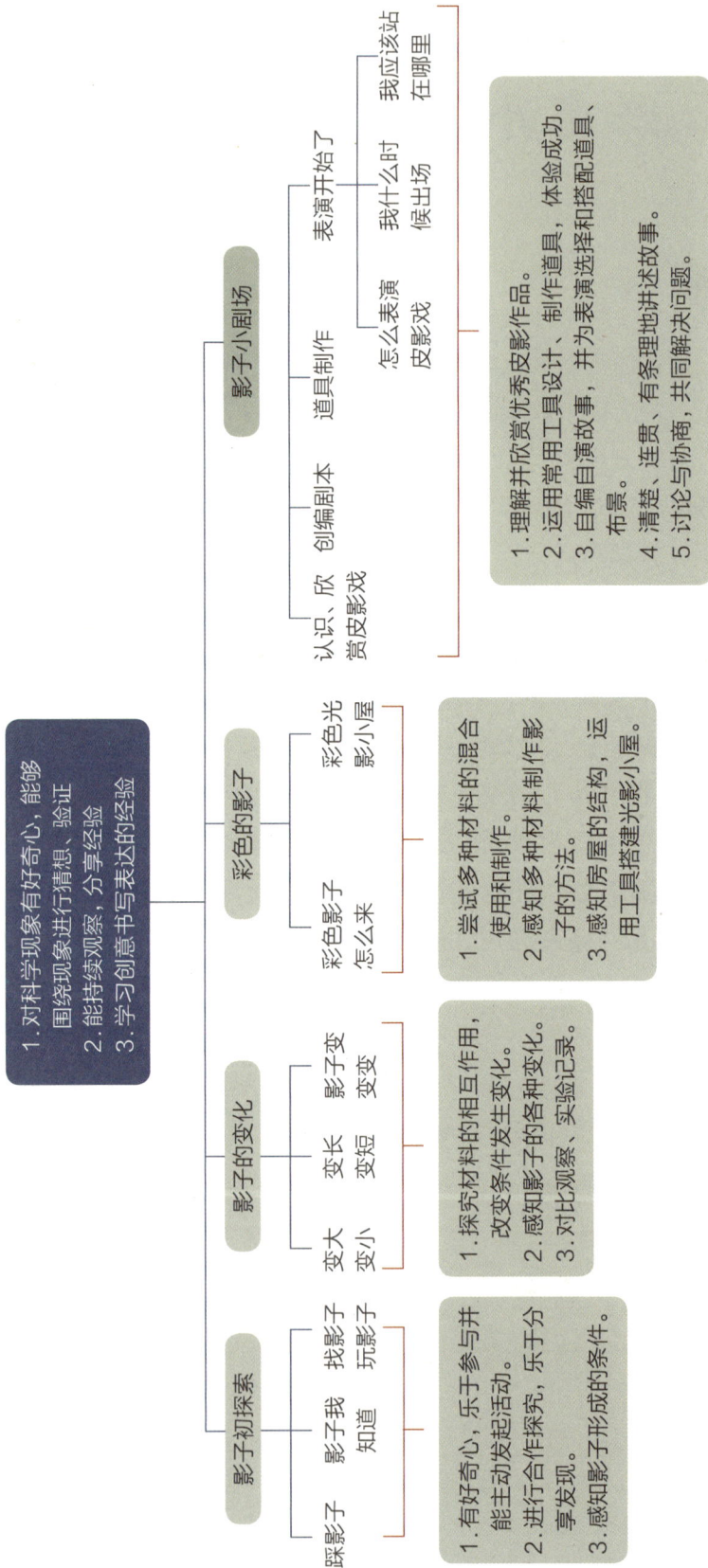

课程 总览

影子初探索

踩影子
影子我知道

找影子
玩影子

1. 有好奇心，乐于参与并能主动发起活动。
2. 进行合作探究，乐于分享发现。
3. 感知影子形成的条件。

影子的变化

变大
变小

变长
变短

影子变变变

1. 探究材料的相互作用，改变条件发生变化。
2. 感知影子的各种变化。
3. 对比观察、实验记录。

彩色的影子

彩色影子怎么来

彩色光影小屋

1. 尝试多种材料的混合使用和制作。
2. 感知多种材料制作影子的方法。
3. 感知房屋的结构，运用工具搭建光影小屋。

影子小剧场

认识、欣赏皮影戏

创编剧本

道具制作

怎么表演皮影戏

表演开始了

我什么时候出场

我应该站在哪里

1. 理解并欣赏优秀皮影作品。
2. 运用常用工具设计、制作道具，体验成功。
3. 自编自演故事，并为表演选择和搭配道具、布景。
4. 清楚、连贯、有条理地讲述故事。
5. 讨论与协商，共同解决问题。

1. 对科学现象有好奇心，能够围绕现象进行猜想、验证。
2. 能持续观察，分享经验。
3. 学习创意书写表达的经验。

180

课程 实施

探索一 **影子初探索**

1. 活动一：踩影子

艳阳高照，幼儿餐后到最喜爱的大操场散步。王昱钦突然大叫道："快看，地上有影子，我踩到杨思涵的影子了。"幼儿都被王昱钦的发言吸引了，纷纷低头看地上的影子，于是在幼儿的要求之下，教师和幼儿一起玩起了踩影子的游戏。①

思考与支持

①幼儿在餐后散步发现了影子，从而产生了想玩踩影子游戏的想法，教师顺势而为，和幼儿一起玩起了踩影子的游戏。在游戏过程中，幼儿对影子有了更多的认识，也对影子产生了更强烈的兴趣。

田小平："我跑的时候影子也跟着我跑！"

张瑞洛："只要我跑得够快，你们就踩不到我的影子啦！"

彭雨阳："咦，只要跑到主席台上，影子就不见啦！"

王昱钦："为什么主席台上没有影子呢？"

王梓潼："因为这里没有太阳光，太阳光被老师的办公楼挡住了！"

陈书润："我只要蹲下来，就能躲到你的影子里去，你就踩不到我的影子啦，哈哈哈。"

陶惟月："快看，我和龙舒语的影子变成了爱心的形状。"②

思考与支持

②在玩踩影子的过程中，幼儿发现跑到主席台上，或者躲进其他小朋友的影子里的时候，因为没有阳光就没有了影子，这表明幼儿在玩的过程当中已经潜移默化地感知了影子形成的条件。

王梓潼："我和爸爸妈妈在家里玩过手影游戏，我还可以变出小狗的影子呢！"

幼儿玩得不亦乐乎，对于影子有着聊不完的话题。

2. 活动二：影子我知道

在玩踩影子游戏时，幼儿你一言我一语，对于影子总能说出一二，于是教师请幼儿结合生活经验，谈一谈自己知道的关于影子的知识，并通过绘画的方式将自己的经验进行表征。

绘画表征结束后，幼儿拿着自己的表征作品和同伴进行交流，讲述自己关于影子的经验和知识。③

> **思考与支持**
>
> ③在幼儿对影子产生了更强烈的兴趣之后，教师请幼儿结合生活经验谈一谈自己知道的关于影子的知识，这有利于教师了解孩子的原有经验，从而为接下来的探究内容做好准备。

田小平："太阳光下会有影子！"

张瑞洛："路灯下也会有影子！"

彭雨阳："影子有的时候黑黑的，有的时候又没那么黑！"

王昱钦："晚上我跟妈妈出去散步，我发现我有两个影子，一个在前面，一个在后面！"

王梓潼："影子好像在跟着我走，我走到哪里，影子就走到哪里。"④

赖思睿："中午的时候，太阳光很强，影子会变得小小的，好像就被我踩在脚下。"

陈书润："傍晚的时候，影子会变得长长的。"

王梓潼："我们那天玩踩影子游戏的时候，只要跑到主席台上，影子就不见了，因为那里的太阳光被老师的办公楼挡住了！"

赵恒琛："我还在操场上看到大树的影子，风吹动叶子，影子也跟着动。"

······

> **思考与支持**
>
> ④从幼儿的对话中可以看出，他们知道有光才有影子，影子的大小会有变化，但对于影子的形成及光和影的关系还不是很清晰，因此借着幼儿发现了幼儿园里有各种影子的契机，让他们到户外，用自己的身体及各种材料，继续找影子、玩影子，更进一步探索和发现各种有趣的光影秘密就尤为必要。

3.活动三：找影子　玩影子

幼儿在分享的过程中，纷纷提到自己在幼儿园发现了各种影子。为使幼儿的探究更进一步，教师带幼儿一起来到户外找一找幼儿园里的各种影子，幼儿带着自己选择的各种材料，开始了找影子、画影子、观察影子的游戏。

幼儿有的两人一组，合作画出对方在阳光下的影子；有的自选材料，将材料单独或拼搭后放置在阳光下，观察不同的材料在阳光下的影子，并画出来，转动材料，观察影子的变化；有的在园内自由活动，观察自然界中的影子，并将观察到的影子画下来；有的在画出影子轮廓的基础上进行了添画；有的小组甚至对自己画的各种影子进行了故事创编。⑤

田子涵："彭雨阳，你别动，你一动影子就跟着动，我就画歪了！"

赖思睿："我们用磁力片搭了小房子，把它的影子画下来，转动小房子，影子的形状就变了！"

彭雨阳："我们找到了各种各样的影子，有小草的、银杏树的、大型玩具的，很多很多！"

田小平："我们画了韩老师的脚的影子，我觉得它很像长颈鹿的头，我和蔡群杰就给它画上了眼睛、鼻子、嘴巴，还有长耳朵！"

龙胤淳："我们画了小熊和很多不同形状积木的影子。"⑥

教师："刚才在画影子的时候，我还听到你们创编了一个关于小熊的故事，能给我们讲一讲吗？"

龙胤淳："小熊带来了一些新的积木想和小朋友们一起玩，后来他们开心地一起搭积木，很快就搭了一座大城堡！"

教师："你们的故事很精彩！我们已经和影子做了那么多游戏，那现在你们知道影子是怎么形成的吗？"

田小平："我发现了，要在有光的地方才会有影子！"

陈书润："必须有个东西把光挡住才会有影子！"

教师："你们非常善于观察总结，原来影子的形成需要三个条件：第一个条件就是要有光，那在我们平时的生活中还有许多东西都可以发光。"

王雨晴："我知道，教室里的灯和家里的灯会发光，手电筒也能发光！"

教师："是的，那么第二个条件呢，就是要有遮住光线的遮挡物。小朋友们选择的各种材料、幼儿园里的各种建筑、那些高高的大树以及我们自己都可以成为那个遮挡物；第三个条件就是要有影子投射的屏幕，当光照到遮挡物上，遮挡物挡住了光，它的影子就出现在了屏幕上。"⑦

探索二 影子的变化

活动展开时正值雨季，由于天气原因，幼儿无法继续观察阳光下的影子，于是教师为幼儿提供光学实验专用手电筒，支持幼儿继续探索影子的秘密，在探索过程中，幼儿发现了影子各种各样的变化。⑧

教师："在用电筒玩影子的过程中，你们有许多惊喜的发现，能和大家一起分享吗？"

李蔚然："我们发现原来影子可以变大变小！"

任桐："我们也发现了，手电筒离得远，影子就变小了！"

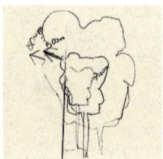

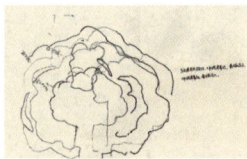

思考与支持

⑦在充分的"玩、找、说、画"过后，幼儿对于光和影的认识层层深入，在此基础上，教师帮助幼儿梳理影子形成的原因和条件，让幼儿对影子形成的原因和条件有更加科学的认知。于是，教师为幼儿提供"影子的形成"调查表，通过总结梳理，幼儿知道了影子的形成需要有光、遮挡物和影子投射的屏幕，光沿直线传播，当光照在遮挡物上，遮挡物挡住了光，它的影子就投射到了屏幕上。

⑧由于天气原因，幼儿无法继续观察阳光下的影子，于是教师为他们提供光学实验专用手电筒，既解决了上述问题，也更便于幼儿探索影子的各种变化。

张瑞洛补充道："我们把小熊放在地上，把手电筒拿远，小熊的影子就变小了，把手电筒拿近一些，小熊的影子又变大了！"

王昱钦："我们用两个手电筒照着小熊，就发现了两个影子。"

杨思涵："真的吗？我也想试试！"

教师："这个现象真的太有趣了，你们可以上来操作一下让我们一起看看吗？"

随后，王雨晴和她的搭档赵彦博一起用两个电筒同时照在小熊上，果然出现了两个影子。

杨思涵："那用三个电筒照着小熊，会不会有三个影子呢？"

说罢，杨思涵也拿起自己的手电筒加入了他们，经过一番探索，他们成功地找到了三个小熊的影子。

教师："那如果我再加一个手电筒，会不会出现四个影子呢？"

幼儿有的说会，有的说不会。赖思睿突然说道："试试不就知道了。"于是幼儿就开始邀请小伙伴，他们三个一群五个一伙地开始了找影子的尝试。

一番尝试过后，他们成功地用4个手电筒找到了4个影子。⑨

在这次尝试中，幼儿又有了新的发现。

吕怡然："刚才我的影子和杨思涵的影子重叠在一起了，我动了动电筒，影子就分开了！"

李明喜："这个我们早就发现了，移动手电筒，影子也会移动。"

李蔚然："我知道，想要影子往上移动，电筒就要往下移动，想要影子往下移动，电筒就要往上移动！"

教师："那怎么样让影子左右移动呢？"

思考与支持

⑨探究刚开始，幼儿最先发现的光影现象是影子可以变大变小，即：当遮挡物固定不动时，光影靠近，影子变大，光源远离，影子变小；当光源固定不变时，遮挡物靠近光源，影子变大，遮挡物远离光源，影子变小；只需要移动电筒位置，该现象就能轻易地被幼儿发现。而随着探究过程的推进，幼儿又陆续发现了许多有趣的光影现象。当幼儿偶然把多个电筒对准小熊时，屏幕上就出现了多个影子，而在幼儿移动电筒时，影子也跟着移动，一环扣一环，幼儿就这样在玩的过程中逐渐探索影子的各种变化，并内化相关知识，同时也越来越发现了科学探索的有趣。

赵彦博:"电筒在右,影子就往左,电筒在左,影子就往右!" [10]

思考与支持

[10]教师为幼儿提供足够的机会与材料支持,让幼儿充分地探索影子的各种变化,在此基础上,鼓励幼儿挑战不同难度的任务,合作完成任务。幼儿通过亲身的操作探索,对影子的兴趣愈加浓厚。同时,幼儿将自己探索到的影子的各种变化用绘画的方式进行表征,也进一步提升了幼儿的表征能力。

分享到这,幼儿个个都流露出迫不及待的神情,于是大家赶紧拿上手电筒,开启了影子各种变化的探索。

探索三　彩色的影子

1. 活动一:彩色影子怎么来

经历了一个星期的阴雨,天空终于放晴了,久违的太阳露了面,幼儿提出想继续到室外去观察幼儿园里的影子。

走到幼儿园门厅的时候,杨思涵突然惊奇地大叫道:"快看呀!地上有绿色的圆圆的影子,有好几块,拼起来就像一朵美丽的花。"其余幼儿也循声望去,纷纷开始寻找这绿色的影子到底来自哪里。一番观察过后,王雨晴指着幼儿园门厅玻璃屋顶上的绿色亚克力花朵说道: [11]

"快看,就是那个绿色花朵的影子!"

陈淑蓉:"原来影子不只有黑色呀!还有绿色!"

思考与支持

[11]幼儿偶然发现幼儿园门厅有绿色花朵的影子,大家都感到好奇和不可思议。在之前的经验当中,大多数幼儿都觉得影子是黑色或灰色的,彩色影子的出现,激起了幼儿的好奇心,他们迫不及待地想知道彩色影子是怎么来的,于是新一轮的探索就此展开了。

杨思涵："我还看到过五颜六色的影子呢！我在家里和爸爸妈妈玩投影的游戏，照出来的影子就是彩色的，用什么颜色的彩笔画上去，就能照出什么颜色的影子！"

杨思涵的发言引起了幼儿强烈的兴趣，他们纷纷围在杨思涵周围询问起彩色影子的制造方法。于是，这天晚上回家，幼儿兴奋地和家长讨论如何制造彩色的影子，家长们也和幼儿一起探索了更多的方法。⑫

思考与支持

⑫在探索如何制造彩色影子的过程中，教师鼓励幼儿和家长共同进行探索。家长的加入使得幼儿获得了更多制造彩色影子的经验。而幼儿在分享各自方法的同时，也认真倾听了他人的方法，幼儿对于如何制造彩色的影子便有了更多的经验。

第二天，幼儿便拿着制造彩色影子需要用到的材料来到教室，开始探究和分享。

田雨："我用透明的杯子，画上图案，然后用手电筒照着，就会出现彩色的影子。"

龙胤淳："我昨天晚上回去用杨思涵的方法做了实验，也制造出了彩色的影子！"

傅都都："我家里有透明的塑料纸，用彩笔在上面画画，然后用妈妈的手机的灯照着，也会有彩色的影子！"

教师："看来你们昨晚都认真地做了尝试，发现了很多制造彩色影子的方法呢！教室里也有透明的过塑膜，一会儿你们也可以试一试！"

分享结束，幼儿便迫不及待地开始尝试用各种方法制造彩色的影子。

幼儿制作的彩色影子在太阳下栩栩如生，五彩斑斓，不再是黑色的影子。

2. 活动二：彩色光影小屋

（1）第一次尝试：用细竹竿搭建框架

田子涵："彩色的影子真的太美了，我们也可以制作一个像幼儿园门厅那样的彩色小屋吗？"

洛洛："这样户外活动时我们可以躲在小屋里乘凉，放在草地上还可以装饰我们幼儿园。"

可可："怎么搭呢？"

陈书润："我想到了，要先搭出小屋的框架才行！"

萱萱："然后用彩色记号笔在过塑膜上画画，再粘到小屋的框架上就行啦！"

小平："也可以用彩色透明纸直接粘贴上去。"

王雨晴："教室里有细竹竿，让我们试一试吧！"

说罢，幼儿就找出细竹竿，用透明胶将细竹竿进行粘贴连接。但在此过程中，幼儿发现由于细竹竿长短不一，他们无法拼搭出正方形或长方形的框架，这样会导致小屋歪斜。于是，一番商量之后，幼儿决定更换材料，由陈淑蓉从家里带来自己搭建小帐篷的圆木条。

（2）第二次尝试：用圆木条搭建框架

第二天，陈淑蓉将圆木条和各种连接头带到了幼儿园。有了上次的经验，幼儿这次首先将这些木条放在一起比较长短，然后再选择合适的木条进行拼搭。

很快，幼儿便琢磨清楚了各种连接头的使用方法，并将小屋框架搭了出来。

（3）第三次尝试：制作光影小屋的彩色墙面

梦晨："接下来，可以制作小屋的墙面啦！"

小平："把彩色透明纸粘上去，就有彩色的墙面啦！"

蔡群杰："我觉得这样一大面墙都是同一种颜色，不好看，能不能把彩色透明纸剪成一条一条再粘上去，颜色就会多一些？"

幼儿都对蔡群杰的建议表示赞同，于是他们又开始把彩色透明纸剪成条状，然后再选择不重复的颜色进行粘贴。

然而，在粘贴的过程中，幼儿发现裁剪过后的彩色透明纸特别容易撕坏，粘的时候一不小心就会把纸撕成两半。于是，幼儿又开始思考用新的方法制作彩色墙面。最

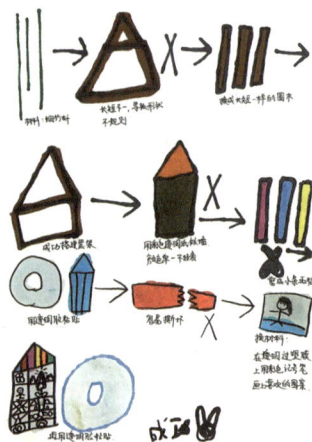

终，大家决定采取萱萱的方法，在透明过塑膜上用彩色记号笔画画，画好后再进行粘贴，这样，既能保证画出的图案不易掉色，也能让墙面坚固不易破。关键，幼儿能成功把自己喜欢的图案画到过塑膜上。

最终，幼儿用这个方法制作出了漂亮的彩色光影小屋。幼儿纷纷和自己制造的小屋合照，别提多开心啦！

探索四 **影子小剧场**

华晨宇："韩老师，我想起来了，妈妈以前带我出去玩的时候，我还看了皮影戏，就是用彩色的影子在表演节目！"

子航："啊！影子还能表演节目？"

张瑞洛："我知道，我也看过皮影戏，就是通过影子在表演的，后面有人在操控那些道具，我看到的那个皮影戏里的孙悟空还会动呢！"

龙舒语："我也看过《小蝌蚪找妈妈》。"

龙胤淳："韩老师，我昨晚和爸爸玩投影游戏的时候，我就用我画的小兔子来表演节目了，我还给爸爸展示了怎么让小兔子变大变小呢！"

陈淑蓉："韩老师，我们也能表演皮影戏吗？"

教师："这是个非常棒的主意呢！那到底什么是皮影戏？表演皮影戏需要做哪些准备呢？"⑬

思考与支持

⑬探索制造彩色影子的过程引发了幼儿更多的生活经验的联想，幼儿由彩色影子联想到用彩色影子表演的皮影戏，幼儿对这种不太常见的艺术表现形式很感兴趣。但如果想要自己表演一出皮影戏，幼儿要做的事情还有很多。由于只有少部分幼儿看过皮影戏，那么接下来大量地欣赏优秀的皮影戏作品是必不可少的。这样既能让幼儿认识皮影戏，也能从优秀的皮影戏作品中初步了解幼儿表演皮影戏需要做哪些准备。

1. 活动一：认识、欣赏皮影戏

幼儿对皮影戏产生了浓厚的兴趣，但大多数幼儿还没接触过皮影戏，于是每天的餐前时间，就成了大家一起欣赏优秀的儿童皮影戏作品的快乐时光。大量地欣赏之后，幼儿认识了皮影戏，对如何制作一出皮影戏也有了初步的想法。

赖思睿："原来皮影戏就是用道具的影子来演戏。"

龙舒语："道具可以做成不同的样子。"

陈珺婳："有的道具会动，是因为有人在后面操控道具。"

张瑞洛："表演皮影戏还需要灯光，表演的人要站在灯的后面，不然表演的时候灯光就会照在他们的头上，就没法演啦！"

彭雨阳："原来皮影戏的表演是需要很多人合作一起完成的。"

教师："那表演皮影戏，我们需要做哪些准备呢？"

王梓潼："我们首先需要确定剧本！"

田小平："是的，我们要先想一个故事，故事里要有各种小动物，他们之间发生了一些有趣的事情。"

李明曦："我们还要制作道具，故事里需要什么角色，就做什么道具。"

田小平："那我们还是先商量一下故事吧。"⑭

2. 活动二：创编剧本

田小平约着几个好朋友开始了剧本的创编。幼儿你一言我一语，把自己想到的故事情节大胆地讲述出来，再由同伴一起提意见。经过一个课时的激烈讨论，他们最终确定了故事的初稿。

田小平作为代表把故事在全班小朋友面前进行了讲述：

星期天早上，小狮子还在睡懒觉。"嗡……小狮子，快起床了，太阳都晒到屁股了！"小蚊子飞到小狮子面前说。"今天是星期天，不用上幼儿园，让我再睡一会儿嘛！"小狮子回答道。过了一会儿，小鹿来找小狮子玩："小狮子，快起床啦！我们一起去玩滑板车！""好的，小鹿，我马上就起床！"小狮子起床吃过早点，就出去和小鹿玩滑板车了！他们一直玩到了晚上，该回家吃晚饭了，于是小鹿和小狮子互相道别，就各自回家了。回到家里，爸爸妈妈已经为小狮子准备好了丰盛的晚餐，吃完晚餐，小狮子就美美地睡觉了。⑮

> **思考与支持**
>
> ⑭从幼儿的对话中可以看出，他们已经确定了大概的流程：创作剧本→制作道具→排练演出。

> **思考与支持**
>
> ⑮在听了田小平讲述的剧本之后，任桐和蔡群杰提出小狮子太凶，可能会吃掉小鹿，从而希望把主角换成性格温顺的小羊。这说明幼儿能够认真倾听故事，并且在倾听的过程中能够结合生活经验进行辩证的思考。

任桐："我觉得小狮子应该换一换，因为狮子很凶猛，他可能会吃掉小鹿！"

蔡群杰："对呀！狮子太凶猛了，要不换成小羊吧？小羊很温柔！"

教师："这是个不错的主意！我们之前已经用手电筒探索了许多影子的变化，你们还记得吗？"

幼儿："记得！"

龙舒语："影子可以变大变小！"

嘉兴："用多个手电筒照着同一个物体就会有多个影子！"

傅都都："我们还学会了制造彩色的影子！"

教师："那能不能把影子的各种变化也融入到故事里呢？"⑯

田小平："哇！对呀！我们怎么没想到呢！让我们再想一想！"

任桐："可是要怎么加进去呢？"

教师："想一想我们读过的绘本，有没有故事情节是讲到各种变化的呢？"⑰

杨思涵："我想起来了，韩老师带我们一起读过的《神奇糖果店》里面，小猪吃了不同颜色的糖果，就变身了！"

田小平："对对对！我怎么没想到！那我们再把故事改一改！"

幼儿开始了第二轮的故事创编。经过一场激烈的头脑风暴，他们确定了第二稿，这次剧本组的幼儿共同讲述故事。由于故事稍长，他们互相提醒互相补充，完整地讲述了故事。

小羊和小鹿的快乐一天

星期天早上，小羊还在睡懒觉。"嗡……小羊小羊，快起床了，太阳都晒到屁股了！"小蚊子飞到小羊面前说。"今天是星期天，不用上幼儿园，让我再睡一会儿嘛！"小羊回答道。过了一会儿，小鹿来找小羊玩："小羊，快起床啦！我们一起去玩滑板车！""好的，小鹿，我马上就起床！"小羊起床后，爸爸妈妈为小羊准备了丰盛的早餐。吃过早餐后，小羊就出去和小鹿玩滑板车了！他们骑着滑板车来到了大森林里，遇到了一家神奇糖果店。他们向狗焕叔叔买了两颗绿色、两颗蓝色

思考与支持

⑯幼儿在第二个板块中探索到了影子的各种变化，于是教师鼓励幼儿将自己探究到的影子的各种变化加入到剧本的创编里，使影子剧情节更加丰富有趣，同时也是对幼儿习得经验的一种巩固与运用。

⑰教师鼓励幼儿把探索到的影子的各种变化加入到剧本的创编中，幼儿虽然欣然同意，但具体应该怎么将这些变化融入到剧本里，幼儿一时无从下手，此时就需要一些来自教师的支持。于是教师引导幼儿一起回忆自己看过、听过或学过的故事里有没有讲到关于变化的。经过一番思索，幼儿想起了《神奇糖果店》，里面的主角小猪吃了不同颜色的神奇糖果就产生了不同的变化，幼儿觉得这是非常值得借鉴的。于是，大家通过集体创编，最终完成了剧本。

的糖果，狗焕叔叔又送给他们两颗白色的糖果。他们继续在大森林里玩。不好！他们遇到了大灰狼！大灰狼要吃掉他们，于是小羊吃下了绿色的糖果，变成了一只大狮子，吓跑了大灰狼！大灰狼叫来了他的狼兄弟，从一只大灰狼变成了三只大灰狼！小羊和小鹿赶紧吃下蓝色的糖果，他们竟然变成了庞然大物，踩扁了大灰狼！他们可开心啦！继续在大森林里玩。哇，他们又看到一棵高高大大的苹果树，可是要怎么样才能摘到上面的苹果呢？他们想起来还有狗焕叔叔送的白色糖果，于是他们吃下白色糖果，一下子就长高了，就够得到苹果了。他们一直玩到了晚上，该回家吃晚饭了，于是互相道别，就各自回家了。回到家里，爸爸妈妈已经为小羊准备好了丰盛的晚餐，吃完晚餐，小羊就美美地睡觉了。

教师："加入了影子的各种变化，故事就变得更精彩了！"

任桐："那下一步我们可以开始制作道具了吗？"

教师："当然可以啦！"

3. 活动三：制作道具

幼儿紧锣密鼓地投入到道具的制作中。由于前期幼儿已经有了制造彩色影子的经验，于是他们开始用彩色的记号笔在透明的过塑膜上画出小羊、小鹿、小狮子、小蚊子、大灰狼、大树、神奇糖果店等等，再把画好的图案剪下来。

那么接下来，如何让道具可以动起来呢？

教师和幼儿一起观察皮影戏道具的图片，共同梳理皮影戏道具动起来的原理。[18]

> **思考与支持**
>
> [18] 幼儿将之前制造彩色影子的方法进行了迁移运用，用彩色记号笔在透明的过塑膜上画出各个角色并将其剪下制作成表演影子戏的道具。但从之前欣赏皮影戏的经验中，幼儿发现那些漂亮的皮影戏道具都是会动的，于是幼儿也想让自己的影子戏道具动起来，那么到底怎么样才能让道具动起来呢？教师觉得应该给幼儿一些支持，于是教师带领幼儿一起观察真正的皮影戏道具的图片，和幼儿一起梳理制作过程。

杨思涵："需要有一根棍子来控制道具！"

赖思睿："不止一根，头需要一根棍子，身体也需要一根棍子，这样头和身体才能分开动！"

吕怡然："可是怎么把小羊和棍子连接起来呢？"

田小平："刚刚我们观察的那些皮影戏的道具，是用铁环把孙悟空和棍子连在一起的！"

杨思涵："需要先在道具上打个洞才行！"

李明喜："可是教室里没有铁环怎么办呢？"

教师："那教室里有什么材料可以起到连接的作用呢？"

陈俊华："我知道，毛线可以连接。我们以前制作风铃的时候，就是用毛线把小珠子串在一起的！"

子航："是的是的，打个结就能连接起来了！"⑲

朵朵："我想到了，我们先在小羊的头上打个洞，用毛线穿过去打个结固定，再把毛线打结固定在木棍上，就把小羊和棍子连起来啦！"

玥玥："那我们快去试试吧！"

最终，幼儿通过以下步骤成功制作了皮影戏道具：先将道具的头部剪下，再用打孔机在合适的位置打洞，然后用毛线穿进洞将头部和身体进行连接，最后用毛线将道具和竹签进行连接并固定。

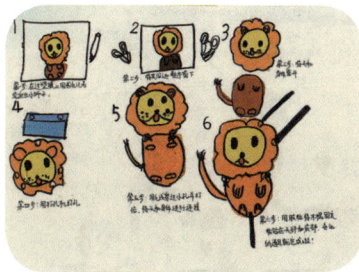

思考与支持

⑲通过观察皮影戏道具，幼儿发现想要让道具动起来，必须先把道具的各个部位剪开再进行连接。然而教室里没有铁环，那应该选择什么材料来连接呢？教师通过启发式提问引导幼儿思考可以用来连接的材料，最终幼儿将之前制作风铃时，用毛线来连接小珠子的经验进行了迁移和运用，把道具各个部位连接了起来，成功地让道具动了起来。

4. 活动四：表演开始了

成功制作出会动的道具之后，幼儿便开始进入排练环节。他们进行了角色的分工，边排练边商量台词。

最终，通过幼儿和教师的共同努力，皮影戏《小羊和小鹿的快乐一天》正式上演。[20]

思考与支持

[20]在排练皮影戏的过程中，教师观察到幼儿设计的不同场景对话略为简单、单调，表演时缺乏感情色彩，不能很好地帮助观众理解故事情节，于是教师通过启发式提问引导幼儿结合生活经验来丰富剧中对话和情感表达；同时，教师也继续带领幼儿利用餐前时间欣赏大量优质的皮影戏作品，感知如何更生动地表现角色，感受优秀艺术作品的魅力。

幼儿的发现和思考

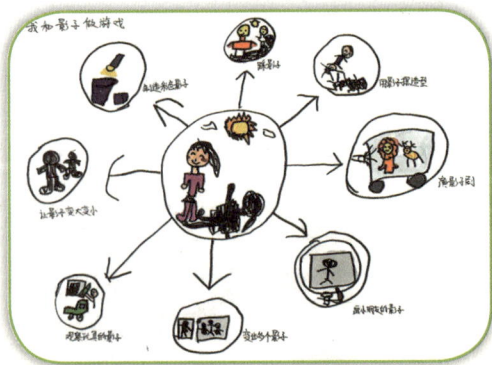

教师 反思

	核心—探究	影子的形成和变化
课程理念	开放性	开放的探索方式：幼儿自选材料，如：磁力片、积木等，自选伙伴、自创玩法，如：观察阳光下玩具或人的影子、转动玩具观察影子的变化、在影子轮廓上进行添画等方式，自由探索各种有趣的光影现象
	实践性	在实际操作中充分地找影子、玩影子，在"找、画、说、玩"的过程中，幼儿潜移默化地理解影子形成的原因，也关注到了影子的各种变化，并能将影子的各种变化加以运用，融入到皮影戏中
	经验的迁移与拓展	从初识影子、深入探究影子的各种变化到加以运用。幼儿对影子的认知和理解从一开始的无心发现，到对于影子形成的条件、影子的各种变化等有了初步的科学的理解，再到最后认识皮影戏，并将影子的各种变化运用到皮影戏的制作当中，在这整个过程中，幼儿通过亲身实验、记录、动手操作、深入体验，以不断的行动获取光影的直接经验，同时也初步感知了科学探究的严谨和有趣

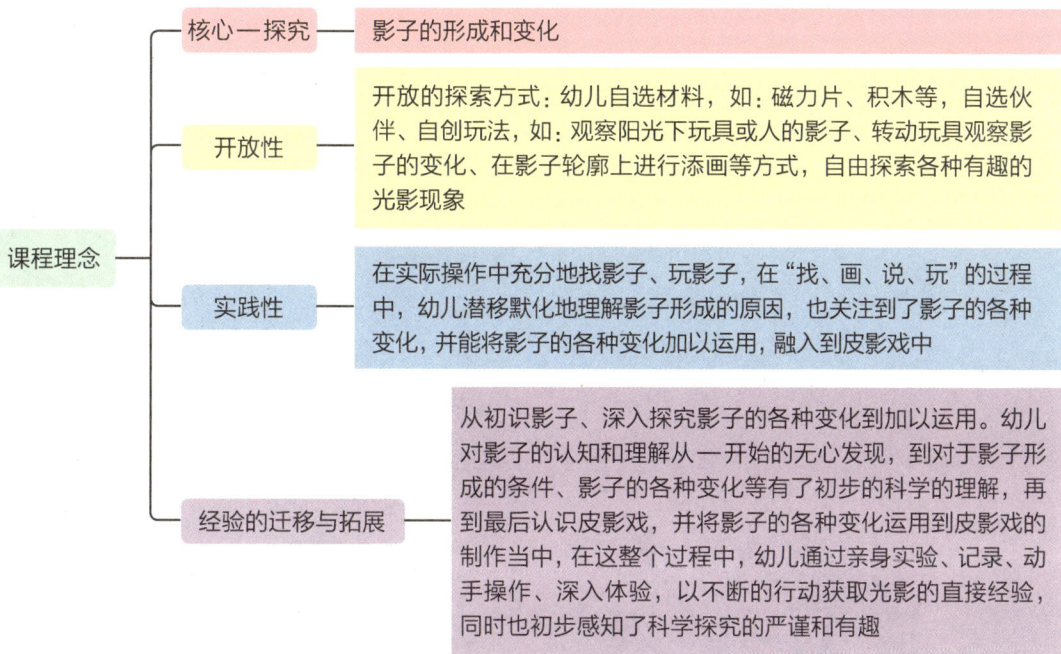

　　"光和影"是幼儿在餐后散步时发现影子而引发的一系列探究活动，教师顺应幼儿兴趣并深挖了其中所蕴含的教育价值。兴趣是最好的老师，在幼儿产生兴趣之后，如何保护并维持他们的兴趣就成了对教师最大的考验。教师通过持续观察、支持和回应，为幼儿的探究提供了重要的支撑。在整个过程中，教师鼓励幼儿积极思考，主动探究，通过启发式提问等方式引导幼儿不断地发现问题、想办法解决问题，有效地锻炼和提高了幼儿的思维能力、行动力，同时也培养了他们的合作能力。同时，注重家长资源的利用，也是探究活动得以顺利开展的重要原因。

让孩子在探秘的道路上
成为自己的主角。

小小宇航员

课程 缘起

"老师，你知道云是怎么形成的吗？""为什么天上会有很多的星星？""为什么太阳白天出来，月亮晚上才出来？"天空星光灿烂，点点繁星好似颗颗明珠镶嵌其中，美丽的星空让人向往，茫茫的宇宙令人遐想！

2021年6月17日9时22分，神舟十二号载人航天飞船成功发射。神舟飞船满载着中国人的骄傲和梦想，飞上太空，在宇宙中遨游！这更加激发了幼儿的探究兴趣，他们展开了想象："月亮里面真的有'嫦娥仙子'吗？""其他星球上有外星人吗？""宇航员会在月亮上建造太空城吗？"对幼儿来说，浩瀚的宇宙是如此的神秘。关于星球、宇宙，幼儿有很多个"为什么"，有很多未知想探寻，带上好奇心，幼儿踏上了太空逐梦之旅。

课程 总览

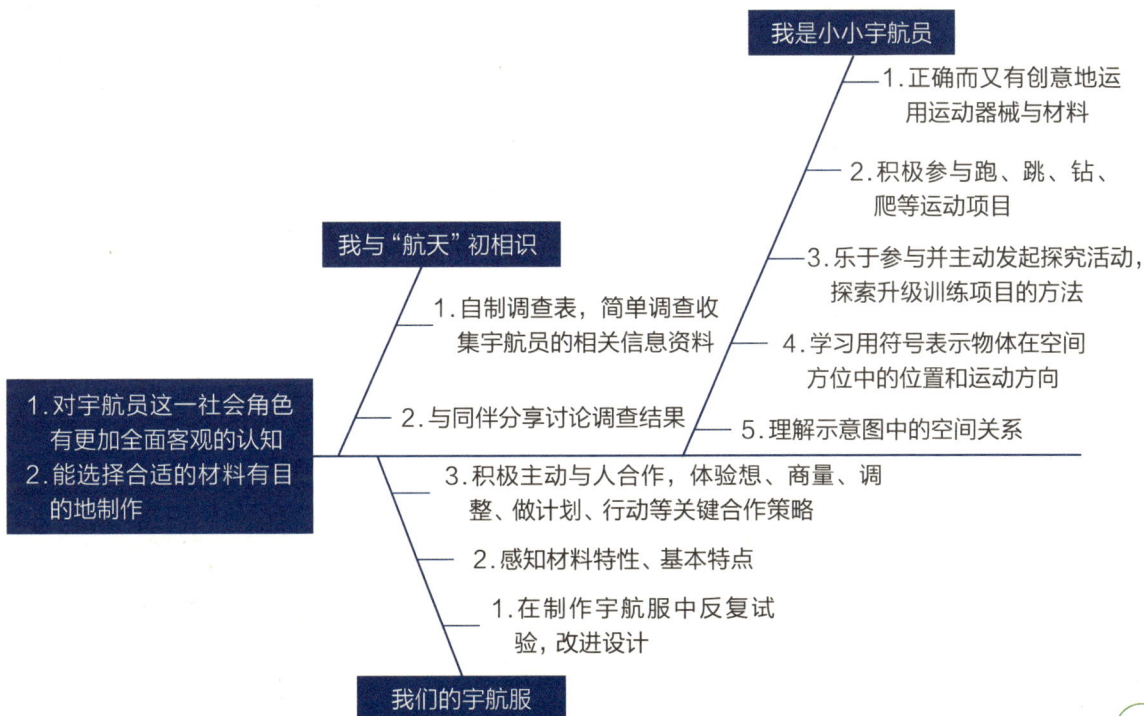

我是小小宇航员
- 1.正确而又有创意地运用运动器械与材料
- 2.积极参与跑、跳、钻、爬等运动项目
- 3.乐于参与并主动发起探究活动，探索升级训练项目的方法
- 4.学习用符号表示物体在空间方位中的位置和运动方向
- 5.理解示意图中的空间关系

我与"航天"初相识
- 1.自制调查表，简单调查收集宇航员的相关信息资料
- 2.与同伴分享讨论调查结果
- 3.积极主动与人合作，体验想、商量、调整、做计划、行动等关键合作策略

1.对宇航员这一社会角色有更加全面客观的认知
2.能选择合适的材料有目的地制作

我们的宇航服
- 2.感知材料特性、基本特点
- 1.在制作宇航服中反复试验，改进设计

197

课程 实施

探索一　我与"航天"初相识

"神舟十二成功发射啦！"这一消息在班级里迅速传开，成了幼儿讨论的热点问题。幼儿自发地带来很多关于航天航空的书籍，每天的餐后活动时间，幼儿都会和同伴一边翻看书一边展开讨论。①

杨杨："5、4、3、2、1，火箭发射！"

豆豆："神舟十二号有三位宇航员呢！"

夏天："宇航员太酷了。"

若言："我长大了也想当宇航员！"

段落："我也是。"

小田："宇航员在太空吃什么呀？"

佑佑："宇航员吃的东西就像牙膏一样，要挤着吃。"

馨宝："食物还会飘在空中，宇航员要张大嘴巴才能把食物吃到嘴巴里。"

小田："哈哈，就像小金鱼一样。"

瑞瑞："那宇航员在太空是怎么睡觉的呢？"

多多："宇航员的衣服那么厚，是因为太空很冷吗？"

关于宇航员，幼儿有"十万个为什么"，在与同伴的交流讨论中，幼儿获得了越来越多关于航天员的科学小知识。当幼儿遇到解答不了的问题时，他们会通过翻阅绘本图书、观看视频寻找答案，航天梦的小种子悄悄地在幼儿心中生根发芽。

探索二　我们的宇航服

每天的餐后时光，幼儿都一边看绘本一边模仿宇航员行走的样子，还有的幼儿学着宇航员的样子完成各种"工作任务"。

思考与支持

①关于太空、宇宙、宇航员，无论是孩子还是成人，总是充满好奇。孩子们更是有问不完的问题。基于幼儿的兴趣，教师在阅读区投放了与航空航天相关的绘本，帮助幼儿简单认识和了解神舟飞船以及宇航员的太空生活，鼓励幼儿大胆想象，与同伴主动分享自己的想法。

段落："我是宇航员段落，呼叫，呼叫！"

俊城："宇航员准备进入月球，探测准备！咔、咔、咔。"

三七："你们不是宇航员，你没有穿宇航服。"

浩然："那还不简单，我们自己做一件小朋友的宇航服嘛！"

段落："可以可以，我们一起做！"

教师："你们知道宇航员的衣服是什么样子的吗？"②

若言："宇航服是白色的，看起来鼓鼓的。"

豆豆："宇航服把全身都包起来，脸前面是透明的，可以看见东西。"

段落："宇航服上还有很多的按钮，还能和地球上的指挥中心联系。"

俊城："在太空没有空气，宇航服上需要有一个换气的装置。"

> **思考与支持**
>
> ②幼儿围绕宇航服提出问题并自制调查表，通过查阅相关资料，记录自己的调查结果，获得关于宇航服的新经验。
>
> 幼儿仅仅从视频、图片中看到宇航服的样子，所以幼儿对宇航服的认知仅仅停留在"宇航服的颜色是白的、宇航服是鼓鼓的很厚重"。

1. 设计宇航服

带着问题，幼儿查阅了宇航服的图片资料，在自主游戏时间，幼儿和同伴自由分组，围绕"设计小小宇航服"展开了讨论。

教师："你们设计的宇航服是什么样子的呢？"

菘菘："我的宇航服有一个圆形的头盔，用鼓鼓的东西包裹身体。"

段落："我的宇航服是白色的，很厚，可以保暖和防辐射，背后需要一个氧气瓶。太空没有氧气，是给宇航员呼吸用。"

2. 第一次制作宇航服

（1）尝试制作身体部分的宇航服

· 用气泡膜制作

有了宇航服的设计图，越来越多的幼儿加入到制作讨论中。

教师："你们需要什么材料制作自己设计的宇航服？"

俊城："鼓鼓的那种塑料泡沫、透明胶、气泡膜、剪刀。"

经过投票表决，用气泡膜制作宇航服的想法得到了大部分幼儿的同意。俊城把自己的制作计划画下来，按照计划，幼儿收集了很多快递盒里的气泡膜，小小宇航服的制作开始了。

涵涵："我们的宇航服做多大的呢？"

佑佑："可以请一个小朋友当宇航员，比一比就知道要做多大的了。"

小雅："那就让涵涵来当宇航员，他个子最高，衣服最大。这样做好的衣服每个小朋友就都能穿。"

佑佑："我们先用气泡膜试一试。"③

幼儿先用气泡膜在"宇航员"的身上围了一圈，做了标记，然后再裁剪出需要的气泡膜的长度。把裁剪好后的气泡膜围在"宇航员"的身上后，几个小男生拿来胶带，想用胶带把气泡膜直接固定在"宇航员"的身体上。

小雅："不行不行！这个气泡膜太软了，不好固定。"

涵涵："而且气泡膜不像宇航服那样鼓鼓的。"

佑佑："我们可不可以换一种材料试试？"

教师："当然可以！你们觉得哪种材料更合适？"

段落："我见过我妈妈快递里有一种塑料袋，气泡很大，是那种长方形的大气泡，可以让我们的宇航服变得鼓鼓的。"

> **思考与支持**
>
> ③幼儿在制作时知道衣服大小与身高的关系，会尝试用比一比的方式裁剪出合适大小的材料，但因为幼儿缺少衣服制作的经验，所以使用气泡膜包裹同伴的方式来制作宇航服。

- 用气柱袋制作

幼儿换了一种材料继续制作宇航服。小小"宇航员"站好，几个小朋友围住他，用气柱袋包裹住他的身体，用胶带固定气柱袋。这一次，幼儿觉得这次制作的宇航服和真实的宇航服的样子有点接近了：鼓鼓的。被气柱袋包裹住身体的涵涵还学着宇航员走起了太空漫步。

小雅："我们裹住了身子，又裹住手臂和大腿，现在可以了吗？"

浩然："需要全部裹住才行。"

涵涵："可是，肩膀实在裹不了。气泡太大，不能很好地贴住身体。"

教师："那有没有软一点的气泡材料呢？"

小雅："我们原来用的小的气泡膜，那个可以。"

教师："两种材料可以混合使用吗？"④

幼儿按照自己的想法，混合使用两种气泡材料，用气柱袋包裹身体的主干部分以及手臂、大腿，用小的气泡膜包裹脖子、肩膀、胯部等，并用透明胶带把大、小气泡膜粘连在一起。

（2）尝试制作宇航服头盔

• 泡沫板头盔

宇航员的身体部分制作完成后，涵涵忍不住想要走一走。⑤

小雅："别动别动，头盔还没有做好呢！"

段落："我们可以用这块长方形的泡沫板做头盔。"

佑佑："刚好，泡沫板的这面是空的，可以放在头前面的位置。"

小雅把泡沫板拿起来，戴在自己的头上试了试，很满意。

段落："刚好合适！现在就差头盔前面的面罩啦！"

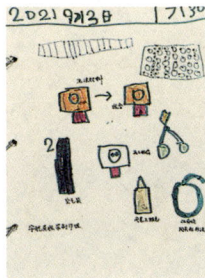

思考与支持

④幼儿基于对宇航服的外观的认知经验，选择了鼓鼓的气柱袋作为制作衣服的材料。在幼儿的操作实践中，幼儿感知获得了泡泡袋这一材料的属性：鼓鼓的，软软的。气柱袋鼓鼓的，但是很难固定。幼儿在尝试中发现材料存在的问题，教师引导幼儿综合使用两种不同的材料，帮助幼儿解决材料问题。

⑤幼儿基于前期对宇航服的认知（鼓鼓的），所以在第一次的宇航服制作中，幼儿用气泡膜制作宇航服，用泡沫板制作头盔。幼儿不但对材料的特性不太了解，而且对身体的结构以及包裹的方式缺乏经验，教师引导幼儿发现材料不同性能的同时，也鼓励幼儿去发现每一种材料的优势和不足，实现制作。

• 制作有面罩的头盔

头盔没有面罩可不行，若言小朋友找了一块没有用过的气泡膜往小雅头上一蒙说："这不就行了嘛！"⑥

小雅连忙摇着手说："不行不行！蒙上气泡膜后我都不能呼吸啦！而且这个泡沫板总是会掉，我得用手扶着。"

教师："用什么办法能固定好头盔，还能保证小小宇航员呼吸到空气呢？"

涵涵说："可以试一试在泡沫板上抠出眼睛和嘴巴，再加一些吸管，就能让小小宇航员呼吸到空气了。"

• 制作能让人呼吸的头盔

尝试在头盔上加一个呼吸装置，在头盔的面部开了一个孔，插上吸管。可一根吸管太短，不能连接到后面的氧气瓶。涵涵从材料区找来了很多的吸管，他想把多根吸管接在一起，把吸管加长，于是用透明胶将吸管一根一根地粘起来。

小雅："这个吸管不通气。"⑦

涵涵："你要用力吸。"

小雅："不行，还是不通气。"

教师："你们看看这个地方。"（教师指着吸管连接的地方）

段落："这个地方是瘪的，会不会是这个地方堵死了？"

菘菘："两个圆形的口没有对在一起。"

幼儿重新把两个吸管的口对在一起，用胶带粘贴。可是发现要么粘得太紧，不通气，要么太松，固定不住，容易脱落，还会漏气。

教师："怎样才能把吸管的两端固定在一起呢？"

段落："就把吸管的两端紧紧挨在一起，用胶带绑住。"

小雅："这个方法我试过了，吸管会断开。"

浩然："那就把吸管两端交叉塞在一起，再固定。"

几个小男生一边说一边试着把吸管的一端塞到另一端里。可是吸管的粗细是一样的，怎么都塞不进去。幼儿尝试几次后吸管都已经被捏扁了。

段落："吸管都是一样粗细，这样是塞不进去。"

菘菘："那就把另外一根吸管捏细一点就可以塞进去了呀！"

这时，菘菘把已经压扁的吸管轻松地塞到了另外一根吸管中。小雅对着接好的吸管吹了几口气，发现因为吸管被捏瘪了，还是不通气。

菘菘见状，拿来了剪刀，用剪刀在一根吸管的一端剪出一个尖角，然后再塞到另一根吸管里，几个小朋友再帮他用胶带固定，这样就能将吸管严丝合缝地连接起来。

3. 第二次制作宇航服

（1）身体部分宇航服的制作

用气泡膜、气柱袋、吸管、泡沫板的尝试制作，幼儿完成了他们的宇航服制作，在活动中玩起了宇航员游戏。

小田："现在换我穿了，快脱下来。"

多多："要怎么脱下来？"

涵涵："把这里的透明胶剪开。"

怡伊："太麻烦了，每换一个小朋友试穿都要剪开重新来。"

教师："有没有什么材料可以像衣服一样穿起来方便，又能有鼓鼓的效果？"

凯凯："我们以前用方形的大纸盒做过机器人，我们可以试一试用纸盒来做宇航服。"

凯凯提出了用纸箱做宇航服的想法，于是大家找

来大小不同的纸箱。

小雅："要多大的纸箱呢？"

雨凡："大一点的，可以像妈妈给我比衣服一样，在身体前面比一比。"

涵涵："钻进去试一试不就知道了。"

幼儿按照自己的想法，把箱子放到身体的前面比了比大小，还钻进去试了试。他们找到了两个比身体大一些的箱子，钻进去的时候，身体在里面也能自由活动。菘菘将纸箱套在身上，试穿宇航服。⑧

菘菘："我的手抬不起来，我怎么拿东西？"

涵涵："没有伸手的地方。"

凯凯："那就在纸箱上抠个洞，你的手就能伸出来了。"

他们先用剪刀在纸箱上的大概位置戳洞，可是发现洞太小，又用剪刀努力把洞变得大一些，还用手臂伸进去比大小，紧接着又在箱子的另一边开了第二个洞。开第二个洞的时候，由于位置不对称，穿上宇航服以后发现，一边的手能完全伸出来并抬起来，另一边的手只能伸出一半。

小雅："我这边的手怎么抬不起来？"

涵涵："伸出来了呀！"

小雅："不对，这边能抬起来，这边不可以。"

涵涵："我帮你拉出来。"

小雅："轻点，别把衣服弄坏了。"

教师："我们仔细观察一下两边伸手的洞，你们看看它们一样吗？"

豆豆："不一样，那个高一点，这个矮一点。"

涵涵指着高一点的洞说："这只手能伸出来。"

经过调整，幼儿在纸箱的上面、左右两面上分别抠出一个洞，让宇航员的脑袋和两只手臂都能伸出去。套在头上，能看出小小宇航员的样子了。

浩然："快看！这像不像一件宇航服？"

段落拍着手："像的像的！这样我们就都能成为宇航员了！"

佑佑对着浩然说："你的办法真棒！你可以做我们班第一个宇航员。"

> **思考与支持**
>
> ⑧对于直观的物体，幼儿可以简单分辨出物体空间的大小，但是对于抽象的物体（身体的上半部分），幼儿是无法判断出所占空间大小的，教师引导幼儿联系原有经验，在实际操作中解决问题。

可以试试用纸箱服甲制作

（2）四肢部分宇航服的制作

娜娜："怎么宇航员的手臂和腿是露在外面的呢！"

教师："你们觉得可以用什么材料来制作手臂和腿部分的宇航服呢？"

豆豆："用这个长一些的纸箱。"

幼儿将纸盒两头打开，把手伸了进去，抬起手来想比一个"耶"的姿势时，发现比不了。

涵涵："不行不行，穿这个的话手臂不能弯曲。"

教师："我们需要一个鼓鼓的、又能弯曲的材料。"

段落："吸管上面那里会转弯。"

涵涵："吸管太小了。"

段落："木工坊有大一些会转弯的管子，我见过。"⑨

幼儿把它找来试了试，发现手伸不进去。

教师：还有比这个更粗一些的管子吗？大家回去问一问爸爸妈妈。

第二天，一个幼儿带来了更粗的可以转弯的管子（油烟机的导烟管）。他们将纸箱套在身上，又将导烟管套在手臂上，用透明胶带粘紧连接部分，试穿的幼儿试着拿起一个玩具，高兴地叫着"成功啦！"

> **思考与支持**
>
> ⑨幼儿对于部分材料的认知经验有限，于是教师参与幼儿的讨论，引导幼儿回忆已有经验。通过对比尝试，思考更合适的材料的样子，并在幼儿经验空白的部分，卷入家长的参与，帮助幼儿找到更合适的材料。
>
> 在制作过程中，幼儿对于材料的选择，不仅仅局限在班级范围内，教师可引导幼儿能通过自己的实际生活经验，发现、寻找更多合适的制作材料。

（3）宇航服的装饰

幼儿按照计划分好任务，继续使用纸箱，完成了头盔和换气背包的制作，宇航服初见雏形。幼儿对自己制作的宇航服非常满意。

小雅："我们还可以再用银色的锡纸加工一下，就更像宇航服了。"[10]

幼儿又找到锡纸，用银色的锡纸包裹纸箱，一件银色的、鼓鼓的宇航服制作完成了。幼儿迫不及待地穿上了宇航服，扮演起了小小宇航员。

怡伊指着绘本上的宇航服说："你们看，宇航服上还有国旗，我们的宇航服上也要做一面国旗。"

馨宝："可以用黏土做一面五星红旗粘在宇航服上。"

多多："好主意！我们还可以用毛球在宇航服上做一些按钮。"

馨宝认真地看着图说："宇航员的头盔这里还有一个摄像头，我们还要做一个摄像头。"

宇航服制作完成，为了让它看起来更像真正的宇航服，幼儿再次对它的外表进行了装饰和美化。几个女生用胶泥捏出了中国国旗的标志和一些简单的装饰按钮，粘在宇航服上。宇航服制作完成以后，大家都想来试穿，幼儿开始自发地、创造性地玩起了"小小宇航员"游戏。

探索三 我是小小宇航员

1. 如何成为宇航员

活动的深入开展不仅激发了幼儿对航空航天的浓厚兴趣，同时培养了幼儿热爱科学、崇尚科学的情感，也在幼儿心中种下了"长大了，我也要当宇航员"的职业梦想。每个幼儿都想穿上宇航服感受一下。

一天早上入园时间，幼儿自选材料进行游戏，几个幼儿围着宇航服争吵起来。

小田："今天轮到我当宇航员了！"

俊毅："石头剪刀布，谁赢了谁玩。"

佑佑："我们昨天不是说好，谁先到幼儿园谁先玩吗？"⑪

班里的几个男生关于谁能成为今天的小小宇航员吵个不停。

教师："你们都想当小小宇航员，那你们知道怎样才能成为宇航员吗？"

小田："要好好学习，知道很多知识才能当宇航员。"

雨凡："宇航员视力要很好，这样才能在太空中完成很多的任务。"

三七："宇航员要有健康的身体，还要经过很长时间的训练。"

教师："你们知道宇航员都要经过哪些训练吗？"

涵涵："宇航员要穿着重重的宇航服走来走去的，需要增强力量的训练！"

多多："宇航员在太空中是飘起来的，所以他们在地球上也要进行训练。"

豆豆："在地球上怎么进行训练呢？"

多多："在水里就可以，我们游泳的时候就是在水里漂来漂去的呀。"

三七："我看过视频，宇航员还要固定在仪器上不停地转圈。"

2.小小宇航员训练项目制定

教师："成为小小宇航员需要经过哪些训练呢？"⑫

小田："可以比一比谁的力气大。"

浩然："我觉得还要比一比谁的反应快。"

段落："那就比一比谁爬地垫爬得更快。"

幼儿根据平时的户外游戏，分组讨论，选出适合小朋友的训练项目，比如跳远、绕锥桶跑、走平衡木、爬地垫、跳轮胎等。

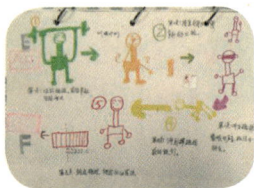

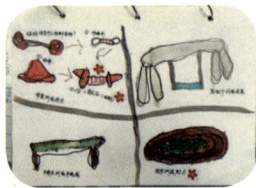

三七："那我们怎么做宇航员旋转的训练呢？"⑬

豆豆："我们可以捏着鼻子转圈圈，看谁转得时间长。"

俊城："不行不行，小朋友转完会摔跤的。"

段落："我有一个好办法！我们可以用碰碰球。"

三七："对！躺在碰碰球中间，碰碰球一滚就转起来了。"

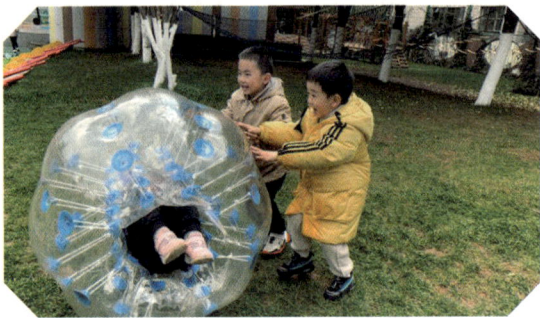

幼儿投票后确定了走平衡木、绕锥桶跑、跳远、爬地垫、滚碰碰球、吊单杠六项训练。确定了运动项目后，幼儿都迫不及待地想要试一试。

3. 训练项目升级改进

段落："这些训练和我们平时的户外游戏是一样的，没有挑战。"

浩然："对！太简单了，每个小朋友都能完成，宇航员应该要升级挑战。"

教师："怎样提升挑战难度呢？"

凯凯："可以计时挑战，小朋友把所有训练都完成，看谁用的时间最短。"⑭

佑佑："还要增加重量！爸爸跑步的时候会在脚上绑一个沙包，这样跑起来就会更难。"

教师："这是负重训练。小朋友要怎么增加重量进

思考与支持

⑬幼儿的项目讨论和器械选择很清晰地反映出幼儿对户外游戏的玩法和规则非常熟悉。在第一次确定的训练项目中，幼儿选择了单一器械进行项目挑战，还能探索发现运动器械的多种玩法，能自主讨论确定挑战规则。但经过幼儿实际操作后，发现确定的训练项目太简单。教师的问题介入能引发幼儿新的、更贴近宇航员项目的调整的思考。

⑭幼儿发现了运动项目与宇航员项目的区别，在回顾宇航员训练项目的资料中，一些新的训练的内容被发现。如：耐力训练、失重训练、平衡训练、力量训练等。幼儿结合平时的户外游戏经验，调整了运动项目。但是在确定的项目时，哪些是适合大班幼儿游戏？这需要教师结合幼儿发展水平和年龄特点进行深度思考，并引导幼儿改进训练项目。

行负重训练呢？"

佑佑："可以背书包。"

浩然："我们在书包里多放一些东西，书包就会很重很重。"

涵涵："我们可以试一试。"

幼儿在教室里寻找可以增加重量的物品，他们找到绘本、马克笔、水壶。他们把找到的物品都塞到书包里，每个人的书包都塞得鼓鼓的。背上鼓鼓的小书包，幼儿开始了第二次的训练项目体验。

菘菘："我的书包太重了，走平衡木的时候我都站不稳了。"

教师："负重训练能提高训练的难度吗？"

段落："能！背着书包爬地垫，我的速度都变慢了。"

幼儿七嘴八舌地分享着负重训练的感受。

教师："那还有其他提高训练难度的方法或者是游戏吗？"

幼儿歪着脑袋，一时想不出其他可以提高项目训练难度的方法。

教师："你们可以回家和自己的爸爸妈妈讨论一下，看看他们有没有更好的主意。"

一天早上，怡伊从家里带来一本《我想当航天员》的绘本。

怡伊："这是我和妈妈去图书馆看书的时候发现的，里面有很多成为小小宇航员的方法。"

豆豆："这里有关于小小宇航员训练的方法，是两个小朋友接尺子的游戏。"

涵涵："我们也可以玩接尺子的游戏，我和爸爸在家玩过，很好玩。"

豆豆："我也玩过这个游戏，可以比一比谁的反应更快。"⑮

段落："你们看，这个是穿航天服行走的训练，和我们的负重训练差不多。"

幼儿一边看一边讨论哪些游戏可以加入到小小宇航员的训练中。

经过讨论，幼儿最后确定了负重走平衡木、绕锥桶跑、跳远、爬地垫、滚碰碰球、吊单杠和反应游戏七种训练项目。

思考与支持

⑮幼儿在讨论中发现升级训练项目的方法，教师支持幼儿通过实际体验、感知检验来分析方法的可行性，鼓励幼儿寻找更贴近宇航员运动项目的方法。负重训练、反应游戏的加入不仅升级训练项目，也给幼儿带来更多与宇航员相关的不一样的体验。

4. 小小宇航员训练赛

确定好训练项目，幼儿自由分组，讨论设计每一项训练器械的位置摆放示意图。⑯

段落："我们把平衡木、锥桶放在跑道上，因为沿着跑道摆放会很整齐。"

三七："那把碰碰球就放在草地上。"

涵涵："不行不行，操场更大一点，小朋友在滚的时候才不会被撞到。"

三七："可是操场上还要放其他的器械。"

教师："你们可以到操场上先摆摆看，试一试哪种方法比较好。"

几个男生在操场上一边讨论一边调整器械的摆放位置，然后认真记录。

经过一个星期的训练体验，幼儿最终确定了每个训练项目器械的摆放位置。在每天的户外活动中，班上的幼儿更加积极主动。

幼儿迫不及待地想和小伙伴来一场比赛，选出班级的小小宇航员。⑰

教师："比赛还需要准备些什么呢？"

怡伊："小朋友们要按照场地图把比赛的器械摆好。"

浩然："需要有小裁判进行计时，还要记录小朋友们的比赛时间。"

豆豆："小裁判还需要秒表和记录表。"

教师："那谁来当小裁判?"

段落："每个项目都要投票选出一个小裁判。"

教师："小裁判有哪些要求?"

三七："小裁判要负责,不能乱记时间。"

小田："小裁判也要参加比赛,可以等到所有人比赛结束后再比。"

确定好比赛项目,准备好比赛场地,选出小裁判,小小宇航员训练赛开始了。比赛中,每个幼儿都认真完成挑战,每个项目的小裁判都认真做好记录。

"我想成为宇航员!"是小小梦想的播种。幼儿通过训练赛,在实际感知、体验中不仅收获健康,还懂得成为一名宇航员的不容易,也对宇航员也有了更全面、更客观的认识,积淀了幼儿对祖国、对航天事业深深的情感。

幼儿的发现和思考

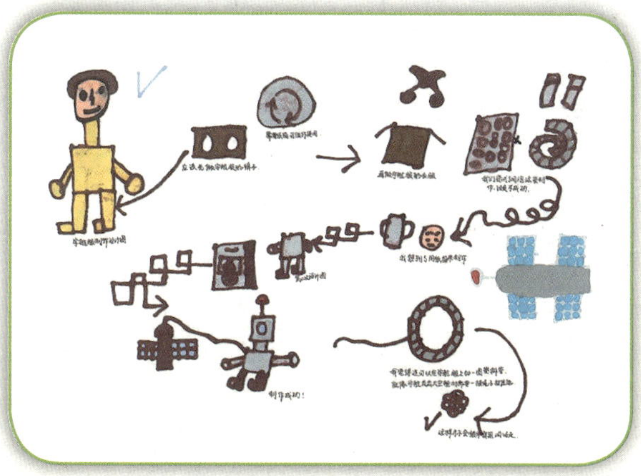

教师 反思

课程理念	核心—探究	材料的适宜性
	开放性	开放的师幼关系：教师在整个活动中，更像幼儿的朋友，去倾听幼儿的述说，适时给予材料的支持和帮助，鼓励幼儿不断尝试，通过聚焦问题、分析材料、寻找帮助、主导分析讨论等方式，让幼儿找到成品存在的问题，思考一些问题解决的策略，最终实现问题的解决
	实践性	反复尝试，不断探索。如制作宇航服的过程中，教师通过巧妙的提问引导幼儿对宇航服的制作进行多次尝试，使用气泡膜、气柱袋制作身体部分的宇航服；使用泡沫板、空气袋、吸管制作可呼吸宇航服面罩；分身体部位制作、装饰宇航服；整个过程幼儿操作不断，实践不停
	经验的迁移与拓展	反思改进是让宇航服制作获得成功的核心。幼儿在制作宇航服的过程中，经历着反复的改进、试错、再改进、再试错。例如，在宇航服头盔的制作中，幼儿解决了头盔看不见面部的问题，头盔遮挡呼吸的问题，呼吸管连接的问题；在身体部分宇航服的制作中，解决了宇航服不能鼓鼓的、穿脱不便捷、手臂不能弯曲等问题，这是产品迭代的过程。从最后幼儿体验成品的欢喜愉快的表情中能感受到，幼儿有满满的成就感，他们通过自己的努力，通过与同伴的合作分享，最终实现了制作目标

　　"太空飞客"主题活动的开展，以"神舟十二成功发射"为兴趣点，通过增进对太空知识的了解，幼儿产生了进一步学习航天知识的兴趣，制作宇航服是幼儿萌发出的第一个想法。在制作宇航服活动中，幼儿能灵活运用各种材料，经过三次材料的选择，使宇航服从最开始的"形"到"像"。幼儿通过探究宇航服材料的选择，对材料性能的分析，最后运用材料的各种优势完成宇航服的制作。活动促进了幼儿解决问题的能力、专注力水平、合作能力的发展。

　　作为教师，在活动中适时给予幼儿支持和帮助，通过聚焦问题、分析材料、给予帮助、主导分析讨论等方式，让幼儿找到产品存在的问题，思考一些问题的解决策略，最终实现问题的解决。尊重幼儿，顺应天性。在小小宇航员训练赛的过程中，从项目确定、器械材料选择、摆放，再到训练赛的顺利组织，幼儿拥有最大的自主权，他们自己尝试，解决问题。相信在之后的游戏中，幼儿也能齐心协力，自主探索，把太空游戏玩出更多的花样！

递进式系列化课程

幼儿的身心发展不是跳跃式的，而是递进式的。就是说幼儿不是跳跃式地进入下一个发展阶段，而是每天每个月都有发展变化，至少每两个月左右会有比较明显的变化。"一三四开放性实践课程"常规都是按照大中小班的上下学期实施的。虽然常规课程也是在有利于培养幼儿自主性的开放素材、开放时间、开放空间、开放角色的环境下展开的，但相对于幼儿递进式并且变化较快的身心发展特点，还需要补充有对应幼儿身心发展特点而灵活变化的周期相对较长的课程。这样既有利于保持完整的教育教学秩序，又能最大限度地抓住幼儿黄金启蒙期进行更有效的教育教学活动。递进式系列化课程不仅能满足这一需求，而且能更好提升幼儿体验品质，助力培养目标实现。

递进式系列化课程也是在"一三四开放性实践课程"的理念和框架下实施的，不同于常规课程的是加强了以下几个方面：一是，课程素材或主题必须基于幼儿更浓烈的兴趣，并具有可持续探究的特征。兴趣是激发幼儿自主性和自主探索的主要动因。可持续探究的素材或主题才能实现更多的教育意义。二是，更开放、更灵活、更富有弹性的教育环境。幼儿可以在一个团队，从小班到中班再到大班，按照初始计划和初始目标进行活动。幼儿也可以随着经验的积累调整计划和目标，甚至可以在实践或尝试的基础上多次反复。幼儿在活动时间和空间上更有弹性，幼儿可以在最长 3 年的时间内的任何时间，在幼儿园、在家庭生活和社会活动中的任何地方，去关注自己的计划和目标，并为实现计划去查阅资料、寻求帮助等。培养幼儿有意识地自主完成计划和目标。三是，教师指导要更加积极关注幼儿活动过程，而不是结果，要及时展开幼儿活动过程中遇到困难和问题的探讨，及时和幼儿一起进行反思和分享。目的在于鼓励幼儿不怕困难、勇于尝试、向更高的目标挑战。教师应尽可能地调动幼儿，在反复探索、发现、尝试、交往和表达的过程中，去获得新经验。这些新经验获得过程，就是幼儿了解世界、认识世界、思考世界的雏形，也是养成幼儿自主性和"会思考、懂合作、爱行动"素养的基础。

第四章

系列主题活动案例

在时间的河流里，寻找属于我们的快乐时光。

快乐时光

不同年龄段的幼儿对时间会有不一样的感知和发现，比如，刚开始他们会关注到白天与黑夜，后来，又会发现一天中有不同的时段，慢慢的，他们会认识星期与日期，还能说出具体的时间等等。那么在幼儿的一日生活中怎样支持幼儿感知时间？……我们一直思考着。于是，在此系列课程中，我们联系幼儿的生活经验，从幼儿的兴趣出发，以幼儿的活动经历为依托，制订了不同年龄段的课程内容。小班幼儿重在感知白天与黑夜，并尝试进行简单的活动记录，在分享的过程中逐渐缓解他们的入园焦虑；中班幼儿主要是在分享的基础上，自己制订周末活动计划，尝试制订简单的时间规划；大班幼儿主要是在感知时间的基础上熟悉一日生活的安排，并在实践中培养良好的作息习惯，做好入学准备。

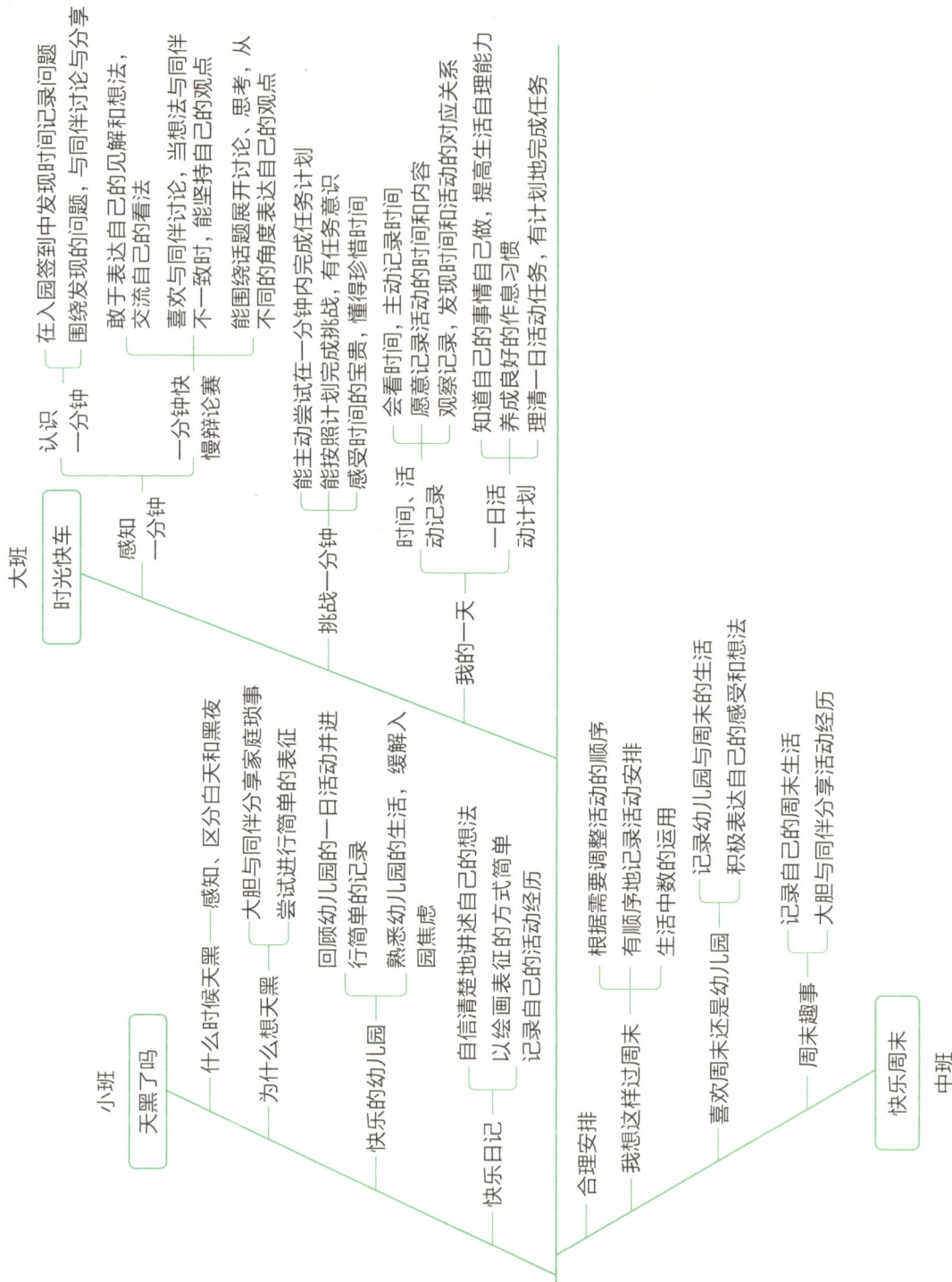

大班 时光快车

认识一分钟
- 在入园签到中发现时间记录问题
- 围绕发现的问题，与同伴讨论与分享

感知一分钟
- 敢于表达自己的见解和想法，交流自己的看法

一分钟慢辩论赛
- 喜欢与同伴讨论，当想法与同伴不一致时，能坚持自己的观点
- 能围绕话题展开讨论，思考，从不同的角度表达自己的观点

挑战一分钟
- 能主动尝试在一分钟内完成任务计划
- 能按照计划完成活动的时间计划，有任务意识
- 感受时间的宝贵，懂得珍惜时间

时间、活动记录
- 会看时间，主动记录时间
- 愿意记录活动的时间和内容
- 观察记录，发现时间和活动的对应关系

我的一天 / 一日活动计划
- 知道自己的事情自己做，提高生活自理能力
- 养成良好的作息习惯
- 理清一日活动的顺序，有计划地完成任务

小班 天黑了吗

什么时候天黑
- 感知、区分白天和黑夜

为什么想天黑
- 大胆与同伴分享家庭琐事
- 尝试进行简单的表征

快乐的幼儿园
- 回顾幼儿园的一日活动并进行简单的记录
- 熟悉幼儿园的生活，缓解入园焦虑

快乐日记
- 自信清楚地讲述自己的想法
- 以绘画表征的方式简单记录自己的活动经历

中班 快乐周末

合理安排
- 根据需要调整活动的顺序

我想这样过周末
- 有顺序地记录活动安排
- 生活中数的运用

喜欢周末还是幼儿园
- 记录幼儿园与周末的生活
- 积极表达自己的感受和想法

周末趣事
- 记录自己的周末生活
- 大胆与同伴分享活动经历

课程总览

小班：感知白天和黑夜，回顾、分享自己的活动经历，熟悉环境，适应集体生活。

中班：尝试简单规划自己的周末活动，能够较为合理地安排活动。

大班：有一定的任务意识和时间观念，尝试进行时间的管理和计划。

课程 实施

小班活动：天黑了吗

可可："老师，什么时候天黑啊？"

教师："为什么你希望天变黑呢？"

可可："妈妈说天黑的时候我们才会回家。"

小杰："对，妈妈说，晚上我们才回家，白天她要工作，我要上幼儿园。"

大大："爸爸妈妈晚上才能陪我们玩。"

浩浩："我的爸爸也是天黑才回来。"

……

幼儿很想天变黑，因为天黑的时候他们可以待在家里，身边有爸爸妈妈的陪伴。由此可知，对于白天在哪里做什么事情，晚上在哪里做什么事情，幼儿有大致的了解。

教师可以引导幼儿进一步讨论，回顾自己在白天和夜晚做了哪些快乐的事情，并从这些快乐的事情出发，对每天做的事情进行初步的整理与表征记录。

探索一 什么时候天黑

吃完早餐，诺诺突然大哭，还闭着眼睛说："我要回家，我要找妈妈。"她觉得闭上眼睛就是天黑了，天黑就可以回家，让妈妈陪自己，所以她才会闭着眼睛哭。

午睡的时候，关于什么时候天黑，小朋友们又开始了讨论。

馨馨："闭上眼睛，周围就变黑了，要睡觉了。"

石头："闭上眼睛，天黑了。"

可可："现在不是天黑，还没到呢。"

轩轩："天黑要到晚上，晚上回家的时候。"

关于什么时候天黑，小朋友们有不同的想法。于是，在教师的引导下，一次关于认识白天和夜晚的活动开始了。

教师："你们怎么知道天有没有黑？"

昊昊："天黑的时候，是要开灯的。"

浩浩："天黑的时候，是黑的，看不见。"

乐乐："天黑了，要待在家里了，不能出去玩。"

教师："什么时候才天黑呢？是闭上眼睛的时候吗？"①

双双："不是的，晚上才会天黑。"

小杰："对，晚上的时候天就会变黑了，天空里有星星和月亮。"

石头："现在是白天，有太阳。"

涵涵："现在是白天，是亮的，晚上才会天黑。"

……

讨论结束后，幼儿将讨论的内容用简单的表征方式记录下来，进一步了解了如何区别白天和夜晚。同时，通过这几天的观察以及幼儿之间的讨论，他们已经能够区分白天和夜晚，知道并不是闭上眼睛就是天黑了。

思考与支持

①从午睡时幼儿之间的讨论可以看出，他们对白天与夜晚的认知并不相同，对白天和夜晚的感知是模糊的，所以，教师通过开放式的提问，引发幼儿思考，让他们表达自己的想法。在相互讨论的过程中，幼儿获得了关于白天和夜晚的相关知识。

探索二　为什么想天黑

1. 讨论：天黑的时候做什么

可可："天黑了，我就可以回家了。"

萱萱："天黑的时候，爸爸妈妈就会陪我一起玩游戏。"

浩浩："天黑了，要睡觉，妈妈会给我讲故事，我最喜欢妈妈了。"

教师："看来你们晚上在家和爸爸妈妈做了很多有趣的事情，你们可以和大家分享一下吗？"

2. 分享：夜晚的趣事

有了这样的分享活动，幼儿每天入园后，都会和同伴分享自己在家里发生的快乐的事情。

乐乐："晚上，我和妈妈一起做了彩虹蛋糕。"

双双："爸爸会和我玩躲猫猫的游戏，我藏在了衣柜里，他都找不到。"

轩轩："我有军人的衣服，我和爸爸玩打仗的游戏。"

……

越来越多的幼儿加入到分享活动中，迫不及待地分享自己在家里发生的好玩的事情。

于是，教师和幼儿一起将教室的一角装扮成为"夜晚快乐一角"，幼儿可以把这些快乐事情以照片或者其他表征的方式呈现在分享墙上。②

在教师的组织下，每天饭后，幼儿都会在一起分享在家的趣事。

思考与支持

② 教师支持幼儿围绕夜晚在家发生的快乐的事情进行分享，让他们知道，夜晚的时间是和爸爸妈妈一起度过的快乐时光，而这些快乐的事情是可以和同伴一起分享的。当越来越多的幼儿有表达的愿望时，教师通过环境创设，支持他们自信大胆地分享与表达。

探索三 快乐的幼儿园

1. 讨论：幼儿园里的开心事

教师："你们晚上在家里会有很多有趣的事情，白天在幼儿园里会有吗？"

乐乐："我们在草坪上玩的时候很开心。"

欣欣："白天我们会画画。"

小杰："我喜欢玩玩具，很开心。"

石头："我喜欢大型玩具，比如滑滑梯。"

教师："哦，原来白天在幼儿园你也会有很多开心的事。你们可以把幼儿园里发生的开心的事情分享给爸爸妈妈。"

小朋友们一听都很开心，期待着晚上和爸爸妈妈见面，分享自己在幼儿园的快乐。

2. 分享：我很开心

教师和幼儿将教室里的另一个地方装扮为"分享角"。

幼儿会把自己在幼儿园里发生的开心的事情画下来，粘贴在"分享角"的墙面上，并以视频的形式和爸爸妈妈分享。③

> **思考与支持**
>
> ③随着记录和分享活动的开展，幼儿对白天、夜晚有了更多的了解，他们谈论的内容也越来越多了。教师抓住这样的机会，以开放性的问题引导他们回顾自己在幼儿园里的开心瞬间，帮助幼儿更好地适应幼儿园的集体生活，并鼓励幼儿分享自己的想法和发现。

探索四 快乐日记

1. 粘贴满了怎么办

教师："最近，小朋友们画了很多在幼儿园和家里自己经历的快乐的事情，这些作品已经贴满了整面墙，之后的作品贴哪里呢？"

石头："我们把这些取下来，装在篮子里。"

大家都同意石头提出的办法，纷纷把自己的作品从墙上取下来，放到了篮子里。

2. 不见了

随着活动的推进，篮子里的表征作品越来越多，问题也随之出现。有的小朋友找不到自己绘制的表征图，有的小朋友将表征图杂乱地放在一起，分不清楚自己是什么时候画的。

教师："你们能告诉我前几天发生了哪些快乐的事情呢？"

涵涵："我不记得了，好几天的作品都混在一起了。"

教师："那怎么办呢？"

米米："我们要把绘制的表征作品放整齐，就能找到了。"

教师："可是有的小朋友的作品是放置整齐的，也没有找到。"

大家都沉默了，不知道该如何是好。

教师："可不可以记录在你们的活动本里？"

欣欣："可以，这样就不用收到篮子里了。"

小叶："对，翻开本子就能找到我们的画啦。"

接下来的时间里，幼儿每天都会把开心的事情记录在活动本上。为了方便幼儿记录，教师会在他们的记录本上逐页写上日期，引导幼儿一天记录一页，使记录内容按照时间顺序排列。

3. 混在一起了

教师："这是谁的画呢？为什么我分不清楚画上画的是白天的幼儿园，还是晚上的家里？"④

米米："可以分开画，先画白天在幼儿园发生的事，再画晚上在家里发生的事。"

月月："分别画在两边，这样就不会混了。"

幼儿将页面分成了两个部分，有的分为上面和下面，有的分为左边和右边，还可以在中间画上一条分隔线，分别记录在幼儿园和家里发生的事情。

活动的开展也得到了家长的支持，幼儿绘制的表征图可以让他们了解孩子在幼儿园发生的事情，随着记录内容越来越多，幼儿对白天与夜晚的区别也越来越明确。

> **思考与支持**
>
> ④当幼儿遇到问题的时候，教师并没有立刻告诉他们解决办法，而是逐一进行引导。当有幼儿提出解决方法的时候，教师鼓励他们进行尝试；当幼儿想不出解决方法的时候，教师通过提问，支持幼儿联系生活经验，想出解决办法。

中班活动：快乐周末

米米："周末我去了动物园，还给长颈鹿喂吃的啦。"

可可："这周末妈妈要带我去海洋馆，可以看美人鱼的表演。"

小杰："我周末去了澄江，那里还能游泳。"

……

对于周末的活动安排，幼儿展开了热烈的讨论。他们像小班的时候分享在幼儿园和家里发生的开心的事情一样，分享着自己在周末开展的活动。既然幼儿对此十分感兴趣，且有过记录活动日记的经验，教师便引导幼儿进一步进行讨论和交流，从他们喜欢的周末活动入手，引导他们安排周末的活动，学习制订简单的活动计划。

探索一　周末趣事

大大："我周末去了博物馆，看了很多恐龙。"

萱萱："我去了同德，妈妈给我买了乐高玩具。"

浩浩："我去骑了平衡车，老师说我很厉害。"

西西："我去骑马了。我现在可以自己骑马了，不害怕。"

教师："你们的周末真有意思。你们愿意在分享角和大家分享吗？"

接下来的两周时间里，幼儿以照片或者表征图的方式呈现自己在周末做的事情，并与同伴进行分享和交流。①

思考与支持

① 幼儿已有分享的经验，因此，当教师听到幼儿开始讨论时，便支持他们大胆表达，分享自己的周末活动，提高他们的语言表达能力。

探索二　喜欢周末还是幼儿园

这一天，"分享角"传来了孩子们的声音：

小杰："我不喜欢周末，周末不能来幼儿园。我喜欢幼儿园，幼儿园里更好玩。"

乐乐："我都喜欢,都很好玩。"

蓉蓉："我喜欢周末,可以不上幼儿园。"

……

听到他们的对话,越来越多的幼儿参与到讨论中,表达着自己的想法。

教师："你们能说一说为什么喜欢周末,为什么喜欢幼儿园吗?"

乐乐："周末可以出去玩,去很远的地方。"

大大："周末爸爸妈妈不上班,我们可以一起玩。"

西西："周末可以不上幼儿园。"

……

浩浩："幼儿园里好玩,因为有很多的玩具。"

小杰："幼儿园里有我的好朋友,我想和好朋友玩。"

米米："幼儿园里有草坪,很好玩。"

可可："我喜欢在彩虹跑道上跑步,我跑步很厉害。"

……

还有的小朋友觉得上幼儿园和周末在其他地方玩都很有趣,都喜欢。

幼儿对于周末活动和上幼儿园有着自己的感受和想法。②

探索三 我想这样过周末

教师："有的小朋友不喜欢之前的周末活动，那你们想怎样过周末呢？"

小朋友们纷纷画出自己想在周末做的事情。

1. 只做一件事情吗

教师："周末有两天，可是很多小朋友只画了一件事情，两天都做这一件事吗？"

欣欣："我喜欢画画，所以，我就只画了这一件事。"

小杰："这样不行，还要计划做其他的事，周末的时间是很长的。"

石头："对，妈妈说一天可以做很多事情的，不能磨磨蹭蹭。"

教师："那应该怎样计划呢？"

涵涵："我们要计划做好几件事情才行。"

小叶："那我还要画上玩玩具和跳绳，我周末要练习跳绳。"

之后，幼儿分别在计划书上补画了自己想做的其他事情。

2. 什么时候做呢

教师："你们要在什么时候做这些事情？"

石头："我是上午出发去动物园，晚了就关门了。"

可可："我是下午去骑马，上午要和妹妹玩。"

教师："可是，我从你们的计划书上看不出来活动的顺序。"

在教师的提示下，幼儿改画或重新画了一张计划书，将活动按照做的顺序排列。

思考与支持

②当幼儿想法不同时，教师给予他们自由表达的空间，引导他们说出自己的感受。"分享角"已成为幼儿讲述自己活动经历的场所。他们在讲述的过程中，也表达着自己的情绪。这样，教师可以更好地关注、了解幼儿的在园情况以及情绪状态，更好地和幼儿互动。

教师:"现在,我能清楚地知道活动的顺序了,不过你们计划是上午、下午还是晚上做这些事情呢?"

经过教师再次提示,幼儿发现了计划书中的活动没有标明时间段。于是,他们再次调整自己的周末计划,如:在页面上画线分隔出上午、下午;画太阳和月亮表示白天和晚上。

3. 能做什么

小朋友把自己的周末计划书带回家里,询问爸爸妈妈的意见。他们发现,周末会有一些在固定时间开展的活动,比如:学习舞蹈,学习轮滑,等等。他们开始知道在周末并不是自己想做什么就做什么,周末计划书需要和爸爸妈妈一起讨论完成。

在爸爸妈妈的帮助下,每个小朋友都制订了周末计划。③

探索四 合理安排

周一入园后,小朋友们马上开始讨论自己制订的周末计划的实施情况。

恒恒:"我想一直玩玩具,可是妈妈说下午必须去学英语。"

乐乐:"我没能玩积木,因为太晚了,妈妈说必须睡觉了。"

昊昊:"我的计划又改了一些,因为妈妈说,认真练习完排球,才可以去游乐场玩。"

……

教师:"原来你们在家里需要遵守一些约定,这些约定是什么呢?"④

小叶:"我不能赖床,要按时睡觉,第二天要早起,妈妈才会带我去骑车。"

思考与支持

③幼儿已经可以记录自己所经历的事情,也能够清楚地讲述自己的经历,教师通过倾听幼儿对话,发现教育契机,为幼儿规划自己的周末活动提供支持。

④在尝试规划的过程中,幼儿经历了从规划一件事到规划多件事,再到按时间、需要规划多件事的过程。在幼儿不断尝试的过程中,教师总是在适宜的时候给予幼儿提示或者以提问引导的方式给予他们适当的支持,鼓励他们改进自己的计划,能够合理规划自己的周末活动。

大凯:"我要好好吃饭,才能玩玩具。"

馨馨:"我要午睡,睡醒才能去找好朋友玩。"

……

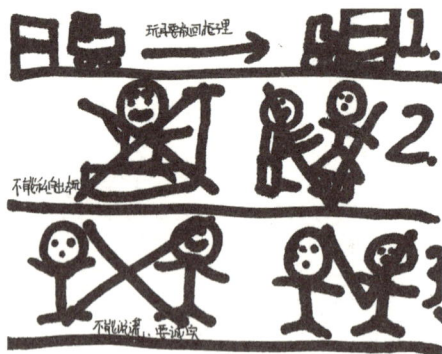

教师:"下周的周末计划我们应该注意什么呢?"

小雨:"要画清楚,知道要做哪些事情。"

可可:"要想好什么时候做这些事情。"

石头:"要和爸爸妈妈一起商量,因为爸爸妈妈会陪着我们过周末。"

米米:"我们要遵守和爸爸妈妈约定好的事情,不然的话,就完成不了计划了。"

每周幼儿都会和家长一起商量、制订一份简单的周末计划。随着活动的推进,幼儿会不断丰富自己的计划,明确活动时间与活动顺序。

通过一步一步改进计划并按照计划实施,幼儿初步学会了自己规划周末活动,在熟悉自己要做的事情的基础上,进行简单的设计和安排。

大班活动：时光快车

探索一　感知一分钟

小田和多多既是好朋友也是好邻居，两人每天都结伴来到幼儿园。

若言："我今天可是7：44签到的哦！"

涵涵："我是7：45签到的，因为我去摆了水壶，我们是一起来的呀。"

佑佑："我是7：48签到的。"

若言："我们只差一分钟，居然没签在一起。"

涵涵："原来摆水壶用了1分钟。"

教师："你们知道1分钟有多长吗？"①

浩浩："一分钟有60秒，我们轻轻地一眨眼就是一秒钟，眨眼60次就是一分钟啦！"

怡伊："我觉得一分钟好长，因为闭上眼睛要等好久。"

豆豆："我觉得一分钟很短，跳绳的时候都还没跳够，一分钟就过去了。"

语馨："我也觉得一分钟很短，因为给我一分钟的时间穿衣服，我好像完成不了。"

多多："可是我觉得一分钟很长，上次我挑战一分钟跳绳都快把我累趴了，就觉得一分钟好长好长！"

段落说："我觉得一分钟不长也不短，好像没什么特别的感觉。"

幼儿为一分钟是快还是慢争论不休，因此，一场关于时间快慢的辩论赛开始了。幼儿自由分成两组，分别是一分钟时间快组和一分钟时间慢组，每组幼儿轮流讲述自己关于时间快慢的观点。

思考与支持

① 看不见摸不着的时间，对于大班幼儿来说，是非常抽象的概念，但是，幼儿已经开始关注时间，有想要了解时间的欲望。

怎样让幼儿认识时间呢？教师引导幼儿通过讨论分享自己对于一分钟的感受，在分享中幼儿用具体的事情表述感受，这让幼儿对时间有了直接的感知。

思考与支持

②幼儿对于时间快慢的感受是不一样的。一分钟时间究竟是快还是慢呢？教师组织了一场辩论赛，给幼儿提供了发表自己见解的机会。辩论赛中，幼儿的观点总是让人意想不到，这就是他们对一分钟时间最真实的感知。

多多："我觉得睡觉的时候时间过得很快，闭上眼睛就到第二天早上了。"

杨杨："我闭着眼睛感受一分钟的时候，时间过得很慢很慢。"

豆豆："一分钟跳绳的时候，时间过得很快。"

成成："放学时候没见到爸爸来接我，我等啊等，时间就很慢。"

鹏鹏："我在小区里玩游戏的时候，时间过得很快。"

小田："钓鱼的时候时间过得很慢。"

怡伊："做手工的时候时间过得很慢。"

瑞瑞："我做手工的时候觉得时间过得很快。"②

两组幼儿轮流讲述自己的观点，教师帮幼儿在画纸两边进行简单记录。辩论赛快结束前，两组分别提出了13条观点，难分胜负。

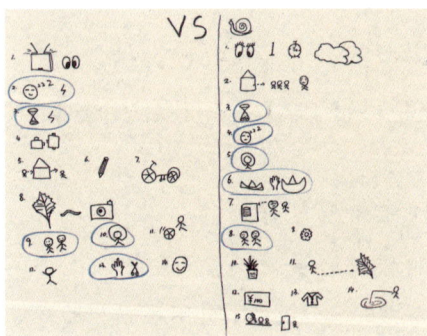

思考与支持

③通过一场关于时间快慢的辩论赛，幼儿不仅表达了自己的观点，也倾听了同伴的观点。

辩论中，幼儿发现：一分钟完成同一件事情，对于不同的小朋友会有不一样的感受。教师引导幼儿分析问题，对时间进行深入思考，在与同伴讨论中总结做手工的时候，有的小朋友觉得时间过得很快、有的小朋友觉得时间过得很慢的原因，帮助幼儿理解时间的珍贵和不可逆性。

教师："为什么有的小朋友觉得做手工的时候时间过得快，有的小朋友觉得过得很慢呢？"③

段落："因为两个小朋友做手工的时间不一样。"

怡伊："不是，是因为有些时候做的手工很简单，一下子就完成了，所以觉得时间快。但是有时候手工很难，需要好久才能完成，所以觉得时间慢。"

偕偕："我觉得时间的快慢要看我们的心情，当你很累、很难过或者是遇到困难的时候，就会觉得一分钟很长。当你做自己喜欢的事情的时候，就会觉得时间过得很快。"

成成："对对对！就像上次去妈妈工作的地方，她一直在开会，我只能一个人在门口等她，我就觉得一分钟怎么这么慢呀！可是周末妈妈带我去游乐园时，一下子就玩到天黑了，我都还没玩够，时间过得好快。"

探索二　挑战一分钟

围绕一分钟快慢话题展开的辩论赛，激发了幼儿关于一分钟可以做哪些事情的讨论，幼儿畅所欲言，自由表达着自己的想法。

小田："我一分钟就可以把自己的被子铺好。"

杨杨："我一分钟能跳绳100下。"

段落："我一分钟可以刷完牙。"

夏天："不可能，刷牙应该需要三分钟。我们要认真刷牙。"

教师："那一分钟到底能不能完成这些事情呢？让我们用实践来证明吧。"④

班上开始掀起了"挑战一分钟"比赛热潮，幼儿每天回家都让家长帮忙拍视频记录自己用时一分钟完成的事情，然后分享在班级微信群里。教师每天都会在班级分享幼儿的挑战视频，鼓励其他幼儿挑战。

豆豆："菘菘太好笑了，他在一分钟里喂了金鱼，还做了俯卧撑，又擦桌子，然后还吊单杠。"

段落："他就是忙着完成好几件事，但是每件事都没好好做。"

小汪："我觉得我需要好几分钟才能完成这几件事，这样才能把每一件事都做好。"

教师："如果你们用一分钟的时间没有完成这些挑战，你们可以用五分钟、十分钟的时间，都可以的。"

> **思考与支持**
>
> ④一分钟能完成哪些事情呢？虽然幼儿能说出很多的答案，但是说比做容易。教师为幼儿提供了挑战一分钟的记录表，幼儿不仅要做好自己的一分钟任务计划，还需要以视频分享的方式，记录自己完成任务计划的情况。通过社会实践活动，幼儿可以从自身行动中感受时间的宝贵，同时，也在潜移默化中学会做任务计划。

段落："我觉得我们可以规定需要做的事情有哪些，看看谁用的时间最短。"

瑞瑞："我同意！"

怡伊："那我们比赛做哪几件事情呢？"

豆豆："我们可以比赛洗脸、刷牙、洗袜子。"

段落："那就请爸爸妈妈帮我们记录，我们洗脸刷牙到上床睡觉的时间。"

怡伊："可以，我们可以做一个记录表，填好后带到幼儿园，爸爸妈妈可以监督我们完成。"

慢慢地，班上的孩子开始认认真真地完成每一件与自己有关的事情。⑤

思考与支持

⑤从一分钟的任务计划到五分钟、十分钟的任务计划，幼儿在完成任务的过程中逐步感知、认识时间。随着时长的逐渐增加，幼儿制订的计划中的活动也随之增多，这一过程也是幼儿统筹分配时间的过程，他们需要把任务合理分配后再进行挑战。这是幼儿学会时间管理的关键，也是幼儿初次尝试管理多个活动，使其有序开展。

探索三 我的一天

今天，小易用记录时间的方式记录他的自主游戏过程。

教师："这是什么意思？"

小易："我们是9：40结束自主游戏的。"

教师："那你们几点开始户外活动的呢？"

小易摇摇头："我没看电子钟，下次我记得把时间记下来。"

教师："你们可以尝试用小易的方法记录下幼儿园的活动时间吗？"⑥

第一天，幼儿根据自己记录的时间展开讨论。

浩浩："我们9：50去户外做运动。"

三七："9：43的时候，我们在吃橘子。"

思考与支持

⑥随着幼儿对于时间的感知的加深，幼儿能够完成简单的任务计划，但是，怎样做好幼儿园一天的活动计划，将时间和活动对应匹配起来，这对大班幼儿是一个比较难的挑战，教师把幼儿的活动进行分解，引导幼儿先学会记录时间，再关注自己做的事情。通过记录的方式，引导幼儿发现时间与活动之间的联系。

花花："12:20我们睡午觉了。"

教师："你们只记录了一件事情，明天能不能尝试记录更多的事情？"

第二天，幼儿继续围绕自己的记录内容展开讨论。

俊城："我记录了5件事。"

湘涵："我也画了5件事。"

小田："我记录了3件事。"

教师："每天我们都要做很多事情，让我们来进行记录比赛，看谁记录得多。"

之后的每一天，小朋友们记录的事情逐渐增加。在互相分享中，他们发现：有时候在同一个时间段大家做的事情是不一样的。

段落："9:50我在洗手，为什么你在吃加餐？"

浩然："因为你吃完加餐准备洗手了呀。"

凯凯："我们9:50到10:00的时间都是吃加餐的时间。"

教师："我们每天都有哪些活动呢？"

豆豆："睡觉。"

依依："吃午饭。"

涵涵："户外活动和游戏活动。"

教师："那这些活动都是在什么时间开展呢？"

豆豆："早上入园的时候吃早点。"

依依："我也不太清楚。"

教师："你们可以试一试，把记录的这些事情分一分类。"⑦

思考与支持

⑦幼儿记录的活动时间和活动内容较多，如何把幼儿的记录内容梳理清楚呢？

教师给幼儿提供了时钟板，并在每一个时段之间放入一个瓶子——时段瓶。通过分类、梳理、归纳和总结，在每一个时段里选出大家都在完成的事情。通过这样的方式，帮助幼儿梳理出幼儿园一日活动的时间和内容，让他们了解幼儿园一日活动时间和任务。

教师为幼儿提供时段瓶，幼儿把自己记录的时间和活动分别放到时段瓶里，通过讨论、分类、总结的方式，梳理出该时段对应的活动。

幼儿通过记录，逐渐了解自己的一日生活，在时段瓶的帮助下，幼儿对幼儿园一日活动内容和活动时间越来越清晰，知道了每个时间段里的主要活动是什么，并能够尝试在相应的时间段内进行相应的活动。

幼儿的发现和思考

小班

中班

大班

教师 反思

| 核心—感知 | 时间的认知和规划 |

课程理念

开放性

开放的课程走向：小班课程"天黑了吗"充满了童趣。一开始幼儿以为闭上眼睛天就黑了，就能回家找妈妈了，后来结合自身一天的活动感知发现白天和黑夜的变化是客观存在的。在教师的引导下，幼儿以多种方式记录着自己在白天和夜晚开展的活动，并从中发现了一些规律，这为他们后续进一步感知时间奠定了基础

开放的家园共育：中班课程"快乐周末"结合了小班幼儿的已有经验，把周末的亲子陪伴带到课程中。幼儿、家长、教师共同交流，听取各自的想法，制订出高效陪伴的计划

开放的感知方式：幼儿进入大班以后对时间有了更细致的感知，他们把时间与自己在园的一日活动融合在一起。他们在早晨的签到环节中，发现时间不会因为自己动作的快慢产生变化；在规划在园活动时，知道不同的时间段需要完成不同的事，从而发现虽然每天在特定的时间做一样的事情，但时间是不可逆的；从观察古代计时器漏刻中，发现时间是在一直流逝的。这些活动让幼儿充分感知时间的存在，尝试去规划自己的一日活动

实践性

幼儿更多的是在每一天的生活中去感知时间。最开始的时候是认识白天和黑夜，比如：天亮了，要起床；天黑时，要回家；白天太阳会出来，晚上月亮会出来。随着活动经验的丰富，小班幼儿还发现白天人们要做很多不一样的事情，到了夜晚就要休息。后来，幼儿又发现一天有上午、中午、下午这些时间段。他们联系自己所经历的活动来感知上午、中午和下午，比如：上午可以到草坪上玩，中午吃完饭要散步，下午可以开展自主游戏等。他们会根据这些事情来判断时间段

经验的迁移与拓展

通过开放式的提问，引发小班幼儿相互讨论，从而获取关于白天和夜晚的相关经验

引导中班幼儿尝试简单规划自己的周末活动

引导大班幼儿感知具体时间，将时间与活动相对应，尝试设计自己的活动计划，逐步养成良好的作息习惯

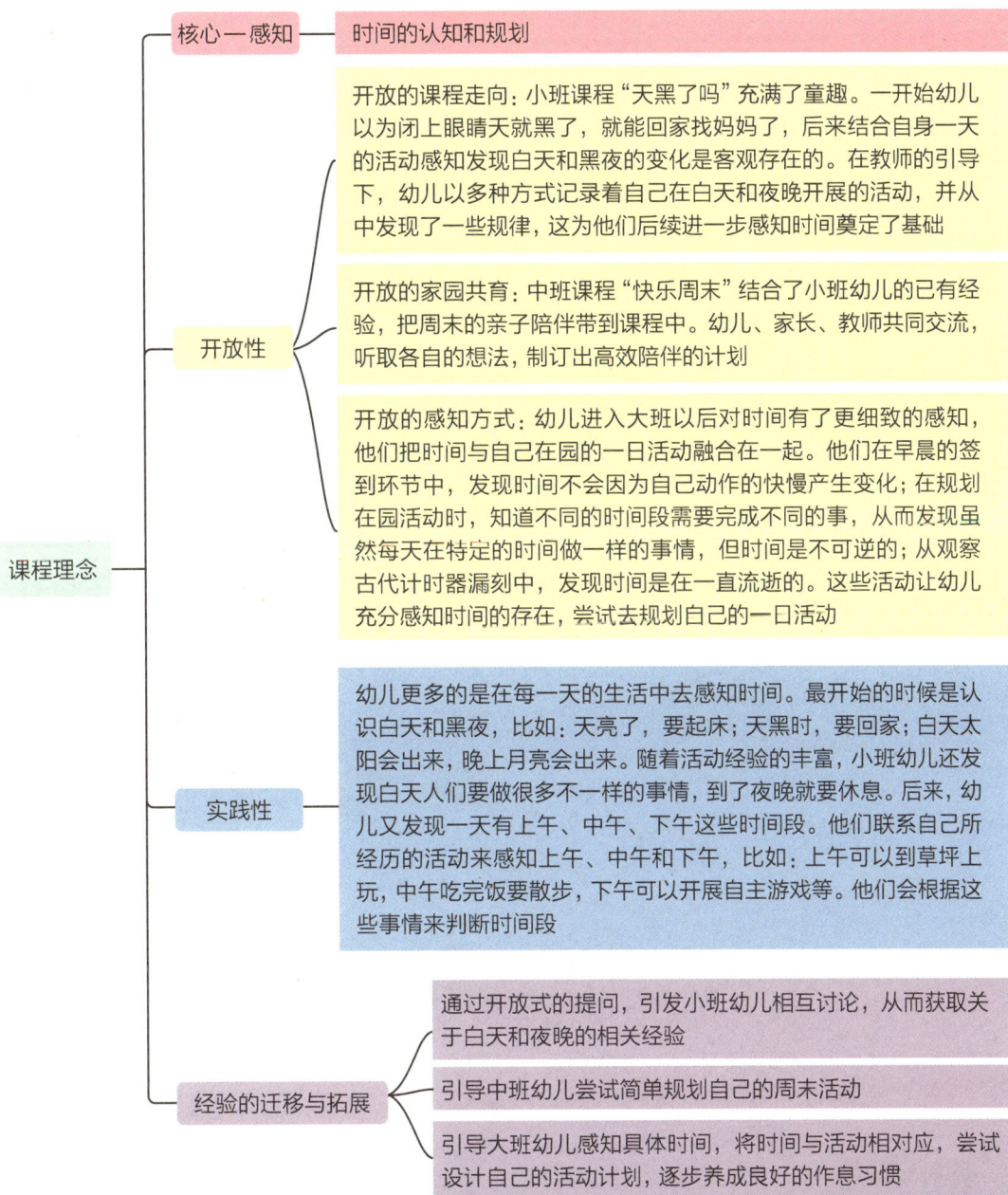

无论是小班、中班，还是大班，幼儿对时间的感知，都建立在亲身体验、亲身实践的基础上，他们需要以自己经历过的事情为依托，感知时间的变化。

一起来运动吧，挥洒汗水尽显成长魅力，坚强勇敢，坚韧不拔。你将成为自己的太阳。

运动全明星

　　3—6岁是幼儿后继学习与终身发展奠基的重要阶段，也是为幼儿做好入学准备的关键阶段。幼儿园应充分尊重幼儿身心发展规律与特点，实施科学的保育与教育，帮助幼儿做好身心各方面准备。而在这些准备中，身体素质是根本之基。在《幼儿园入学准备教育指导要点》中身心准备位居四项准备之首，且其中明确提出了喜欢运动、动作协调等发展目标，鼓励幼儿积极参加多种形式的户外活动，根据幼儿能力发展特点和个体差异，调整运动量和运动强度，提高动作的协调性和灵活性，增强力量和提高耐力，并鼓励幼儿坚持锻炼。

　　本课程基于此开展系列活动。小班，从偶然出现的垫子出发，追随幼儿兴趣和关注点，引导并支持幼儿与运动器材充分接触，用身体探索材料，体验运动乐趣。中班，运动材料多样，形式丰富，幼儿在跨跑活动中开展了关于自然物测量的探究，还尝试组织开展了运动比赛。大班，幼儿社会性加强，能力得到进一步提升，创编了专属的运动会歌曲，组织了跨班级的运动比赛。

　　在系列运动活动开展过程中，运动内容丰富多样，每一名幼儿都积极地参加运动，提出自己的想法，在运动中挥洒汗水，尽展风采，成为"运动全明星"。

课程 总览

小班：喜欢运动，了解运动材料与器械。
中班：积极参加运动，正确使用运动材料与器械。
大班：能协调组合基本动作开展体育运动。

来"垫"了　小班

我也要爬
- 积极参加钻、爬运动项目

还能这样玩

捉迷藏
- 乐于尝试新活动

山洞

连起来一起玩
- 学习在集体活动中分享

怎么搭更长
- 有好奇心，能在教师带领下积极参与探究活动

哪种搭法更稳
- 能在教师的鼓励和支持下与同伴分享、交流自己的发现

垫子不够怎么办
- 能在教师的引导下进行大胆的猜想

怎么搬运
- 敢于动手操作

运动全明星　中班

劳动还是运动
- 联系生活经验大胆表达自己的看法，发现劳动与运动的不同
- 合理摆放运动器械，探索不同的跑步路线

跑跑小分队
- 主动加入活动并表明自己的看法
- 感受自己在集体中的位置
- 乐于参加新的活动，愿意与同伴共同竞技
- 围绕主题运用图画或符号进行表征
- 理解并主动遵守活动规则

运动介绍大挑战
- 调动日常经验，对体育项目进行清晰、连贯地讲述

我是冠军　大班

比赛筹备
- 对场地大小的空间感知
- 正确而有创意地使用运动材料与器械
- 能以讨论、协商的方法解决冲突、达成规则共识
- 运用接数、唱数、按群计数等方法计数并统计

开幕式筹备
- 围绕主题运动多种方式进行表征
- 积极主动地与人合作
- 创造性地运用工具与材料制作班牌

运动会会歌制作
- 将比赛感受和经验用歌唱的方式进行表达
- 大胆尝试音乐创作，仿编歌词

课程 实施

小班活动：来"垫"了

探索一 我也要爬

今天的户外运动，小朋友们都在玩球，敏敏没接住球，球滚啊滚，滚到了一个爬爬垫上。敏敏看见黄色爬爬垫，开心地一下扑上去，顺着爬爬垫爬来爬去，像一条毛毛虫！只见敏敏小肚皮贴着爬爬垫，屁股一撅，身体一拱往前爬去。好几个小朋友看到后放下手中的球，也跟着敏敏爬起来。

骏骏："我是小蛇。"

骏骏用肚皮贴着爬爬垫，身体左右扭动着前进。

轩轩："我还见过小螃蟹脚分开爬。"

轩轩手脚分开趴在爬爬垫两边，手脚交替着往前爬。①

小宇："我更厉害，我的肚皮不一样。"

> **思考与支持**
>
> ① 爬爬垫引起了幼儿的关注，他们开始与同伴一起模仿不同的爬行动作。

小宇说着就展示了他肚皮悬空，手肘膝盖着地的爬法。

心妍："我家猫咪咪咪躺在地板上这样动来动去！"

心妍说着就躺在垫子上，两个肩膀交替着前进。

爬爬垫的出现引发了爬爬热潮，幼儿利用身体的不同部位着垫，探索了不同的玩法。

探索二 还能这样玩

1.捉迷藏

大家在垫子上爬来爬去，爬着爬着，小宇和晨晨因为争抢一块爬爬垫吵了起来，晨晨站起来生气地说："哼！我不跟你玩了！"说着走到旁边，躲在一个竖起来的垫子后面。

过了一会儿，晨晨见大家都还在爬来爬去，就探出小脑袋，等到其他小朋友爬过来，他就把头和身体又躲回垫子后面。"你看不见我。""等我躲起来你也看不见我！"

小宇说着也从地上竖起一块垫子，身体一缩，躲了进去。就这样一躲一藏，两人的小矛盾顿时烟消云散了。他们玩得哈哈大笑，笑声吸引了其他小朋友，大家一起来玩"捉迷藏"。②

可玩着玩着，问题出现了……

2. 山洞

（1） 连起来一起玩

其他的小垫子都被拿完了，敏敏和小宇看到角落里有块用两块小垫子连在一起的大垫子，两人互相抢着要用。

教师："一块大垫子只能一个人用吗？"

他们一听，互相看了一眼，谁也不打算松手，就都赶紧躲到垫子下面去了。游戏最后，敏敏和小宇都没有被发现。等到游戏结束，敏敏和小宇骄傲地说："我们的大垫子山洞最好玩！"

其他小朋友看到后也纷纷把自己的垫子用来搭山洞，然后再躲进去。

（2） 怎么搭更长

小朋友们发现了垫子的新玩法，那就是把垫子竖起来变成山洞，然后从山洞里钻过去。这天户外活动时间，他们又开始用垫子搭山洞了。

"这个山洞太短了。"

"我和爸爸开车路过的山洞很长很长！"

"我要搭最长的山洞。"

教师："怎么才可以让山洞更长呢？"③

"他搭的山洞挨着我搭的山洞。"

"可以用很多垫子。"

思考与支持

②幼儿在游戏中与材料互动，与同伴互动，感受材料的多变性，体验与同伴交往的乐趣。当幼儿遇到困难时，教师没有立刻介入，而是在旁观察，让幼儿先冷静，再用自己的方式尝试解决。

思考与支持

③教师在了解幼儿提出"山洞太短了"的问题和已有的关于山洞的经验的基础上，复述问题，让幼儿基于自身经验和接触到的材料尝试提出解决方法。

"更多的垫子。"

于是，小朋友们从运动器材玻璃房里找来垫子，开始尝试搭建更长的山洞。

（3）哪种搭法更稳

心研："就是你碰倒的！"

晨晨："不是我，本来就不稳。"

晨晨："你的山洞不稳！别人的都是城堡房顶那样，你的不是。"

教师："哪种搭法更稳？"

"像房顶一样的搭法，我碰到都不会倒。"

"把垫子竖起来，盖在地上。"

"盖出一个城堡房顶，三角形的。"④

大家一起讨论过后，心妍和晨晨的矛盾解开了。原来是心妍一开始搭的山洞并不稳，而晨晨路过的时候恰好山洞倒了。接着，晨晨还拿来一个垫子教心妍搭更稳的三角形山洞。

（4）垫子不够怎么办

小朋友们搭建山洞的热情持续高涨。

"还有垫子吗？"

"我也还要好多个垫子。"

"可是垫子都被其他班小朋友用完了。"

教师："哪里还有垫子呢？"⑤

"玻璃房里没有了。"

"我记得四楼小花园有。"

教师："四楼有多余的垫子，可我们搭的山洞在一楼，怎么办？"

"把山洞搬上去。"

"把垫子搬下来。"

教师："搬垫子好还是搬山洞好？"

"山洞太多了，搬不过来。"

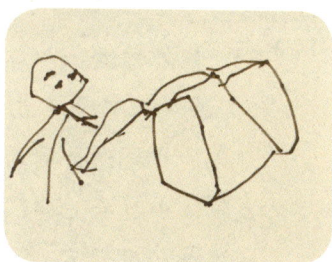

思考与支持

④城堡房顶的形状是幼儿最熟悉且喜欢的形状，在搭建山洞的过程中，他们也发现垫子可以在地上搭成一个三角形，这样的形状最稳固。

思考与支持

⑤幼儿在面临没有垫子的问题时，能在教师的提问下回忆起关于垫子的信息。

讨论过后，小朋友们认为搬山洞更困难，于是都同意去四楼把垫子搬下来，继续搭山洞。

（5）怎么搬运

"啊，我的眼睛看不见路了。"

"可以这样拖这个圈圈。"

"我要像小贝壳一样。"

"我这个也很厉害，我可以放在头上。"

乐乐边说边尝试把手放开，让垫子在头顶上保持平稳。

这时，熙熙一不小心把垫子掉到了楼梯上，垫子"噗噗噗"滑下了楼梯。

熙熙大笑着跑下去，拿起垫子往楼梯上一摆，再往下推，垫子又"噗噗噗"滑下去了。

其他小朋友看到后，也学着熙熙把垫子滑下楼。

小朋友们把很多垫子运到楼下，他们玩得不亦乐乎。在以后的户外游戏活动中，我们继续探索着垫子的有趣玩法……

中班活动：运动全明星

探索一 劳动还是运动

小朋友们正在说着自己最喜欢的运动，如跑步、跳踏板、拍球等，这时候俊贤说："我最喜欢扫地。"晓雪说："扫地也是运动吗？"他们两人争论起来，谁也说服不了谁。教师把他俩的问题跟其他小朋友们分享，让他们来帮忙讨论解决。

1. 扫地是运动吗

小箔："扫地的时候，人也在动。"

晓雪："跑步、跳踏板才是运动。"

轩轩："扫地和擦桌子一样。"

唐唐:"扫地、擦桌子不是劳动吗? 扫地就是干活, 干活就是劳动。"

唐唐的话得到大家的同意, 他们发现扫地不是运动而是劳动。那什么是劳动? 什么是运动? 二者有什么区别? 小朋友回家与爸爸妈妈一起开展调查。①

2. 劳动和运动一样吗

第二天, 小朋友们分享调查结果, 他们发现劳动与运动并不一样。

有的小朋友说:"劳动是扫地、拖地、擦桌子, 运动是跑步、跳踏板、拍皮球等等。"

有的小朋友说:"劳动就是干活, 可以让教室和家里变干净。运动就是锻炼身体, 可以让我们长高。"

还有的小朋友说:"劳动不出汗, 运动会出很多汗。运动很累, 但是很好玩。"

通过调查分享和讨论, 小朋友们认识到劳动和运动存在很多不同。

3. 我最喜欢的运动是什么

小朋友们在调查分享中绘画了很多种运动, 看到这些运动, 他们开始讨论自己最喜欢的运动。

"跑步""跳绳""平衡木"……教师在黑板上把小朋友们说到的运动记录下来。

教师:"你们喜欢的运动那么多, 大家一起玩会很混乱怎么办?"②

小泽:"一起玩。"

晓雪:"轮着来。"

思考与支持

① 劳动与运动有哪些区别呢? 幼儿在讨论中逐渐从出汗量、具体形式、目的等方面对二者进行区分。幼儿在讨论中尝试概括运动是什么, 进而知道运动是一个统称, 包含跑步、拍球等。

思考与支持

② 教师发现问题后, 陈述问题情境, 把解决问题的权利还给幼儿。他们针对运动太多, 一起玩混乱这一问题提出"轮着来"的解决方法,"轮着来"这一经验是之前气象预报员的"学号轮流"的迁移与运用, 轮流由人到物。

晓北："我也想轮着来。"

教师："怎么轮着来？"

唐唐："先选一个玩。"

其他人也觉得这个方法很好，于是大家用磁铁小花投票，票数最多的运动先玩，其他的运动后面玩。结果出来之后，大家发现喜欢跑步的人数最多。

探索二 跑跑小分队

跑步是获得票数最多的运动，于是，小朋友们决定先开展跑步活动，在这一过程中，他们遇到了很多问题……③

1. 直线跑还是S形跑

到了户外，小瑞和言言拿来了锥桶摆场地。小瑞拿了很多个，他将锥桶排成整齐的一排。言言只拿了两个，分别放在彩色跑道的两端。

小瑞："你摆得不对，锥桶太少了。"

言言反驳道："就两个，一个起点，一个终点。"

小瑞："S形跑要很多个锥桶。"

言言："我们要直线跑。"他们两个争论了起来，谁也说服不了谁。④

教师邀请其他小朋友一起参与讨论，他们纷纷表示两种玩法都要用到锥桶，但是S形跑要很多锥桶。还有的小朋友提出S形跑要绕着锥桶跑，直线跑就是从这个锥桶跑到那个锥桶，跑过去又跑回来。

讨论后，他们发现原来跑步也有多种玩法，虽然用到的材料都是锥桶，但是摆放的位置不一样，跑法也不一样。

有的人喜欢直线跑，有的人喜欢S形跑，于是他们就按照喜好分成了直线跑和S形跑两个小分队。

2. 我们分队人太多了

第二天，小朋友们来到户外开展运动。直线跑小分队的小宇说："人太多了，我都等累了。"心妍说："我都想去玩其他的了。"

> **思考与支持**
>
> ③投票，是幼儿最喜欢的选择方式之一。对于中班幼儿而言，投票能让他们体会到自己拥有选择权，对选择结果也较乐于接受。
>
> ④幼儿在行动中发现问题、解决问题。锥桶的摆放方式让幼儿注意到跑步运动由于材料和场地的不同，也分为很多种。最后，他们根据喜好选择喜欢的玩法，进行分队运动。

教师把直线跑小分队遇到的问题说了出来："直线跑小分队人太多了，一直排着长长的队，有的人一次都没有跑，这个问题怎么解决？"桐桐提出："一些人去当观众。"晓北反驳："观众都没办法运动起来。"轩轩说："再来几个其他小分队。"⑤

小朋友们讨论发现还有折返跑、跨跑等跑法，大家一致同意成立更多小分队。这时橙橙对小宇说："你要不要和我一起，我也喜欢跨跑。"他们的对话被其他小朋友听到了，大家纷纷开始问身边的同伴喜欢哪种跑法，找和自己喜好一样的小朋友，成立小分队。就连平时很腼腆的溪溪也被邀请参加了自己喜欢的小分队。⑥

3. 忘记自己是哪个分队了

隔了一天，小朋友们都分组去开展跑步运动了，可有个小朋友茫然地走来走去。教师忙问："你是哪个队的？"溪溪沮丧又难过地说："我忘记了。"等到中场休息的时候，教师把溪溪的问题分享给大家，并请大家一起讨论。

教师："溪溪找不到自己的小分队了，怎么办呢？"

城城："要是有队长就好了。"

晓雪："队长可以喊我们。"⑦

小瑞："就像在教室里的小组长。"

他们提出跑跑小分队也应该像教室里的小组一样，选出小队长，这样小队长可以组织大家开展活动，谁也不落下。

4. 谁是小队长

现在分别有直线跑、S形跑、折返跑、跨跑四个小分队，谁来当小分队的队长呢？小朋友们纷纷举手，争当队长。于是，他们准备投票选出小队长。

想当小队长的小朋友开始向大家介绍自己。

晓北："我是晓北，我想当S形小分队的队长。"

小瑞："我也想当S形小分队的队长，一开始我们会摆很多锥桶，然后我会喊大家排队，再开始跑。"

思考与支持

⑤中班幼儿喜爱运动，他们非常乐于参与运动。于是，他们提出新的解决方法，通过增设其他小分队，让所有幼儿同时参与运动。

⑥幼儿在活动中感受友谊、建立友谊，尝试着邀请有共同爱好的同伴加入游戏，进一步感受到了自己在集体中的位置。

⑦幼儿结合自己的已有经验帮忙解决小分队的队员走失问题，提出请小队长帮忙喊一喊的解决方法。

教师："他们两个谁说得更好？你想选谁当队长？"⑧

小朋友们都觉得小瑞说得好。

教师："哪里说得好？"

有的小朋友说："他说了很多，听起来我就知道要做什么。"

还有的小朋友说："他会喊我们排队、摆锥桶和跑步。"

对比两位竞选小队长的小朋友的发言，大家知道了竞选发言不仅要当众介绍自己，还要说说自己当上小队长之后的计划。小朋友们投完票，晓北和小瑞自己点数票数并记录在黑板上，票数多的人当选小队长。其他小分队也用这样的方法，选出了小队长。

5. 我们队叫做……

小箱是跨跑小分队的队长，他说："我跨跑起来像超人一样飞起来了。"俊贤哈哈大笑："超人跨跑。"就这样，"超人跨跑"的队名诞生了。队员们开心地一遍又一遍地念着队名。其他小分队听见了也纷纷表示要有自己的队名。

直线跑小分队也很快取好了队名——闪电直跑队。

言言："要像闪电一样快！"

另外两个队有人提议以动画人物名称当队名，但每队队内人数多，有的队员并不认可这种队名。

教师把四个小分队的队名都念给小朋友们听，并问："你觉得哪个小分队的队名最好听？为什么？"⑨

小朋友们听完对比发现"超人跨跑"和"闪电直跑"名字更好。"一听就知道他们是什么跑！""听起来有点儿厉害。"另外两个小分队又开始重新取名，最后用投票的方式确定了队名，分别是小熊S形跑队和猎豹折返跑队。

6. 队徽的设计

一天，心妍从家里带来了自己绘画的队徽。原来她上小学的姐姐参加了学校运动会的会徽设计比赛，在家里画了奔跑的彩虹，她看到后也想用奔跑的猎豹来代表猎豹

思考与支持

⑧通过比较两名幼儿不同的竞选发言，更利于幼儿清楚小队长的职责与计划，同时树立优秀的表述范例，鼓励接下来竞选的幼儿说得更加详细完整，有条理。

⑨鼓励幼儿根据事物的不同特征，大胆想象并尝试命名。取队名可以让幼儿感知小分队这一集体的存在，进而帮助幼儿熟悉队员和分队的运动特征。

队名的名称多取自幼儿喜爱的影视作品、动画人物、动植物等，这些离他们的生活更近，也更符合他们的喜好。

折返跑队。⑩

教师把心妍设计的队徽分享给小朋友们。小宇问："还有吗？我还想看。"

于是教师又找了一些队徽图片，让小朋友们共同欣赏。他们看了之后也尝试着动手绘画小分队的队徽，他们一边画一边讨论。

"那跨跑就画个超人。"

"画个闪电跑人。"

"还有彩色跑道！"

"画一个大圆圈。"

"要画点彩色的装饰，绿色的树叶，红色的花。"⑪

"再画上锥桶、跨跑杆……"

7. 还要再远一点

超人跨跑队的队员们在用彩杆和锥桶布置运动场地的时候，小箔队长一边摆一边说："摆得太近了，都跨不过去，还要再远一点！"原来是两根跨跑杆之间的距离太近了，助跑距离不够，影响了跨跑。

教师："两根跨跑杆之间的距离设计为多远才合适呢？"

心妍："量一量。"

教师："用什么量？怎么量？"

"瓶盖、毛根、计划本……"他们提出了不同的想法，并从教室、器材玻璃房等地方寻找材料，开始尝试测量。⑫

思考与支持

⑩ 队徽的绘制可以进一步提升幼儿的表征能力，可以引导幼儿结合运动方式和队名特点来设计、绘画和装饰队徽。

⑪ 队徽是小分队的标志，幼儿在设计和绘画过程中能感知运动美，进而表现美。

⑫ 中班幼儿尝试使用自然物进行测量。他们在活动中感知不同材料的特点，进而发现具备一定长度的材料更适合作为测量工具。

同时，活动中幼儿互相合作与学习，通过对比和纠偏，发现测量时应将测量工具首尾相接，不重叠。

晓北和苏苏用瓶盖来测量，当他们用完了所有瓶盖时，苏苏说："我们换一个材料吧，瓶盖太小了。"心妍也说："摆的满地都是，数也数不清楚。"教师追问他们有没有想好用什么材料来测量，他们说："换个大一点的、更长的材料。"他们找来了更大更长的材料，如毛笔、爬爬垫、轮胎等。

言言和默默用毛笔测量距离时遇到了问题，他们把三支毛笔叠在一起进行测量，点数测量结果时数出了8支毛笔。

小瑞看到后说："不对，不是这样的。"小泽也说："三支毛笔是一样长的，应该分开，这样摆……"一边说着，一边一支接一支放在地上再次开始测量，最后得出只有3支毛笔的长度。

教师向小朋友们介绍小泽使用的方法，帮助他们发现"一个接一个"测量更准确。

户外运动时，他们就用一个接一个的方法测量出两根跨跑杆之间设置四个轮胎的距离更合适。

8. 谁是第一名

又到了户外运动时间，心妍和小彬产生了争论。"我才是第一名！"原来他们准备在训练中进行比赛，看谁折返跑最快。听到他俩的讨论，其他小分队也有小朋友说："跨跑最厉害的是我！""是我。""S形跑第一名是我。""明明是我！""不信就来比一比！"没想到不只是猎豹折返跑小队队员想知道谁最厉害，其他小分队也想知道谁最厉害，大家决定比一比。[13]

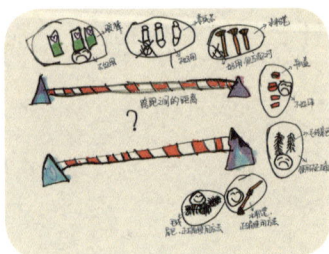

（1）比赛规则

教师："怎么比？比赛的规则是什么？"

小朋友们兴奋地讨论着。

小箔："两个一起跨跑，谁先回来谁就赢。"⑭

心妍："四个人站在跑道上一起跑，看谁跑得快！"

小瑞："站在锥桶后面，按颜色跑，看哪队先跑完。"

思考与支持

⑭幼儿用他们自己熟悉的、有趣的方式确定各个分队的比赛规则。他们设计的同时出发再比较结果，体现了比赛公平，同时也使比赛极具乐趣。

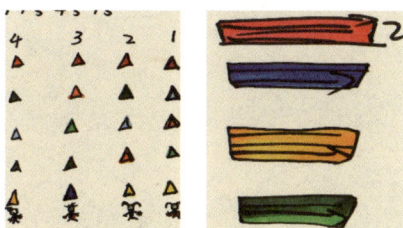

其他小朋友也同意他们的说法，觉得这样比赛很好玩。于是，比赛规则就这样被商量出来了。

（2）比赛场地图

商量完规则之后，他们来到操场上开始尝试布置比赛场地，却发现有的小朋友忘记了怎么摆放比赛材料。

教师："用什么方法可以让每个人都清楚比赛场地的布置呢？"⑮

小瑞："画下来，像我们平时的运动计划一样。"

于是，小队长和队员们商量着在计划本上画起了比赛场地图。画好后，他们拿着场地图来布置场地，但现场还是乱糟糟的，大家拿来的材料太多了，摆得到处都是。他们观察讨论后把材料的种类和数量也画在了场地图上。

思考与支持

⑮幼儿在行动中发现部分队员记不住运动比赛场地布置的问题，并提出了绘画比赛场地图的解决方法。这是幼儿基于平时做计划的习惯，知道书面绘制计划的便利和好处，于是迁移经验，绘制场地图，解决实际问题。

这一次，他们看着场地图找到了需要的材料和适合的数量，并摆出了比赛场地。比赛快开始的时候，他们才发现大家都是运动员，没有裁判员，便邀请教师来当裁判。于是，依据他们之前提出的规则，比赛开始了！⑯

比赛结束了，胜利的小朋友在欢呼声中像闪烁的星星一样耀眼，其他小朋友则羡慕地说："希望下次我也能这么厉害！"

除了这些，小朋友们还玩出了新花样，他们变换跑的姿势和落脚点，创造出了脚后跟跑、脚尖跑、螃蟹跑、接力跑等新玩法。

探索三 运动介绍大挑战

一天，俊贤对梦航说："我昨天晚上又去学游泳了。"梦航："游泳？""是呀，我去游泳馆学的。""怎么游呀？像青蛙一样？""蛙泳只是其中一种，还有蝶泳、仰泳、自由泳……"俊贤一边说一边站起来用身体和手比画着，他的动作吸引了很多小朋友围观和模仿。

"哈哈，好好玩！"

"怎么站着游？"

"哎呀，等我回去在水里游的时候，让我妈拍下来，发给你看。"

教师："你是怎么想到拍视频的办法的？"

俊贤："我们之前天气预报活动就是用这个办法的呀！"

其他小朋友表示他们很想看俊贤的游泳视频，俊贤答应了大家的请求。⑰

第二天，教师和小朋友们共同观看了俊贤游泳的视频，他们一边看一边说："原来是这样的！""我也要学。""我也会！"晓北激动地举起手来说："我更厉害！"俊贤反驳："你说的不算，我都没看过你游！"晓北说："那我明天给你看视频！"小朋友们都想看看谁更厉害，大家期待着晓北的挑战。

次日，晓北不仅带来了游泳视频，还带来了泳镜和泳衣，当场给大家示范了泳衣和泳镜的穿戴方法。他边

思考与支持

⑯教师是幼儿的同伴。在活动中，乐于接受幼儿的邀请，提供技术、材料等方面的支持和帮助，利于推进课程活动实施，也利于建立亲密关系，开展良好师幼互动。

思考与支持

⑰幼儿是课程的根本，是课程生成的源头。倾听幼儿在生活中的讨论，既能了解他们的现状，抓住他们关注的话题，又能根据他们对不同运动的关注，交流讨论的方法与对策，发现他们思考和解决问题的思维逻辑。

示范边讲解道："下水之前要热身，不然会抽筋……"

晓北介绍完了，教师问大家："你们觉得谁更厉害？"大家异口同声说："晓北！""为什么？"

桐桐："他戴了眼镜。"

轩轩："还说了要热身。"

心妍："他说游泳对身体好，俊贤没说。"

他们观看后一致认为晓北的游泳介绍更好，说得更详细。

这场关于游泳介绍的比赛让小朋友们兴奋极了，他们不断提出新想法，有人说："我要骑平衡车录视频！""我拍球！""我会跳很多种踏板！"

于是，小朋友开始了运动介绍大挑战，他们和爸爸妈妈合作，介绍了很多有趣的运动……⑱

小瑞想介绍滑雪项目，但是幼儿园没有滑雪场，于是他和妈妈一起去滑雪场，妈妈录下了他滑雪的精彩瞬间。他还在视频中介绍道："滑板有单板和双板，滑的时候要蹲着点，还要穿特殊的厚衣服……"

苏苏穿着帅气的跆拳道服，喊着口令给小朋友们示范直拳和侧踢，她还说："跆拳道的精神是礼仪、廉耻、忍耐、克己、百折不屈。"

心妍带来了一把特殊的剑，她介绍的运动项目是击剑。她一边比画一边说："你要躲开对方的剑，不能让剑戳到你的身体。"

心妍拿着球，给小朋友们介绍拍球，她说："眼睛要看着球，大腿要蹲一点点。有单手拍和双手拍，我给你们示范一下。"她说完就开始有节奏地一边点数一边拍球，小朋友们也跟着她动起来。

琪琪给大家介绍舞蹈，她说："跳之前要换上舞蹈服。跳舞的时候要多喝热水，带水壶，用小音箱放音乐。"说完，她给大家跳了一段《小精灵》，小朋友们特别是女孩子迫不及待跟着她舞动起来。

小朋友们在运动介绍大挑战中介绍了各种各样的运动，其中一些新奇的运动十分吸引他们，他们都想试

思考与支持

⑱幼儿用视频和现场讲解相结合的方式介绍运动项目，既锻炼了自己当众表达和行动的能力，同时也丰富了同伴对不同运动方式的认识与了解。每个人都是运动项目的讲解人和实践人，真正实现了运动"全"类型，人人都参与的目标。

一试，于是，教师请介绍的小朋友来当小教练，带领大家运动起来，让每个人都成为运动明星！

大班活动：我是冠军

今天，大班孩子都在操场运动。

大一班彤彤："我跳绳最厉害，我可以跳100个啦！"

大二班布丁："我跳得更多！不过我悬垂更厉害，我可以吊5分钟！"

彤彤不服气："我们班还有跑步特别厉害的，比豹子跑得快！"

布丁："哼！我们班还有比老虎跑得快的！"

教师："哪个班的小朋友更厉害一些呢？"

孩子们都把手高高举起，说自己很厉害。

丁丁："那我们比一比就知道了。"

教师："你们想比什么项目呢？"

大家七嘴八舌地说："跑步、悬垂、平衡车、踩高跷、跳绳……"

聪聪："我们要比很多项目，像奥运会一样。"

教师："你们知道什么是奥运会吗？"

小小："就是有很多运动员参加，大家一起比赛的活动。"

萱萱："有很多人参加跑步、跳远、投球等体育项目，最后赢的人是冠军，冠军有奖杯。"

皓皓："我看过奥运会有游泳、足球、跑步……很多人要在一起比赛，看谁最厉害。"

教师："世界级别的运动会有奥运会和世界杯，我们在幼儿园中举办的可以叫班级运动会。"

一一："我们也要开班级运动会。"

孩子们提议和讨论的内容表明该主题具备多个领域的学习价值，如：科学领域中探究运动会和解决比赛中如筹备阶段、比赛阶段的实际问题，初步尝试归类、排序、判断、推理思维。健康领域关于锻炼的好处、锻炼的方式、比赛的方法，以及艺术领域和语言领域关于运动流程、吉祥物、会徽、项目和规则等的表征及设计都可以有一些相关的学习内容，因此，此内容具有开展主题研究的价值。

比赛筹备

幼儿能说出很多比赛项目，但对比赛流程却知之甚少，于是教师决定以观看视频的方法帮助幼儿了解相关知识。

一一："原来运动会有那么多项目，游泳比赛怎么比？"

小小："那个人好厉害，都跑得飞起来啦！"

布丁："这个投球的运动员力气真大。"

一一："运动员的衣服颜色还不一样。"

1. 比赛项目及场地划分 [①]

教师："在幼儿园里，我们可以进行哪些项目比赛？"

舟舟："跑步、平衡车、跳鞍马、攀爬架、滚轮胎、平衡木、跳远、跳绳、垂悬……"

幼儿围绕日常接触较多的体育项目进行讨论，筛选出了能在幼儿园进行比赛的项目。

教师："那今天我们就去试一试。"

大家激动地来到大操场，纷纷拿取自己需要的运动器材。

文文："我们要骑平衡车，鞍马不能放这里。"

阳光："我们要在这里悬垂，滚轮胎会撞到我们的。"

小小："我们的彩虹跑道也被占了。"

关于运动器材的摆放和场地划分，孩子们争论不休。

教师："彩虹跑道是用来跑步的，不能占用哦。"

一一："我们的平衡木比赛就去门厅那里吧！那里没人。"

丁丁："悬垂也可以去那里，这样就不会和轮胎撞一起了。"

思考与支持

① 幼儿对运动会有所了解后，便需要解决在幼儿园可以开展哪些比赛项目、如何划分场地等一系列问题。教师引导幼儿进行讨论和筛选，最后确定项目及规则。促进幼儿学习的核心是激发探究兴趣，在讨论与筛选中，教师引导幼儿围绕日常接触较多的体育项目进行观察、比较，发现场地规划要遵循安全性和条理性原则。在冲突与调整中，幼儿发现问题、分析问题、解决问题，不断积累经验。

皓皓指着操场一侧说："我们要草地和这里,平衡车要在这绕一圈。"

皓皓:"我们跳鞍马的时候要跑起来,可以先跑到旁边。"

孩子们根据项目的需要,重新划分了区域。

2. 比赛规则 ②

幼儿把运动项目确定下来后,便开始讨论并记录比赛规则。

冉冉:"跑步时不能踩线,谁最先到达终点谁就赢了。"

小小:"骑平衡车时不能摔跤。"

……

说了那么多,大家都觉得要到操场上试一试,这样才知道设计的规则是否合理。

冉冉:"小小,你犯规了,踩线了。"

小小:"那你也犯规了,没跑完就回来了。"

教师:"在跑步比赛中,规则应该是怎样的?"

一一:"要站在起跑线上。"

布丁:"只能在自己的跑道里跑。"

聪聪:"要摸到墙才能跑回来。"

孩子们不断尝试,讨论总结出适合各项目比赛的规则,并以绘画的方式将这些内容记录下来。

> **思考与支持**
>
> ② 确定比赛项目后,便要制订比赛规则。幼儿通过小组讨论与绘画的方式将规则记录下来。教师支持并引导幼儿到操场实践,检验规则内容是否合理。
>
> 幼儿在分析比赛规则时发现了问题,他们把不能摔跤、不能撞到其他小朋友、不能在器材前停留等纳入了规则当中,但忽略了比赛人数、时间、次数、形式等规则内容。于是教师支持并引导幼儿用亲身实践的方式来验证规则的可行性,培养幼儿的探究能力。
>
> 教师引导幼儿通过观看比赛视频,组织与参加短跑比赛等,帮助幼儿更清晰地了解规则的要点。在第二次讨论中,幼儿增加了比赛时间、比赛人数、比赛次数等规则。随着幼儿参赛经历的丰富,他们积累的经验和规则意识也越来越丰富。

3. 报名

(1) 报名登记③

一天，文文问道："我们不是有三个大班吗？能不能也邀请大二班和大三班的小朋友一起参加比赛呢？"

聪聪："对哦，我就想和他们比赛。"

教师："那么多人，怎么报名呀？"

文文："写在纸上。"

波波："画一个格子，要报名哪个比赛项目就在格子里写上学号。"

教师："那怎样才能知道他报的是哪个项目呢？"

悦悦："那我们就在那上面画上比赛项目。"

大一班的孩子们制订了方案，并根据项目内容分组绘制了报名表。他们拿着报名表去到大二班和大三班，④简单描述了报名表上的比赛项目，同时请大二班和大三班的小朋友在自己想参加的项目下写上自己的学号。

小小："咦？我们的平衡车项目怎么会有两个18号，是哪个班的小朋友呢？"

苏苏："我这里的跳绳有3个9号，这代表着什么？"

教师："三个班的小朋友的学号都是从1号开始到32号结束，填写报名表时大家用的都是黑色的笔，这样就不能区分出班级。"

林林："我知道了，那我们准备三种颜色的笔再去找小朋友们报名吧。"

教师："我们大一班就用黑色笔填写吧。"

这次孩子们带了两种颜色的笔去找另外两个班的小朋友报名。

七七："我是大三班的6号，我想报名跑步，我拿了橙色的笔写学号，可是这里怎么已经有橙色6号了呀？"

聪聪听到后抓着小脑袋说："难道又错了？"

暮暮："刚才老师说我们班用黑色，那大二班用什么颜色呢？"

聪聪："原来要一个班用一种颜色才对啊！"

孩子们总结了经验，这一次他们去大二班时带了橙色的笔，去大三班时带了绿色

思考与支持

③幼儿设计了《我的参赛小攻略报名表》来解决报名登记的问题。参赛小攻略报名表可以更好地解决幼儿有序参加比赛、不遗漏比赛项目的问题，还能培养幼儿的任务意识。

④运动会从一封邀请函开始，参赛班级也变成了三个大班。运动会前期的准备工作相对比较复杂和繁琐，这锻炼了幼儿组织协调、分工合作的能力。教师在每一个环节中充分给幼儿自主学习、合作、大胆表现的机会。幼儿自主讨论，并设计报名表和邀请函，他们发现每个班都有相同的学号，难以区分班级，孩子在不断试错中找到了用不同颜色的笔登记每个班的学号的区分方法。教师和幼儿一起感受到登记表上登记的信息是有顺序和规律的。幼儿也初步感知了生活中数学的有用和有趣。

的笔，这样就完成报名啦！

（2）报名统计⑤

看着每个项目报名表下的三种颜色标记，老师说："哇，平衡车有好多人参加呀，这次然然可有好多对手了。"

聪聪："你怎么知道有好多人和我们班然然比赛？然然可是平衡车冠军哦！"

教师："我们可以数一数啊。"

暮暮："快看看大二班、大三班有多少小朋友和我比赛悬垂，我想得到冠军奖牌。"

每个孩子都想在比赛中获胜，于是大家找到报名表中自己最擅长的比赛项目那一栏，开始点数用不同颜色进行标记的小朋友的人数。

思考与支持

⑤幼儿通过点数的方式可以知道每一个项目有多少人参加，自己要面对哪些选手，进一步感知和理解数及数量的关系。

探索二 开幕式筹备⑥

报名一结束，幼儿就摩拳擦掌等着相互"较量"了。教师想给幼儿一些仪式感，所以与孩子们分享了一些哥哥姐姐们的运动会开幕式视频。

一一："姐姐手里拿的牌子是什么？"

文文："运动员们都要排队入场。"

舟舟："他们走到升旗台那里喊了'勇夺第一'！"

心心："他们走得好整齐哦。"

1. 口号的制订

波波："那我们喊什么？也喊'勇夺第一'吗？"

思考与支持

⑥感受到幼儿对比赛的期待，教师和幼儿分享了哥哥姐姐运动会的开幕式视频。在开幕式的准备工作方面，教师没有进行过多的干涉和规定，而是让幼儿分组讨论开幕式的出场口号、班牌形式与内容，并请幼儿与家长商议改进口号，实现家园共育。

聪聪："我想喊'宇宙无敌'。"

孩子们你一句我一句地喊着，场面十分混乱。

教师："要不你们回去问问爸爸妈妈，看看他们有没有好的意见？"

这个小任务一发出，晚上班级群里炸开了锅，家长们都参与到讨论中，发表着自己的看法。

齐齐爸爸："一鼓作气，挑战佳绩。"

冉冉爸爸："艰难困苦，风雨无阻，亦文亦武，共展宏图。"

小瑞妈妈："志在心中，路在脚下，脚踏实地，迎接挑战。"

洋洋爸爸："我们是大一班，就叫'大一大一，勇往直前'，从小发扬奥运精神。"

这话一出，得到家长们的一致认可。

2. 班牌设计与制作

（1）样式设计⑦

萌萌："我画了一个圆形的班牌，旁边画了很多五环，它们都是圆圆的。"

聪聪："我设计的是方形的，旁边全是迷彩，这样最帅气。"

天天："我也是方形的，但是我想在旁边画满奖杯，希望我能拿好多奖杯。"

小志："我要写一个大大的'一'在中间，代表大一班，也代表第一名。"

孩子们的设计都富有个性，于是教师决定请孩子们投票选出他们最满意的班牌样式。

> **思考与支持**
>
> ⑦幼儿对于事物的感受和理解不同于成人，他们独特的笔触往往蕴含着丰富的想象。教师对于幼儿设计的班牌样式给予充分的理解和尊重，不以自己的审美标准去评判，而是鼓励幼儿用投票的方式选出他们最满意的班牌样式。

（2）班牌制作[8]

孩子们最终选择用树枝作为班牌的杆子，并使用纸板衬底来加厚设计图稿，这既解决了班牌立不起来的问题，又制作出了本次运动会的班牌。

（3）队列训练[9]

教师："运动会开幕式上我们该怎么入场呢？"

玲玲："我们平时排队都是两队，男生一队女生一队。"

说着，玲玲就指挥大家分开站成两列。

教师："好的，我们去操场试一试。"

当大家以两列纵队的方式通过升旗台的时候，一旁的糖果老师说："你们的队伍也太长了，这样怎么喊口号？"听到后，幼儿向后看了看，发现队伍真的太长了。

聪聪："那怎么办？我们的人就有那么多。"

教师："我记得视频里的入场队伍第一排可是站了好几名运动员呢。"

天天："那是几名？我们要不先试试三个小朋友一排？"

萌萌："我们女生怎么站在两列男生中间啊！他们好吵。"

思思："是的，我们也要站两组。"

最后幼儿都同意一排站四个小朋友，也就是以四列纵队的形式入场。队伍排好后，走整齐成了孩子们面临的最大困难，于是教师邀请了小钰的爸爸来幼儿园教孩子们齐步走和立定。因为小钰爸爸是一名军人，所以当他给幼儿上课时，孩子们听得尤其认真，动作也比之前规范了很多。

探索三 运动会会歌创作⑩

运动会在孩子们的期盼中拉开了序幕，孩子自己筹办的运动会充满了童趣。加油加油，这是运动员代表的发言；老师相信你们一定是最棒的，这是教师对孩子们的期许；我是冠军，这是孩子们对自己的肯定。有比赛就会有输赢，赛场上有助跑翻跳上领奖台的孩子，也有带着失落表情为同伴鼓掌的孩子。但是比赛场上的每一个孩子都是最棒的，这是一场属于他们的运动会。

教师："你们举办的运动会很精彩。现在运动会结束了，你们有什么想对自己说的？"

泉智："和小朋友一起参加运动会很开心。"

天天："大家都想拿第一。"

然然："参加运动会要遵守规则。"

聪聪："我在跑步的时候摔了一跤，可是我没有哭，爬起来接着跑。老师说我很坚强。"

萌萌："我好喜欢这样的运动会。"

龙龙："平衡车赛时，我听到大家喊'大一班加油'，我就觉得很有力量。"

思思："我没有拿到奖牌，有些难过。"

每个孩子都在表达着自己的经历与感受，有的欢喜有的失落，但大家都认为这次运动会是值得纪念的。于是教师把幼儿说的话都记了下来，编成了一首属于大一班孩子的《运动会会歌》。

附歌词：

小朋友手拉手，一起参加运动会。

懂规矩，爱运动，锻炼身体我最棒。

运动会，真好玩，我们喜欢运动会。

比赛输了没关系，下次努力赢回来。

坚持不懈争第一，大一班，加油！

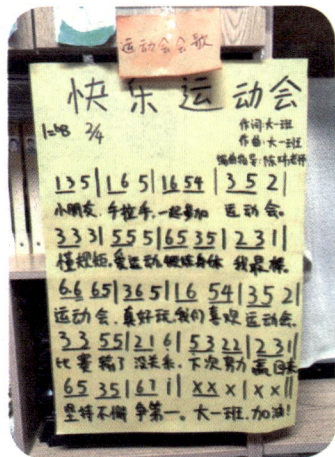

思考与支持

⑩从创编歌词到谱曲，最后创作出运动会会歌，这对幼儿来说是具有挑战性的。但在实施的过程中，因为有了印象深刻的运动会比赛，幼儿积累了经验与素材，能较轻松地想出歌词，且表达内容贴切，语言用词恰当、准确。在尝试演唱歌曲的时候，虽然幼儿一开始不太熟悉，但他们能大胆尝试演唱，并从中体验到了演唱的乐趣。待幼儿熟悉歌曲后，便能轻松进行演唱。

幼儿的发现和思考

小班

中班

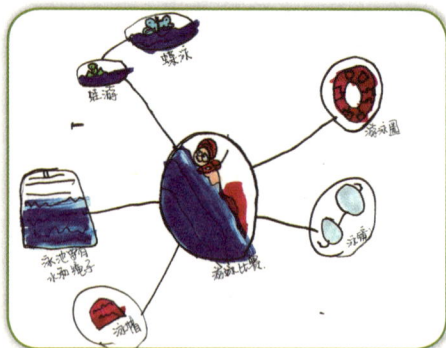

大班

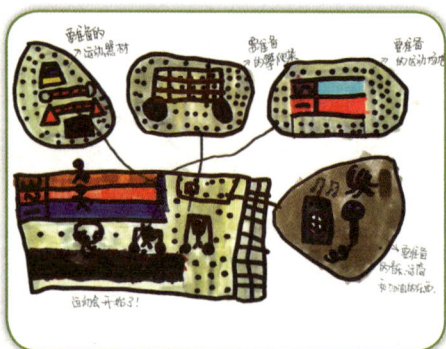

教师 反思

```
                  核心—探究 ──── 了解器材的多种玩法，提升运动能力

                             ┌── 场地开放
                  开放性 ────┤
                             └── 器材开放
  课程理念 ───┤
                             ┌── 通过不同器材的摆放、组合，在探索中实现自己的运动计划
                  实践性 ────┤
                             └── 对运动项目的初步了解和尝试

                                    ┌── 小班：尝试与体验不同器材的玩法
                  经验的迁移与拓展 ──┤── 中班：能制订运动计划，讨论规则，并创新玩法
                                    └── 大班：了解不同的运动项目并积极参与体育比赛
```

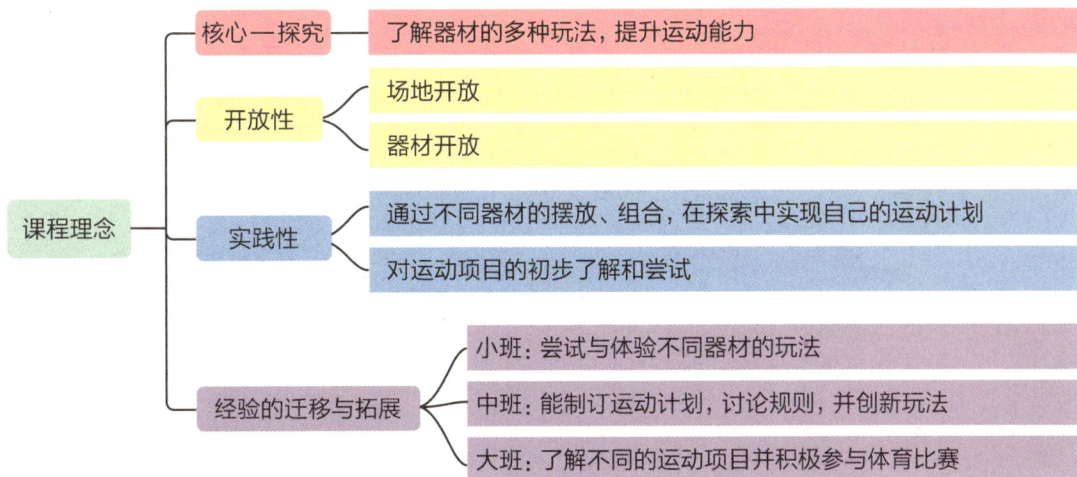

　　思考中发现问题：问题是推进课程的基本要素，幼儿是课程的主体，他们在活动中会面临大大小小的问题，通过思考，发现问题，进而解决问题，如：课程开始阶段，小班幼儿使用垫子这一材料开展了爬爬乐、捉迷藏、搭山洞、搬运等活动；中班幼儿对于劳动和运动进行了思考，他们发现两者是不一样的，并从具体形式、达成目标等多方面进行对比；大班幼儿则尝试自主组织年级运动会。

　　行动中探索问题：学前幼儿多为具体形象思维，即通过事物的具体形式来思考，通过行动来感知和创造。在活动中，幼儿发现了材料的多样、可组合使用等特性，他们在与材料互动的过程中认识了多种运动方式，并通过运动强身健体、协调动作，从而具备不同程度的平衡能力与耐力。面对幼儿的问题，教师没有直接介入指导，而是作为同伴，再次澄清问题，并鼓励幼儿在行动中感受问题、探索问题，用不同的材料与方法解决问题。比如他们在跨跑中遇到了"障碍物之间的距离到底要多远"这个问题，他们尝试用各种材料去测量，在行动中感知测量物应具备"相对较长"这一特点，并在试错与同伴互助间习得测量的方法是"首尾相接"，这无不体现了幼儿具备思考、行动和学习的能动性。

　　合作中解决问题：群体性活动利于促进幼儿社会适应能力的发展。小班幼儿尝试搬运垫子，中班幼儿成立与组建运动小分队，大班幼儿自设队列、筹备比赛等，幼儿依据自己的喜好自发参加群体活动，体验体育活动的乐趣，尝试与同伴合作解决问题。

一段快乐的时光叫做"在幼儿园的日子"。

我长大了

课程前 说明✿

　　"幼小衔接"近年来成为热词，得到了社会各界的广泛关注，教师们关注它，不断地研究与改变教学法，家长们关注它，到处找培训听讲座。当大家都在努力想要做些什么的时候，其实是忽视了幼小衔接的核心是幼儿本身，只有当他们愿意去做这件事，能积极面对自己的问题，想办法解决时，他们的收获才是最有效的衔接。

　　江滨幼儿园在实施一三四开放性实践课程中，努力为幼儿营造自主的环境，努力去激发幼儿成长的内驱力。小班通过比一比实现整理收纳、情绪表达等能力提升；中班借助同伴互评实现自我管理；而大班作为幼小衔接中的关键年龄段，通过赋予他们任务和角色，引导他们积极面对，主动观察与思考，实现发现问题、解决问题。当课程聚焦于三个年龄段中幼儿内驱力的激发时，幼小衔接中的自我学习，自我管理，以及积极的情感和态度就拼接出一个完整的链条，在课程中便以系列活动的方式呈现出来。

课程总览

总目标：
小班：愿意自己的事情自己做，感受到自己是有能力的
中班：理解并主动遵守活动规则
大班：通过活动获得成就感和责任感

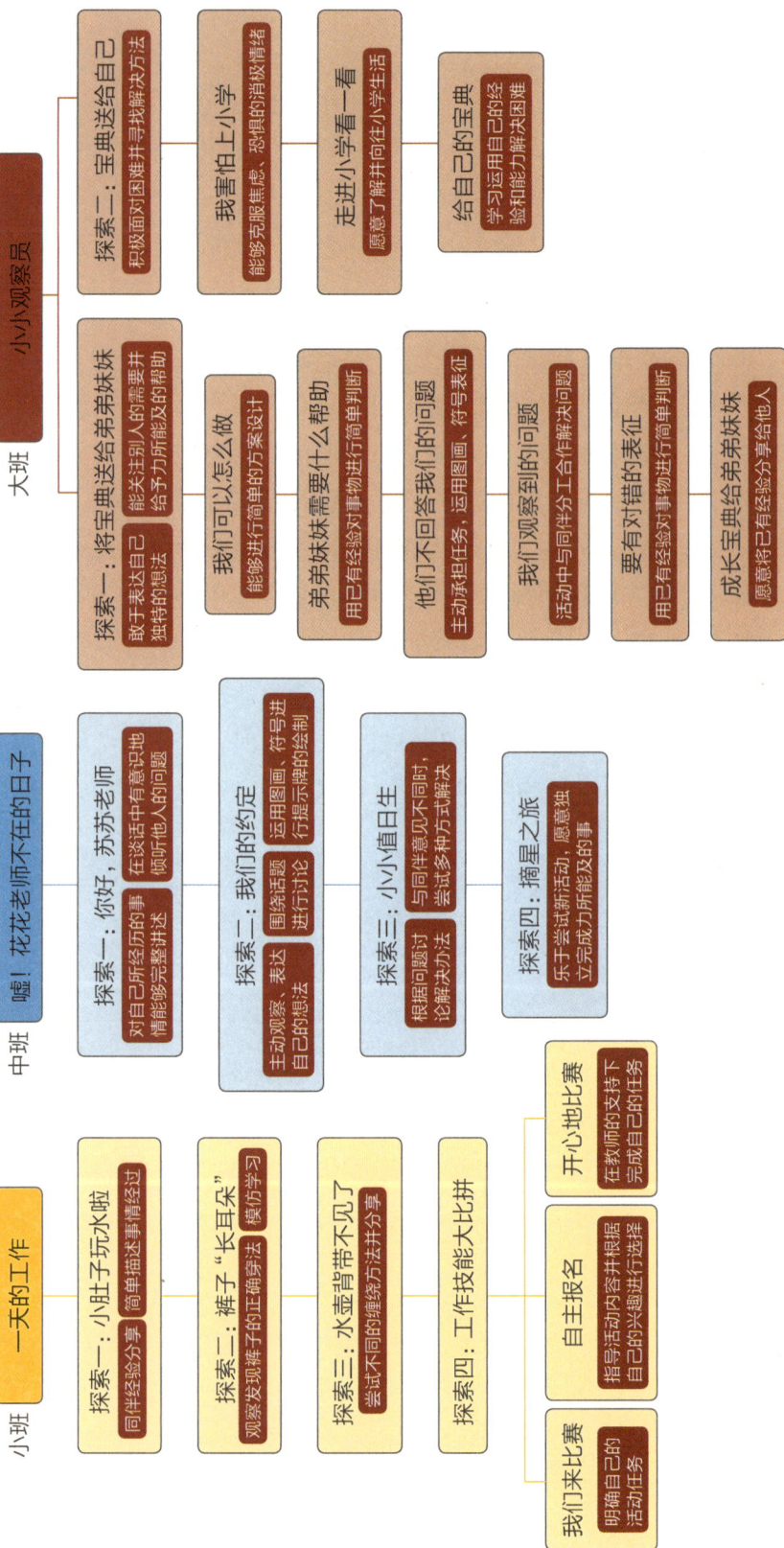

大班

小小观察员

- 探索二：宝典送给自己 — 积极面对困难并寻找解决方法
  - 我害怕上小学 — 能够克服焦虑、恐惧的消极情绪
  - 走进小学看一看 — 愿意了解并向往在小学生活
  - 给自己的宝典 — 学习运用自己的经验将能力解决困难
- 探索一：将宝典送给弟弟妹妹 — 敢于表达自己独特的想法
  - 能关注别人的需要并给予力所能及的帮助
  - 我们可以怎么做 — 能够进行简单的方案设计
  - 弟弟妹妹需要什么帮助 — 用已有经验对事物进行简单判断
  - 他们不回答我们的问题 — 主动承担任务，运用图画、符号表征
  - 我们观察到的问题 — 活动中与同伴分工合作解决问题
  - 要有对错的表征 — 用已有经验对事物进行简单判断
  - 成长宝典已有经验分享给他人 — 愿意将自己经验分享给他人

中班

嘘！花花老师不在的日子

- 探索一：你好，苏苏老师 — 对自己所经历的事情能够完整讲述
  - 在谈话中有意识地倾听他人的问题
- 探索二：我们的约定 — 围绕话题进行讨论
  - 运用图画、符号进行示牌的绘制
  - 主动观察、表达自己的想法
- 探索三：小小值日生 — 与同伴意见不同时，尝试多种方式解决
- 探索四：摘星之旅 — 乐于尝试新活动，愿意独立完成力所能及的事
  - 根据问题讨论解决办法

小班

一天的工作

- 探索一：小肚子玩水啦 — 同伴经验分享 简单描述事情经过
- 探索二：裤子"长耳朵" — 观察发现裤子的正确穿法 模仿学习
- 探索三：水壶背带不见了 — 尝试不同的缠绕方法进行选择
- 探索四：工作技能大比拼
  - 我们来比赛 — 明确自己的活动任务
  - 自主报名 — 指导活动内容并根据自己的兴趣进行选择
  - 开心地比赛 — 在教师的支持下完成自己的任务

小班活动：一天的工作

课程 实施

距离孩子们入园已有一段时间，现在他们在班里找到了好朋友，体验了幼儿园一日活动中的各个环节，和老师之间的关系也日渐亲密、融洽。

嘟嘟看着拿着笔记本要去开会的老师，说道："老师，你要去工作吗？"

教师："我现在就在工作呀，你也在工作。"

这话逗得嘟嘟笑了起来："我是在上幼儿园。"

一旁的可可大声说道："上幼儿园工作，嘻嘻……"

孩子的话提醒了教师，教师不禁思考：为什么不把工作和孩子在园的一日活动联系在一起呢？可是每天孩子在园有那么多的活动，应该从哪个环节开始呢？

然然："老师，我刚刚洗手又把衣服弄湿了。"

彤彤："老师，奇奇把橘子汁弄得到处都是。"

欣欣："老师，乐乐被水壶背带绊倒了。"

小杰："老师，我不吃红辣椒，我只吃白米饭。"

教师："这是谁的衣服，怎么随意扔到了床下，都被弄脏了，应该整理好放床尾。"

嘟嘟："老师，我的书不见了。"

教师："璐璐，你的鞋子穿反了，悦悦，你的衣服穿反了，等着老师来帮你换。"

悦悦："老师，我的书包在哪里？"

这些生活中琐碎的事情，变成了富有教育价值的主题课程内容。[①]

探索一 小肚子玩水啦

每次幼儿洗手、如厕环节后，教师都会发现部分孩子的衣服被弄湿了。

教师："晨晨，你的衣服怎么又弄湿啦？"

晨晨："我也不知道。有水跑到我的肚子上。"

可可："是他玩水，我的就没有弄湿。"

> **思考与支持**
>
> ① 小班幼儿入园一个月后，分离焦虑的问题基本解决，能够高高兴兴上幼儿园了。在接下来的日子里，幼儿在园内遇到了很多生活方面的"小问题"，而这些问题恰巧可以变成帮助小班幼儿提升生活自理能力和自我服务意识的契机。于是，教师多以游戏化、生活化的方式开展活动，帮助幼儿解决日常生活中遇见的问题，提升生活自理能力。

于是老师把孩子分成两组，一组是经常弄湿衣服的孩子，一组是没有弄湿过衣服的孩子，让他们互相说一说自己的经历和方法。

木木："水小一点，就不会湿啦。"

萱萱："太高了，小肚子就会贴到水池边。"

明明："齐齐一挤我，我就会贴到水池边。"

由此可见，孩子们的问题都聚焦在洗手池上，可是大家用的是同一个洗手池，那其他小朋友是怎么做的呢？

可可边弯腰撅屁股做动作边说："我是这样洗手的。"②

看到可可的动作，同伴们"咯咯咯"地笑起来，看孩子们纷纷在模仿，教师说道："我们一起去卫生间试一试？"

彤彤："我的手袖湿啦！"

教师："那是因为你没有把手袖卷起来呀，我来帮你。"

这时熙熙凑了过来："我也不会。"

圆圆："使劲儿往上拉。"圆圆一边说一边将袖口往上拉。

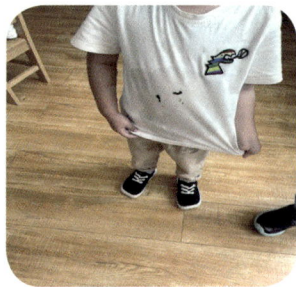

教师："我们一起来学学圆圆的方法吧。"

小杰："我还是拉不起来，是因为我穿了很多衣服吗？"

彤彤："那我来帮你吧！"

看到彤彤帮助小杰，周围很多小朋友便开始相互帮忙卷衣袖。

> **思考与支持**
>
> ②通过谈话可以发现，大部分幼儿已经能够围绕一个主题表达自己的想法，因为"洗手弄湿衣服"这件事是幼儿亲身经历的，所以他们乐于分享，有话可说。这也与教师的提问有一定的关系，在活动中教师的支持主要体现在了创造自由、平等的对话环境，鼓励幼儿大胆表达。在整个过程中，幼儿开始有了互相学习、互相帮助的意识，形成了良好的同伴间的互动。

探索二　裤子"长耳朵"

孩子们午睡起床后，教师："煊煊你的裤子真好看，怎么会有两只大大的耳朵在外面，像大象一样。"

听到大象，其他孩子都转过头来看着煊煊。

明明大笑起来："裤子反了，象耳朵是裤兜儿。"

听到这里，孩子们开始低头看自己的裤子有没有"象耳朵"。借此契机，教师开始引导孩子们思考穿裤子的正确方法。

教师："那怎样可以把'象耳朵'藏起来？"

轩轩："把裤子翻过来。"

可可："把小耳朵塞进去。"

着急的煊煊立刻按照同伴说的尝试起来："我还是不会。"

看到孩子们经过一番尝试后，仍未能找到正确的方法，教师从一旁的储物柜里拿出一条裤子，说："老师用裤子给你们做个游戏吧！"教师一边说着"抓老鼠、抓老鼠，抓到了，快快拉出来"，一边将手伸进一条裤腿里，握住裤子口往后一拉。

嘟嘟："老师，你骗人，没有老鼠啊？"

教师："哦？它是不是跑到另一边了？我再试试。"

幼儿专注地盯着教师的手。当教师把两只裤腿都翻过来时，有个细心的孩子说："哇，'象耳朵'不见啦！你们快帮我看看这样对了吗？"木木："嗯嗯，不见啦！"于是大家都尝试了起来。

第二天午睡前，教师看到孩子们都在用"抓老鼠"的方法翻着自己的裤子。③

悦悦："现在翻好了。"

在后续的活动中，教师还将更多识别裤子正反的方法教给了孩子。

教师："正确穿上裤子有两个步骤哦！一看商标，二看裤兜。"

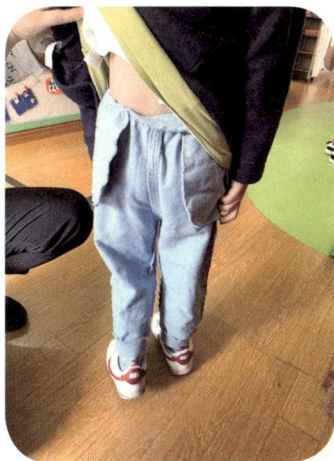

思考与支持

③如何辨别裤子的正反？在成人眼里有两种最直观的方法：看裤子的标签；看裤兜儿。当幼儿穿反裤子时，他们会疑惑裤子兜儿怎么穿外面来了。成人可凭借已有经验拉出裤腿辨别前后，再正确穿好裤子。可是对于幼儿来说，里外都不能辨别，怎么去辨别前后呢？所以，教师通过一个简单的小游戏告诉幼儿如何翻裤子。这对于小班幼儿来说是最容易理解和操作的。

整理裤子逐渐成了孩子们午睡前必做的事，偶尔有孩子还会把裤子穿错，但是这样的孩子越来越少了。

探索三　水壶背带不见了

户外活动前，悦悦跑到我面前着急地说："老师，水壶背带缠在一起了。"

璇璇："我的也缠在一起了。"

教师帮孩子们将水壶背带解开以后，说："那不要背带可以吗？"

大家都摇头。

然然："要背带。"

教师："那你们有办法把它变不见吗？"

嘟嘟："藏起来呀。"

教师："怎么藏？"

孩子们拿着自己的水壶开始想办法，有的把背带装进了水壶兜儿一侧的口袋里；有的把背带缩成一团塞进水壶兜儿里；还有的把水壶背带缠绕在水壶上。④

琳琳："我藏起来啦！"她将背带一圈一圈地绕在水壶上。

然然抱着水壶："我不会。"

悦悦："我的也藏起来了。"

悦悦把她那大大的水壶放在地上，手中拿着水壶背带围着水壶绕圈圈，实在是很可爱。

有的孩子又说："我的背带绕起来又散了。"

梦梦："我把它的小尾巴塞进去了。"

在同伴互助和模仿尝试后，孩子们的水壶背带都不见了，水壶背带的问题也随之解决啦！

随着一个个问题的解决，班里出现了一群孩子，他们是"小一班的帮帮团"。每当

思考与支持

④生活中的小小事件充满了教育的契机，幼儿通过经验分享互相学习。教师以提问的方式，鼓励幼儿自主尝试，小结出有效的方法，从而养成整理和收纳的好习惯。每一次动手尝试对于小班幼儿来说都是一次进步。

有同伴遇到问题，他们都是主动想办法帮忙，之后越来越多的孩子加入到了其中。⑤

探索四　工作技能大比拼⑥

1.我们来比赛

在一天的洗手环节中，教师听到厕所里有争吵声，连忙跑过去，结果看到嘟嘟和煊煊拉着雯雯在争吵。

嘟嘟："我来帮她卷衣袖。"

煊煊："我来我来。"

两人谁也不松手，也不退让。

教师："那你们俩究竟谁厉害呀？"

嘟嘟："我们比一比就知道了。"

教师："那比什么？怎么比呢？"

孩子们沉默了一会儿，七嘴八舌地说出跑步、分餐具、藏水壶背带、踢球、整理图书、穿鞋子……十几个比赛项目让教师也发愁了。

教师将他们说的比赛项目逐一表征在了黑板上，然后问他们："那么多项目，怎么比啊？"

嘟嘟："我都要参加。"

乐乐："我可不想比穿鞋子。"

悦悦："楠楠，你和我比卷水壶背带，好吗？"

当幼儿意见不统一的时候，教师开始思考可不可以用报名的方式帮助幼儿选择参赛项目。

2.自主报名

（1）第一次：教师主导的报名

教师："参加穿鞋比赛的小朋友请举手。"

一名老师报出举手孩子的学号，另一名老师进行记录。按照这样的方式依次对每个比赛项目的参与人员进行记录。

报名结束后，教师将完整的报名表逐一粘贴在黑板上，并问："嘟嘟，你报名了哪些项目？"

嘟嘟急忙站到黑板前看着报名表寻找，但过了一会儿她呆呆地看着教师摇摇头。

这时萌萌走上来说："我参加分餐具比赛，这里有我的学号2，它像小鸭子。"

冬冬："不对，这是我的，我的学号也有小鸭子。"

然然："我报了穿鞋子比赛，可是我找不到学号。"

这时教师恍然大悟，原来并不是全部孩子都知道自己的学号，所以这样的报名是无效的。⑦

（2）孩子主导的报名

教师请孩子们从家中带来了各种各样的小贴纸。每个孩子都能很好地辨别自己带来的贴纸。教师将孩子们提供的10个比赛项目表征在大纸上，告诉孩子们需要报哪个项目就在项目下面贴上自己的小贴纸。

思考与支持

⑦通过多种方法与途径，鼓励幼儿积极地参与到集体活动中。比赛项目由幼儿提出，第一次采用的报名方式是根据幼儿项目内容举手报名，教师登记。过程中，教师发现有的幼儿从头到尾都没有举手，还有的幼儿目前还不知道自己的学号，所以这种以教师为主导的报名看似很热闹其实对于幼儿来说是无效的。

悠悠："老师，我和萌萌的贴纸是一样的，贴上去就分不清楚了。"

教师："那怎么办呢？换一个？"

璇璇："在贴纸上画个记号。"

璇璇的经验源于她为自己的水壶做标记这件事，同伴间经验的分享在此环节体现出来了。

大多数小朋友贴完贴纸就回到座位了，只有嘟嘟手中拿着星星贴纸还在大纸面前犹豫。

嘟嘟："我的是绿色星星，琪琪的是蓝色星星，忘记了怎么办？"

教师："那我帮你记着，可以吗？"

嘟嘟想了想，还是摇摇头，说："压在桌垫下面，这样就不会忘记了。"

嘟嘟的做法引起了周围小朋友的关注，他们都把自己剩下的贴纸压在桌垫下面。[8]

3. 开心地比赛

孩子们期待已久的工作技能大赛如期而至。讨论后，大家一致同意将比赛场地分为室内和室外。孩子们一边看着黑板上自己的小贴纸，一边认真听着老师报项目名称。

比赛如火如荼地进行着，这时分餐具比赛中的可可说："老师，怎么分餐具啊？"

教师："分餐具你很厉害，今天比赛怎么了？"

悠悠："老师，这组有几个小朋友啊？"

听完，教师突然想起来比赛使用的材料是根据孩子们的讨论表准备的，今天的餐盘里忘记放"小圆点"啦！于是教师连忙将幼儿日常自助取餐环节使用的"小组人数圆点"放进了餐盘，这次摆放的是四个圆点。

可可："我分好了。"

熙熙："我也是。"

紧接着煊煊立刻举起了小手，向教师示意他完成了。

思考与支持

⑧ 第二次采用的报名方式来自幼儿的生活经历，这样的方式也更贴近幼儿的原有经验。尊重幼儿的想法，支持他们去尝试、去验证、去探究。同时，在潜移默化中帮助幼儿建立规则意识，而且由幼儿自己创造的规则，他们更愿意主动地遵守。

根据小班幼儿年龄特点，幼儿真正感兴趣的课程就藏在他们真实的生活里，有了经历和体验，就有了感受与思考，也就有了课程。

加油声和欢呼声此起彼伏，孩子们自己发起的工作技能大赛有条不紊地进行着。每一个参加比赛的孩子的表情里都透着满满的自信，眼神里也充满了专注和认真。大家都在享受着比赛带来的竞争和喜悦。

教师在颁奖环节给每一位孩子都准备了一枚金牌，通过努力获得的荣誉对孩子们而言无比珍贵。⑨

思考与支持

⑨对于刚入园的小班幼儿来说，养成良好的生活习惯并形成简单的规则意识也是适应幼儿园集体学习与生活的重要部分。教师将"课程生活化"的理念贯穿于整个主题课程中，调整了教师主导、幼儿模仿学习的技能习得方式，并将教师的支持、观察与孩子的活动表现相结合。例如：表示组员人数的数字点的绘制、绘本封面的制作，为幼儿的有序分发和整理收纳提供了便利。因此对于年龄越小的幼儿，教师的支持愈发重要，同时教师的支持需要有一定连续性和随机性，一句语言又或一个动作，这对幼儿来说都是鼓励和引导。

中班活动：嘘！花花老师不在的日子

新学期开始了，幼儿顺利地开启了中班的学习与生活之旅。不过孩子们喜欢的花花老师因为身体原因，没能按时与幼儿见面。花花老师不在的这段日子里，中二班发生了很多有趣的故事呢，现在让我们一起来听听吧！①

探索一 你好！苏苏老师

教师："小朋友们，你们好！我是苏苏老师，花花老师不在的日子里，由我来陪伴你们。"

桀桀："你会像花花老师一样陪我们玩吗？"

教师："这个肯定没问题。"

第二天，桀桀很早就入园了，但晨检后，他一直坐在保健室门口的椅子上不愿和同伴一起上楼。

教师："桀桀，你先上楼。小朋友都走了。"

思考与支持

①通过小班一年的幼儿园学习与生活，幼儿良好的生活习惯和规则意识已逐渐养成。中班幼儿既有小班幼儿的稚嫩也有大班幼儿的自主，所以苏苏老师的到来揭开了新学期的新篇章。幼儿的日常表现变成了教育契机，也变成了新老师了解幼儿的重要渠道。可是如何帮助幼儿进一步养成良好的习惯呢？规则意识的建立也许是方法之一。

桀桀："我不要，我就要最后上楼。我以前都是和花花老师最后一起上楼的，我还能帮她拿东西。"

桀桀就一直坐在了那里，直到教师迎接完所有小朋友，桀桀拿过教师手中的物品，和她一起上楼。花花老师不在的第一周里，桀桀每天入园后都会等教师一起上楼。让新教师感到与众不同的不只有桀桀，还有每天都在争第一的小羽；有每餐都能第一个吃完，但是会"掉饭"的多多；有上课非常积极，每次不举手就忙着回答问题的贞贞；有总喜欢和同伴嬉闹的宁宁……

每一个孩子都让教师又惊又喜。分析了幼儿的种种表现后，教师决定今天餐前和幼儿分享一本有趣的绘本《十一只猫做苦工》。读完绘本后，大家围绕"规则"进行了一场对话。

时乐："小猫们被抓起来都是因为没有看提示牌。"

宁宁："是他们都不听话。"

桀桀："应该是他们没有遵守规则。"

教师："哦？规则！那什么是规则？"

斯斯："就是说好的事情，就像花花老师说上课要专心。"

小辉："遵守规则就会有小红花。"

小羽："就是老师说的话。"

静静："我们小班也有一块板子，上面写着不可以做的事情，但是没有带到新教室。"

通过对话，教师发现孩子们理解的规则大多是由教师单方面制订的，并且因为年龄的特点，幼儿在小班时未能真正理解"班级规则墙"上的内容，所以在日常活动中孩子们可以选择遵守或不遵守，或者是老师在的时候就遵守，不在的时候就可以不遵守。因此，和孩子们一起再次制订班级规则被提上了日程。②

思考与支持

②通过对幼儿表现的分析，教师发现中班幼儿拥有活泼好动的天性，同样具备一定的规则意识。但是他们对"班级规则"的理解，比较模糊、零散。对此，教师并未第一时间"站出来"对幼儿提要求，而是借助绘本，从另一个角度解析规则在日常生活中的重要性。同时在与幼儿对话的过程中教师不断思考：幼儿究竟需要一面什么样的班级规则墙？答案是一定要幼儿认可、能够理解的规则、能够帮助他们解决问题的以及能够做到的规则。

探索二 我们的约定

经过绘本分享，孩子们对小猫们不看提示牌，不遵守规则的印象很深刻，他们的规则意识逐渐形成，但同时，孩子们之间的争论也开始增多了。

琪琪："晓东，你洗手的时候不能玩水，我要去告诉老师。"

晓东："我就玩了一会儿，又没有提示牌说不能玩。"

思思："小羽，今天我来得最早，我要当第一。"

小羽："不行，每天都是我当第一的，没有规定说我不可以每天当第一。"

桀桀："老师，宁宁刚刚接水的时候推我，还玩杯子，不遵守规则。"

宁宁："你也一样，早上都不和我们一起上楼。"

教师将这一切悄悄用手机记录了下来，和孩子们一起回顾事件原委，同时还和保育老师在孩子们面前演起了情景剧。

教师："你们刚刚看到我是怎么接水的呀？这次我想让你们画一画自己刚才看到的。"

不一会儿，很多份表征图交到了教师的手里，孩子们交图的时候还会认认真真地说着图中的内容。

时乐："先排队，轮到自己再拿小口杯。"

琪琪："先接冷水再接热水，到椅子上喝水。"

小羽："看好学号再拿口杯。"

桀桀："不能接太多水，会洒的。"

教师："这些都很棒哦！我想把它们贴在饮水机旁边，每次你们接水的时候都看一看，好吗？"

晓东："我知道了，这个就像绘本里的提示牌一样。"

教师和孩子们一起讨论、表征、制作了很多提示牌，有进餐的、如厕的、午睡的、排队的、上下楼梯的，还有户外活动的……教师和孩子们用了一周的时间在教室和走

廊上布置了很多提示牌。③

思考与支持

③幼儿之间的不同意见在不断出现，班级规则应运而生。

教师通过观看视频回顾事件、模拟场景等方式，与幼儿一起讨论解决问题的方法，在达成共识的同时形成"班级规则"，并将其与幼儿的一日在园活动联系在了一起。

刚开始幼儿很依赖教室、走廊无处不在的"班级规则"，遇到问题或与同伴意见不相同时都会去看看。慢慢地"班级规则"变成了教室里的装饰，很少有幼儿再去看一看、说一说，这是为什么呢？原来幼儿已开始慢慢从他律转变为自律了。规则已经在他们的心中种下，正慢慢生根发芽。这也为后续的"小小值日生"活动埋下了伏笔。

刚开始，"班级规则"帮助孩子们解决了很多问题，并且这些规则都是由孩子们自己制订的，所以他们都能自愿遵守。直到有一天，昕昕和小泽在"谁分餐具"上出现了分歧，这次分歧再一次丰富了"班级规则"。

昕昕："看吧！之前我们约定好了，餐前小朋友可以帮助老师发餐具。"

小泽："每天都是你，我也想发。"

教师："那今天让小泽试一试？"

时乐："我也想发。"坐在桌边的孩子们一个个都举起了自己的小手。

昕昕："那什么时候我才能再发餐具？"

探索三 小小值日生

这次教师仍旧打算听听孩子们的意见。

教师："那我们一起来制订一个分发餐具的规则，怎么样？"

小伟："好，其实我做梦都想分发餐具。"

靖靖："大家轮着发。"

小羽："男生发一天，女生发一天。"

教师："哦！那明天应该从谁先开始呢？"

大家毫不犹豫地举手，大声说着："从我开始。"

教师："要不从学号1号开始吧！"

第二天午餐时，琪琪和晓东又因为分餐具的事争吵了起来。

琪琪："我是1号，当然由我发。"

晓东："我是2号，你早上发过了，现在当然到我了。"

原来孩子们对轮换的方法产生了争议。

教师："那大家觉得是一天轮换一次还是一餐轮换一次？"

因为大家都想尽快轮到自己，所以这次孩子们一致同意一餐轮换一次。

可是刚开始试行，孩子们又开始了激烈的讨论。

宁宁："这不公平，上午点吃的是酸奶。我都不用分发餐具，下午饭就换成时乐啦！我不同意。"

大家看着噘着嘴的宁宁，调整了规则，更改为一天轮换一次。在我们的约定制订后，又出现了很多类似于分餐具这样的事项，如：清洁桌面、清扫地面、水渍清理、图书整理等，慢慢的"小小值日生"的活动就出现了，大家根据学号每天进行轮换，即使学号靠后的孩子也都能有事可做。

教师："桀桀，最近你怎么都不等我一起上楼了？"

桀桀："我不能陪你了，我要和大家一起走，我可是小小值日生。"

任务意识也在孩子心中悄然萌发。④

> **思考与支持**
>
> ④"分餐具"原本只是一日活动中很细小的一个部分，但是就是这个小问题让教师开始思考：其实每一个幼儿都需要被关注，他们早就把自己当做班级的一分子，都想为班级做事。"分餐具"引发了一系列的劳动活动，使每个幼儿都能参与到班级活动中，有了归属感。他们开始体验为集体服务的快乐，并能够在活动中体验分工、做决定、配合和完成任务。"小小值日生"活动帮助幼儿进一步理解了"规则"的重要意义，同时培养了幼儿的责任意识。每天早晨黏着教师的桀桀也因此得到了改变，孩子的成长也许就在一瞬间。

探索四 摘星之旅

两周后，花花老师回来啦！迎接花花老师的不止有教室里各式各样的规则墙，还有百般想念她的孩子们。

大家都在和花花老师说着这段时间自己的成长与变化。

小羽："花花老师，我不想和他们争第一了。当值日生在我心中排第一，因为要负责提装着大家水壶的篮子。"

桀桀："我现在每天都要和大家一起上楼，值日生的机会难得呀。"

多多不好意思地挠挠脑袋："我现在吃饭还是会掉几粒米，但是我吃完就会自己清理桌面。"

晓东："我现在在家都给爸爸妈妈分碗筷，他们都夸我。"

教师："看来我不在的日子，你们都变成'规则小达人'了呀。那我要把我的贴纸奖励给你们。"

馨馨："那我可以拿很多个贴纸，我每天都遵守规则啦。"

蓉蓉："老师，得到很多个贴纸，可以领奖品吗？"

教师："可以呀，你这个主意不错哦。"

于是，教师和小朋友们一起设置了"星星榜"，并根据之前商量讨论的规则确定了"星星榜"的挑战内容，有吃饭小明星、排队小明星、活动小明星……

岳岳："几个贴纸可以领奖啊？"

可可："我觉得5个。"

宁宁："5个太少了，要10个。"

小羽："我同意10个。"

教师："我们多久评比一次呢？"

石头："一周一次，升旗的时候还可以找糖果老师领奖。"

多多："对，我要争取领奖。"

越来越多的小朋友学会依据规则要求管理自己，并且，小朋友们之间的矛盾也变少了，找老师"告状"的次数也少了。随着活动的推进，小朋友们还不停地在"星星榜"上增加挑战内容，他们逐渐发现一日生活中每个环节的规则要求，并慢慢遵守这些规则。⑤

> **思考与支持**
>
> ⑤小贴纸在幼儿园可是最受幼儿追捧的"小明星"，而且这枚贴纸还是幼儿最喜欢的花花老师奖励的，这对他们来说是莫大的鼓舞。
>
> 花花老师不在的日子里，幼儿收获的不仅有规则，还有解决问题的方法，参与班级活动的积极情绪与担当。

大班：小小观察员

幼儿园草地边有一棵高大的银杏树，无论春夏还是秋冬，它都在那里和孩子们嬉戏，陪伴着他们成长。大树旁边有一块醒目的石柱，上面写着"2001年毕业班纪念"，三年来孩子们总是问："老师，这是什么？上面写了什么？什么是纪念？纪念什么？……"随着毕业时间的临近，孩子们再次看到这块石柱时，讨论的却是想要在幼儿园留下点什么！

探索一 将宝典送给弟弟妹妹

1. 我们可以怎么做

小艺："我发现幼儿园的小树林里有两只黑色的小鸟，每天它们都会在小树林里玩耍、休息，我们给它们做个鸟窝吧！让小班、中班的弟弟妹妹们继续照顾它们。"

科睿："可是，照顾小鸟太难了，他们会吗？"

雨彤："我们给迪卡（幼儿园吉祥物玩偶）做一件新衣服吧，只要迪卡穿上新衣服，弟弟妹妹们就会想起我们。"

布丁："我喜欢这个主意。"

辰辰："我想迪卡也会喜欢的。"

教师："我觉得你们的主意都很好，不过要是能帮助弟弟妹妹们解决一些具体的问题就更好了。"

科睿："解决什么问题呢？"

糯米："我们不知道他们的问题呀！"

璇璇："是呀，我们去问一问。"

兰格："对，问一问。"①

> **思考与支持**
>
> ①在幼儿的谈话中可以看到幼儿主要有两方面的发展：一是对大自然有着好奇心和兴趣，能在日常生活中注意到周围的动植物，会去关心、爱护小动物，有一定的同情心；二是在社会领域方面有了爱的情感，知道帮助其他人，对幼儿园有不舍之情，初步体现归属感。
>
> 教师充分利用幼儿在谈话中展现的同情心与爱心，引导他们帮助小中班的弟弟妹妹。

2. 弟弟妹妹需要什么帮助

孩子们有了共同的目标后很快就聚集到了一起，大家决定在幼儿园做最后一件事，就是帮助小班、中班的弟弟妹妹做一些自己力所能及的事。可是，新的问题出现了，怎么问？谁去问？

璇璇："去问小一班的弟弟妹妹呀！问他们还有什么问题需要我们帮他们解决。"

兰格："不对，还要问小二班、小三班的弟弟妹妹，还有中班的弟弟妹妹。"

婉余："对，所有小班、中班的弟弟妹妹们都要问。"

唯唯："那么多班级，要怎么问呢？"

兰格："我们可以分组去问。"

孩子们决定分成六个组，每个组负责调查一个班级。他们整理好问题，做好记录表，并和小班的老师联系确定询问时间。这天下午，六个小组的孩子们出发了，他们去了各自负责的班级，按照记录表的内容询问："你们有什么问题需要哥哥姐姐帮助你们解决吗？"②

中班孩子有的说："哥哥，你能帮我做个机器人吗？"还有的说："我想要玩具。"而小班的孩子们看着哥哥姐姐，只会笑一笑，什么也说不出来。

孩子们将第一次收集的调查结果汇集在一起，进行了一次讨论，得出"小班的弟弟妹妹们不回答问题，而中班的弟弟妹妹们想要他们做东西"的调查结果。

婉余："他们不回答我们的问题。"

璇璇："他们没有问题。"

> **思考与支持**
>
> ②去哪些班级？怎么去？针对这些问题，幼儿能够积极想办法，利用分工合作、讨论协商的经验，结合之前的调查经验，确定调查的方式方法。

3. 他们不回答我们的问题

为了解决孩子们的疑惑，教师邀请了小班的钱老师来给孩子们解惑。

钱老师："小班孩子在生活和学习中会遇到很多问题，他们不回答是因为他们不能发现问题，或者他们不理解问题。"

兰格："钱老师，你是怎么发现他们生活中的问题的？"

钱老师："我们主要是通过观察，比如我看到小班孩子们吃饭会掉饭、不会穿衣服、鞋子会穿反等等。"

兰格："我们是不是也可以用这样的方法去帮助他们寻找问题？"

婉余："好吧，我们也多多观察。"

璇璇："对，我们也去试一试。"③

思考与支持

③幼儿遇到问题之后，教师邀请其他教师来讲解，从而引发幼儿的思考。怎么才能发现问题？在钱老师的讲解中，幼儿能够有意识地模仿，学习钱老师发现问题的方法。

4.我们观察到的问题

今天，小一班来了几位新客人，他们是大班的小小观察员。他们有的拿着记录本，有的拿着手机，有的帮着教师给小班的弟弟妹妹们发材料……"那个妹妹不会接水，这个小弟弟不会塞裤子，那个妹妹把积木放错地方了。"婉余边说边把看到的表征在了本子上，璇璇则用手机咔嚓、咔嚓地拍着。在中二班的小小观察员兰格、雨彤也正在帮助弟弟妹妹们分玩具。

经过半天的观察，孩子们陆续将问题汇总，以表征和拍照的形式记录下来，并进行了讨论。

璇璇："我看到他们排队的时候不专心，也不会站成直线。"

兰格："他们乱拿玩具，不会按标识放回去。"

布丁："他们塞裤子的方法不对，肚子都露出来了，呵呵！"

科睿："是的，我也看见了！"

唯唯："他们喝水的时候会把水洒在地上。"

辰辰："他们上课的时候不举手就发言。"

科睿："他们添饭的时候会把饭弄到桌子上。"

糯米："户外活动的时候，他们会乱摘树叶和花。"

小雨："小班的弟弟妹妹在玩滑滑梯的时候不排队。"

教师："你们观察到了弟弟妹妹们在生活中容易遇到的很多问题，你们要怎么帮助他们呢？"

兰格："我和雨彤已经帮助他们解决了抢玩具的问题。"

教师："你们是怎么做的？"

兰格和雨彤："我们告诉他们要分享玩具，一人玩一会儿，再给他们重新分了玩具。"

教师："你们帮助他们解决了玩具分配的问题，很好，如果弟弟妹妹们发生问题的时候我们不在旁边怎么办呢？"

璇璇："把解决问题的方法教给他们，他们就能自己解决啦！"

糯米："对，就像老师教我们一样！"

教师："要怎么教呢？"

科睿："我们有班级公约，有规则小提示，我们把这些送给他们。"

璇璇："不对，我们的不能解决他们的问题。"

兰格："我们需要重新画一些他们需要的规则。"

科睿："对，我们可以重新画一些。"

教师："你们觉得这些是他们需要的吗？"

科睿："是呀，我们也是这样约定的。"

婉余："不对，我们要帮弟弟妹妹解决问题，要画观察到的问题。"④

> **思考与支持**
>
> ④幼儿利用多种方式观察、记录，结合自己已有的生活经验，发现了小班幼儿在生活中存在的很多问题，并用实际行动帮助他们去解决问题。于是，教师通过提问的方式进一步引发幼儿对"帮助他人"展开思考，得出"要帮助他们学会解决问题的方法"的结论。

5.要有对错的表征

接下来的几天，孩子们纷纷合作绘画进行表征。小雨、糯米和其他几个孩子正在表征滑滑梯的使用方法，兰格走过来，说："不对，应该是有对和错的，我在家和爸爸看过安全手册，上面都画了两种，对的和错的，你们没有画出来。"糯米："为什么非要两种，一种也可以呀。"兰格："两种才更好。"

第二天，兰格把安全手册带到了幼儿园，他把手册展示给璇璇、糯米看，并用手指着图说："你看，错的还要打叉。"他们把两种方法提出来让全班小朋友讨论，璇璇和兰格也陈述了自己的想法，最后，孩子们选择了兰格的方法，他们觉得这种呈现方法更清楚。

小雨、糯米和小伙伴们修改了表征图，他们在第一幅图上画了小朋友们一个个挤着玩滑滑梯的样子，并在这些动作旁边画上红色的叉，又在旁边画了另外三幅图，一幅是小朋友们一个跟着一个排队的，一幅是小朋友坐在滑梯上面手扶滑梯边的，还有一幅是小朋友们有序滑，一人滑完另一个人再滑的，而在这三幅图的旁边则有一个红色的勾。⑤

思考与支持

⑤幼儿在绘制表征图的过程中提出要用安全手册里的表征方法进行绘制，但是其他幼儿对于这种要求并不理解。于是，提出要求的幼儿将家里的手册带到班级中，与同伴分享，其他幼儿也在分享中增加了关于安全手册的经验，幼儿的绘画表征经验也增加了。

6.《成长宝典》给弟弟妹妹

大家约定好画有对错对比的表征图后，在接下来的日子，孩子们结合观察资料，进行表征创作，很快，幼儿的表征图已经积累起了厚厚一摞，他们讨论着把它变成一本小册子，并取名为《成长宝典》。

帅帅："我觉得不能只做一本，小班、中班加起来有6个班，要做六本。"

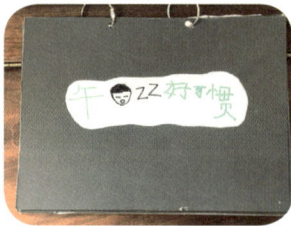

婉余："但是这样就太多了。"

帅帅："那怎么办？"

琪琪："可以请老师给我们复印，我们的通知就是复印出来的。"

涵涵："对，我们请老师复印。"

婉余："我们画的有些图是重复的，是谁画的？"

琪琪："有一张是我画的，我觉得我画得好。"

涵涵："我画得才好。"

孩子们争执不下，一个孩子提出让其他小朋友一起来看看哪张图画得好的想法，大家一致赞同。这一次

孩子们找到了更多重复的表征图，于是孩子们开始设置扉页，标注分类，当遇到不会写的字时，孩子们用表征的方式画了出来。

很快，《成长宝典》完成了，孩子们开心极了。孩子们开心地带着《成长宝典》去了小班、中班，弟弟妹妹们都围上来好奇地问着，孩子们自豪地翻开《成长宝典》，逐一给弟弟妹妹们解释："这是不撒饭，这是塞裤子，这是上课不讲话。"弟弟妹妹们很快便自己边看边说了，看着弟弟妹妹兴奋地翻阅着自己做的《成长宝典》，幼儿都露出了满足的笑容。⑥

思考与支持

⑥在选择表征图的过程中，有幼儿发现有很多重复的图，但是大家讨论后，发现其实是可以分类的。幼儿也充分利用了已有的关于分类的经验，对一日生活的各个环节的表征图进行了分类，同时结合对书本结构的认识经验，将绘画表征图整理成册。

探索二　宝典送给自己

1. 我害怕上小学

班级里的倒计时牌上的数字已经从100变成11了，这表明孩子们在幼儿园生活的时间只剩11天了。这天，教室里传出了悠扬动听的歌声："老师，老师再见了，老师，老师再见了……"紧接着就是孩子们的哭声，教师顺着哭声找去，原来是婉余在哭泣。对上她泪汪汪的大眼睛，教师抚摸着她的脸问："婉余，你怎么了呀？是不是哪里不舒服？"她一头栽到教师的怀里，哭得更大声，边哭还边说："我舍不得老师，舍不得幼儿园。"

教师："我知道你舍不得老师和幼儿园，可是你们长大了，去小学可以学到更多的知识，认识更多的老师和好朋友。"

这时，教师身后的琪琪擦着眼泪说："我害怕上小学。"

教师走过去搂住他问："为什么呢？"

琪琪："小学有考试，还有很多的作业，考不好会被骂的！"

孙浩然："我不想去上小学，哥哥每天回家都有很多作业，很难做！"

嘉兴："听说小学里会有考试，万一考到零分怎么办呢？"

孟成："啊！零分！太可怕了！妈妈说只有考到一百分，才给我零花钱！"

杨思涵："小学老师会不会很凶？迟到会不会被罚站？"

黎明曦："我担心上了小学就见不到幼儿园的好朋友了！"

陈俊华："听姐姐说，上小学要求跳绳要一次性跳200个，我好担心自己跳不到那么多！"

教师："原来，你们的小脑袋里有那么多的担心，那我们不去上小学了，行不行？"

兰格："不行，这样我们就永远长不大了。"

教师："可是大家有那么多的问题，我们怎么解决呢？"

孟成："自己努力解决。"

嘉兴："找爸爸妈妈和哥哥姐姐帮我们解决。"

教师："对，我们可以求助，我们也可以通过自己的努力解决，还记得你们是如何帮助小班、中班的弟弟妹妹们解决问题的吗？"

婉余："我们去观察他们的问题，然后通过绘画告诉他们要怎么做！"

教师："我们可不可以用这样的方法去解决自己的问题呢？"

孟成："可以，我们可以去观察哥哥姐姐们是怎么做的。"

嘉兴："我们可以学习哥哥姐姐的办法。"⑦

2. 走进小学看一看

为了让孩子们顺利完成此次观察，教师提前和小学老师进行了联系。

上午九点，孩子们带上自己的记录本和拍照工具走进了小学，一个一年级的小朋友作为引导员接待了我们。走进学校，引导员就向孩子们介绍："这是学校的操场。"孩子们发出惊叹："哇，他们的操场好

> **思考与支持**
>
> ⑦从幼儿的倾诉、对话中，不难看出幼儿对幼儿园生活的不舍，他们既向往小学生活，向往成长，但是也很担心小学生活中会面临的困难和难题。教师通过提问，引导幼儿回顾帮助中小班幼儿解决问题的过程，调动了幼儿的已有经验，进而实现经验的迁移，让小朋友从害怕困难转向思考如何面对困难，解决困难。

大。""跑道好长。""这是篮球架，可以打篮球，我和哥哥打过。"说着，孩子们先记录下了小学的场地，引导员带着大家走进了一年级的教室，老师和哥哥姐姐们亲切地和幼儿打招呼，还邀请孩子们一起上一节数学课，孩子们坐在哥哥姐姐的旁边一起听课，他们也将这一切记录了下来。到了课间休息的时间，兰格走到一个正在专心读书的小男孩旁边问："哥哥，你在干什么？"小男孩回答："一会儿语文课要听写，我看一下听写的字词。""什么是听写？"小男孩耐心地解释："就是老师说字，我们写出来。"他们的交谈引来更多孩子的围观，幼儿你一言我一语地问出了自己心中的担忧，"哥哥，写不出来是不是要得零分？""老师是不是会骂人？""哥哥，迟到会不会被罚站？""上小学要求跳绳要一次性跳200个吗？""晚上回家作业是不是很多，要做到11点？"……看到幼儿那么多的疑惑，数学老师笑了，他给幼儿提供了一对一的交谈机会，让一个小学生专门负责回答一个孩子的问题。⑧

短短半个小时的时间，孩子们认识了新的朋友，他们在记录本上画下了自己在交谈中找到的答案。

思考与支持

⑧教师给幼儿提供了进入小学观察学习的机会，并在小学老师的配合下，给了幼儿开放的环境氛围，让幼儿能够有机会向哥哥姐姐敞开心扉，提出内心的疑惑。

3. 给自己的宝典

当孩子们走出小学校门的时候，他们的脸上洋溢着开心的笑容。回到园里，孩子们忍不住叽叽喳喳地和同伴分享着自己的收获。

（1）关于作业

李蔚然："我觉得等我们上小学的时候就又长大一些了，到时候做作业也没那么难了！"

龙舒语："姐姐告诉我只要上课时专心听老师讲课，作业就都会做！"

傅都都："我觉得可以把做作业当成闯关游戏，做完一种作业就算闯过一关，全部做完就闯关成功了！"

龙胤淳："我知道做作业的时候应该专心！不能做一会儿玩一会儿，不然作业永远也做不完。"

田雨："是的，而且一回家就要做！不能先去玩！"

彭雨阳："应该写完所有的作业再去休息，不能偷懒！"

教师："你们想的这些方法太棒啦！只要做到，做作业对你们来说肯定不是难题！"

（2）关于迟到

赖思睿："上学不能迟到，要早早地到学校！"

卜凡傲："每天早睡早起，第二天上学才有精神！"

（3）关于考试

赵恒琛："上课要专心听讲，不要讲话，这样才能考100分。"

蔡群杰："我要好好上学，要当学霸，不当学渣！考试要考100分！"

（4）关于跳绳

任桐："练习跳绳的时候要坚持，不能跳一会儿玩一会儿！"

吕怡然："跳绳时候要脚尖先着地，姿势要正确，这会省力很多！"

接下来的几天，孩子们把自己找到的解决方法一一表征在记录本上。结合已有的分类经验，这一次他们很快就将表征内容分成担心作业、担心考试、担心迟到、担心跳绳、担心老师批评等几个类别。⑨

班级里的倒计时牌走到了1，这是孩子们在幼儿园的最后一天。这一天，幼儿园举行了毕业典礼，当幼儿站在舞台上最后一次唱起《毕业歌》，唱起那句"老师，老师再见了"，他们的脸上洋溢着自信和开心的笑容，还有眼泪。

> **思考与支持**
>
> ⑨幼儿将自己从哥哥姐姐那里学到的知识与大家分享，这次分享让幼儿对考试、作业、跳绳、迟到等一系列问题不再惧怕，他们也更加清晰地知道该怎么去做，其实这也是幼儿内化规则，解决问题的过程。

幼儿的发现和思考

小班

中班

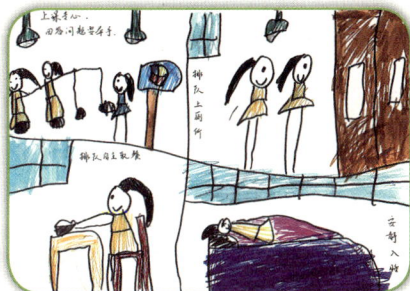

大班

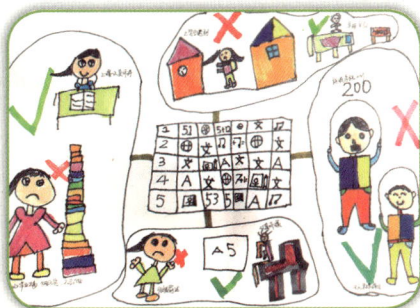

教师 反思*

核心—合作 —— 规则意识和能力的发展

课程理念

开放性

开放的教育资源：小班的课程充分挖掘了幼儿园、家庭资源，让教师、家长、幼儿共同参与到课程建设中，在丰富、开放的教学环境中获得学习经验

开放的课程实施方式：中班课程将小组活动、集体活动与个性化活动相结合，让幼儿从自己的一日生活及面临的问题出发，了解规则的重要意义并制订相应的规则

开放的评价主体：大班课程中有了多元的评价主体，不再是教师的一家之言，大班幼儿来到中、小班班级中，与弟弟妹妹们沟通，他们带着《成长宝典》，将一日生活规则和要点以图示的方式呈现出来并送给弟弟妹妹们。幼儿在沟通、协商中增进了对彼此的了解，形成积极友好、平等民主的评价机制，成为评价活动的主人

实践性

小班教师通过整理物品和卷衣袖活动，帮助幼儿初步了解所有权的概念，养成良好的卫生习惯；中班教师引导幼儿制订班级公约及小值日生规则，帮助幼儿理解并主动遵守活动规则；大班教师重点培养幼儿自我管理前提下的责任意识，如《成长宝典》的制作，这是幼儿三年来在幼儿园学习与生活经验的体现，希望以此帮助弟弟妹妹养成良好的习惯

经验的迁移与拓展

小班：适应集体生活，初步养成良好的生活习惯

中班：熟悉幼儿园一日活动，能够制订简单的规则并遵守

大班：回顾活动经历，总结有效的经验并进行整理和记录，将其运用到实际的活动中

"我长大了"系列活动围绕幼儿的兴趣展开，以幼儿的日常活动为切入口，教师通过分析这些事件，结合对幼儿的思考，对活动进行预设和实施。

"幼小衔接"中的三个核心是幼儿、教师和家长。对于幼儿而言，通过课程的实施，幼儿在活动中养成良好习惯、提升能力。对于教师而言，"幼小衔接"不应只在大班阶段受到重视，而是应该将它贯穿于幼儿园的整个阶段。关于幼儿能力提升和习惯养成的教育契机就蕴藏在幼儿的一日活动中，相信从事幼儿教育的教师都曾在小班幼儿生活自理能力方面、中班幼儿的一日常规建立方面以及大班幼儿的责任感培养方面遇到过困惑，并有一定的发现和思考。在这样的系列活动中，幼儿的能力得到不断提升，也利于养成良好的习惯，为顺利进入小学奠定基础。

对家长而言，"幼小衔接"应该是教师和家长共同努力、共同协作的关系。同时重心不应该只放在知识的储备，而更应该关注幼儿能力发展与习惯养成，让幼儿的良好习惯在家中继续保持，如：玩具整理、参与劳动、合理作息等，多给予幼儿动手操作的机会，因为幼儿的能力是在实践探究中得到提升的。

将"幼小衔接"融入到一三四开放式实践课程中，教师还在探究的路上，还有很多可以挖掘的方方面面，只要教师做到"眼中有幼儿"，就一定能找到更多的教育契机。

在路上

当朝阳升起的时候，我们迎来了一张张可爱的笑脸。每一次温柔的抚摸，每一回真诚的分享，每一个期盼的眼神，让我们忘记了尘嚣，又加快了脚步。

2017年，我们怀揣一个美好的愿望出发，逐渐构建了一三四开放性实践课程理论，搭设课程框架，探索课堂实践……这条停不下脚步的创新路，没有歇脚的终点，只有幸福的彼岸。

2018年，我们开展了一三四开放性实践课程的课堂改革。江滨的老师们经历的不是阵痛，是剧痛，但她们咬牙挺过来了。一三四开放性实践课程对老师们的知识更新要求不是渐进式的，而是重塑式的。她们没有彷徨，用无数个白天和黑夜的不懈坚持换取了课程的新生。江滨的老师，是可爱的人！她们用汗水和泪水滋养着心中的理想。

经过六年多的创新路，课程理论逐渐结实，课程架构逐渐扎实，课程实践逐渐丰实，并结出了成色不错的"果实"。这为一三四开放性实践课程的生长提供了土壤，重塑了以"行"文化为核心理念的校园文化，使幼儿园课程建设更加系统化。

一路走来，真诚感谢各位专家、领导对一三四开放性实践课程建设给予的关心和指导，衷心感谢每一位来园交流观摩课程的同行以及你们提出的宝贵意见！是你们的指导、关心和鼓励，我们才有今天的进步。但因水平所限，书中还有很多不尽如人意的地方，欢迎大家批评指正。

一三四开放性实践课程刚刚上路，践行新时代教育理念任重道远。江滨全体教师一定全力以赴，扎实工作，把更好的一三四开放性实践课程与大家分享。最后，用一副今年春节朋友送给幼儿园的春联诚勉征程：会思考春色尽览风光无限，爱行动如虎添翼鹏霄万里。